도서관인물 평전

도서관인물 평전

초판 1쇄 발행 2013년 2월 28일
3쇄 발행 2015년 4월 6일

지은이 이용재
펴낸이 강수걸
펴낸곳 산지니
편집장 권경옥
편집 손수경 양아름 문호영
디자인 권문경 박지민
등록 2005년 2월 7일 제14-49호
주소 부산광역시 연제구 거제1동 1498-2 위너스빌딩 203호
전화 051-504-7070 | 팩스 051-507-7543
홈페이지 www.sanzinibook.com
전자우편 sanzini@sanzinibook.com
블로그 http://sanzinibook.tistory.com

ISBN 978-89-6545-210-2 93020

도서관인물 평전

이용재 지음

산지니

『도서관인물 평전』이란 이름의 책이 세상에 나오게 되어 우선 반갑기 그지없습니다. 도서관 관련 업무에 종사하는 우리에게 가장 아쉽고 안타까운 점의 하나는 '도서관이라는 기관의 뿌리를 이루는 정신과 사상을 살피거나 관련된 인물을 더듬어보는 관심이 부족하다'는 생각이었기 때문입니다.

과거에 문헌정보학과 학생들이 배우는 교과목의 중요도를 조사한 연구보고서가 나온 적이 있었습니다. 이 연구에 포함된 도서관 현장 직원들 대상의 설문조사 결과는 우리 도서관계의 관심 방향을 가늠할 수 있게 해주었습니다. 기능적인 과목에 대해서는 대부분 중요도의 가중치가 높았지만, 학문의 배경이 되는 '도서관 역사' 등의 과목은 최하위권을 차지했던 것입니다.

한마디로 도서관 전문직의 생각 지평을 넓히고 내면을 성찰할 수 있도록 하는 과목보다는, 현실 업무에서 당장 쓰임새가 있는 과목 위주로 편성해달라는 요구로 보였습니다. 이러한 현장의 반응 때문만은 아니겠으나, 복수전공제 확산 등의 영향으로 전공이수학점이 줄어들자, 많은 대학에서 도서관 역사를 독립 과목으로 개설하기 어려워 1학년 기초과목 강좌 중 하나에 장절로 포함해 피상적으로 다루었던 생각이 납니다. 이러한 실정이다 보니, 그렇지 않아도 학문의 축적이 빈약한 도서관 정신이나 사상의 주제가 학부의 수업에 끼어들기는 언감생심이었던 것입니다.

도서관에 대한 관점이 현재의 시점으로만 과도하게 파묻혀 있다면 과거와 미래에 대한 폭넓은 전망을 흐리게 할 수밖에 없으며, 기능과 기술적인 관점으로만 집중된다면 도서관이 지향하는 가치에서 잃어버리고 훼손된 부분을 채울 힘을 기대할 수 없는 법입니다. 이러한 실정에서 평소 이 분야에 큰 관심을 기울여오던 이용재 교수가 수년 전부터 관련 간행물에 연재하였던 내용을 보완하여, 국내외 도서관인물 20명의 도서관사상 평전을 발간하게 된 일은 그 의미가 크다 할 수밖에 없는 것입니다.

도서관이 오랜 기간 문명의 전개 과정에서 어떤 가치들을 추구해 왔는가? 그리고 17~18세기를 거쳐 19세기에 꽃을 피운 '도서관의 근대성' 정신은, 그 이전의 전근대적 껍질들을 어떻게 극복하고 도서관 사상을 확립해나갈 수 있었던가? 등의 과제는 우리 문헌정보학계에 큰 관심사일 수밖에 없습니다. 이러한 문제의식에서 이용재 교수가 오랜 기간 관심을 기울여온 국내외 도서관사상가들은 대부분 근세부터 현재까지의 인물들로서, 예비 사서들이나 전문직 초보자들에게 역사적 과제의 의미를 이해시키고 안목을 넓혀주는 데 많은 도움을 줄 수 있으리라고 생각합니다.

물론 우리나라에서 그동안 이러한 주제의 책이 나오지 않았던 것은 아닙니다. 인물을 개별적으로 다룬 책도 있었고, 여러 인물을 한 권으로 모아서 다룬 책도 있었습니다. 전문직만을 대상 독자로 설정한 학술서도 있었고, 일반 시민이 접근할 수 있도록 대상 독자의 폭을 넓힌 책도 있었습니다. 그런데 이 책은 여러 인물을 요약하여 대학생이나 초보 사서들에게 알맞도록 꾸몄으면서도, 출생, 성장, 역경, 조우, 운동, 정립, 유산 등의 키워드로 인물의 행적을 교차 분석함으로써 인물 단위의 수직적 관점뿐 아니라 인물 간의 수평적 공통성·차별성을 판별하는 방법으로 도서관 사상의 궤적을 살펴 흥미를 더하고 있습니다.

그럼에도 우리 학계의 도서관사상가 연구는 아직 시작에 불과하다고 생각합니다. 우선 사상가의 개념과 범주를 설정하는 일부터 연구자 간에 관점이 다를 수밖에 없는 일입니다. 도서관사상에 대해 큰 학술 업적을 남긴 학자에 대해서는 이의가 없겠습니다만, 사회운동의 방법으로 도서관 진흥에 공헌한 활동가, 개개 도서관 발전에 이바지한 도서관인, 사회에 많은 도서관을 설치·헌납하여 이바지한 인물 등은 서로 교차하는 부분이 적지 않고 경계도 불분명해 범주 설정이 들쑥날쑥할 수밖에 없기 때문입니다. 또한, 우리나라 도서관 인물에 대한 깊이 있는 연구가 우리 학계에서는 아직도 부족합니다. 서양의 인물은 기존 연구결과가 축적된 문헌연구로서도 가능하지만 우리나라의 인물에 대해서는 1차 자료에 의한 기본 연구부터 착실히 축적되어야 하는데, 학문도입 반세기가 넘어서까지 제대로 연구한 '한국도서관통사'조차 없는 실정임을 고려하면, 인물 연구는 아직 멀기만 하다는 생각이 듭니다.

이용재 교수가 펴내는 이 책이 '도서관사상' 또는 '도서관인물'이라는, 그동안 도서관계의 관심권에서 밀려나 있던 주제에 햇살을 비춰주어, 학생이나 현장 사서들에게는 기능 위주의 의식과 자세를 벗어나는 성찰의 계기를 마련해주고, 학계에는 본격적인 사상가 연구의 실마리를 제공해줄 수 있기를 간곡히 기대합니다.

이용남(한성대학교 명예교수)

머리말

어둠을 뚫고 햇살이 대지를 비춘다. 아침 햇살의 기운은 깊숙이 들어온다. 누군가가 그린 동굴 벽화에도, 나일강변 도서관의 파피루스에도, 메소포타미아의 어느 밀실 점토판에도 따사로운 기운이 서린다. 이 상서로운 기운은 중세 유럽 수도원 도서관의 쇠사슬에 묶인 양피지 책에도, 프랑스대혁명 이후 민중의 품에 안긴 문고 책에도, 근대 미국 보스턴 공공도서관의 서가에도 찾아왔다. 사람을 키우는 영혼의 햇살은 오늘날 한국 시골마을 도서관의 그림책도 비춘다.

까마득한 옛날 인류가 걸음마를 걷기 시작한 때부터 도서관은 사람의 기억을 보존하고 사람을 키우며 사람의 꿈을 잉태하였다. '영혼의 쉼터' 고대 이집트의 도서관부터 '민중의 대학(people's college)' 근대 도서관에 이르기까지 도서관은 비밀스러운 밀실에서 민초의 광장으로 발전하였다. 현대 세계에서 인류가 눈부신 문명 사회를 만들게 된 것도 각종 기록과 문헌을 모으고 정리하고 사람에게 봉사하는 도서관이 있었기 때문이다. 도서관은 인류를 키운 모성이며 이야기꽃이 피어나는 방이고 미래로 열린 창이다.

그러나 우리를 키운 도서관의 삶은 고단하였다. 시간의 모래밭에서 어리석은 인류의 자만과 우행으로 장서는 검열을 받았고 지식과 정보는 차단되었으며 도서관은 불태워졌다. 이러한 수난의 역사에서도 도서관을 가꾸고 수호한 인물들이 있었다. 오늘날 고도의 문명과 학문을 자랑하는 서양에서는 여러 인물들이 도서관사상의 씨를 뿌렸다. 도서관사상의 씨앗은 민중의 각성이라는 자양분을 받아 싹으로 피어나며 마침내 만인에게 그늘을 드리우는 아름드리나무로 자라났고, 인류 지성은 도서관을 근대 시민사회의 사회적 기관이자 현대 문명의 중심 광장으로 정립하는 데 성공하였다. 이 같은 사례는 오늘날 선진국의 국가도서관, 대학도서관, 공공도서관, 학교도서관 등에서 쉽사리 찾아볼 수 있다.

반면 우리나라의 경우, 굴곡진 근현대 역사를 거치면서 도서관이 사회적 기관으로 정립되는 데 파란만장한 상흔이 있었으며, 그 결과 21세기 지식기반사회에서도 도서관의 사회적 위상이 선진국의 그것에 비해 상당히 미약하다. 그럼에도 불구하고 식민지 상황에서 우리 민족을 위하여 도서관사상의 씨를 뿌리고 해방 이후 간난신고의 척박한 토양에서도 도서관을 일구고 가꾸어온 인물들이 있었다. 그러나 이러한 인물들의 삶과 사상은 한국 도서관계와 문헌정보학계에서도 제대로 조명되어 있지 않은 실정이다.

필자는 서울에서 개최된 2006년도 세계도서관정보대회의 도서관사(Library History) 분과에서 'The modern history of library movement and reading campaign in Korea'라는 제목으로 1900년 이후 최근까지의 국내 도서관운동과 독서운동의 역사를 정리하여 세계 각국에서 참석한 도서관인들과 문헌정보학자들에게 소개하였다. 이러한 경험을 통하여 필자는 서구, 심지어 주변국(중국, 일본 등)의 도서관인들이 우리나라 도서관과 그 역사, 우리 사회의 도서관운동 및 독서운동의 맥락에 대해 거의 무지하거나 제대로 인식하고 있지 못함을 관찰할 수 있었다. 앞으로 우리나라 도서관, 도서관운동, 도서관사상에 대해 국내는 물론 외국에 소개하는 활동을 더욱 전개할 필요가 있다고 생각한다.

필자는 현대 도서관과 문헌정보학의 역사적·사회적 기반을 다진 외국의 인물들뿐만 아니라 그동안 제대로 조명되지 않았던 국내 인물들의 삶과 발자취를 살펴보았고, 이러한 작업을 바탕으로 국내외 도서관인물의 출생, 성장, 도서관에 눈뜨기, 도서관운동, 도서관사상, 사회적·학문적 발자취 등을 조명하였다.

이 책에서 다루는 도서관인물들은 다음과 같다. 외국 인물로는 가브리엘 노데(Gabriel Naudé), 고트프리트 라이프니츠(Gottfried Wilhelm von Leibniz), 벤저민 프랭클린(Benjamin Franklin), 멜빌 듀이(Melvil Dewey), 모리스 꾸랑(Maurice Courant), 피어스 버틀러(Lee Pierce Butler), 시야리 랑가나단(Shiyali Ramamrita Ranganathan), 두딩요(杜定友), 제시 세라(Jesse Hauk Shera), 마이클 고먼(Michael Gorman)이 있다. 국내 인물로는 유길준(兪吉濬), 윤익선(尹益善), 이범승(李範昇), 박봉석(朴奉石), 이봉순(李鳳順), 엄대섭(嚴大燮), 이인표(李寅杓), 김세익(金世翊), 박병선(朴炳善), 김정근(金正根)이 있다.

필자는 도서관사상의 파노라마에서 주로 근현대 인물들을 살펴보았다. 왜냐하면 고대와 중세의 인물들보다는 근현대 인물들이 오늘날의 현장(도서관·정보센터 및 관련 기관)과 학문(문헌정보학, 기록관리학 및 연관 분야)에 더욱 직접적이고 생생한 메시지를 줄 수 있을 것이라고 보기 때문이다. 또한 도서관인물들 중에서 무엇인가를 강렬하게 주장하고 추진하며 현장과 학문에서 뚜렷한 메시지를 남긴 인물들을 주로 살펴보았다.[1] 이들은 각자 자신의 분야에서 여러 난관을 거치면서도 도서관을 사회와의 관계 속에서 정립하고 현장과 학문의 기본이 무엇인지 탐구한 사람들이다.

그러므로 이 책에서 가리키는 '도서관인물'이란 사회사상가, 사서, 학자, 도서관사상가, 도서관운동가, 정치인, 기업인 중에서 도서관과 문헌정보학을 통하여 인류사회와 국가의 발전에 크게 기여한 위대한 인물을 말한다. 이들 중에는 도서관이 아닌 다른 분야에서 널리 알려진 사람도 있지만, 필자가 이들을 도서관인물이라는 맥락에서 소개하는 이유는 인류 지성사에서 도서관사상이 잉태되고 구현된 사례를 독자들에게 보여주기 위함이다. 이러한 인물의 삶과 발자취를 도서관사상의 시각에서 음미해보는 것도 우리 사회의 독자들에게 새로운 독서경험이 될 것이다. 그러한 경험이 '도서관 씨앗'이 되고 모든 사람을 위한 아름다운 도서관 세상을 만드는 것으로 이어지기를 소망한다.

필자가 이 책을 펴내는 주된 목적은 무엇보다도 문헌정보학 분

---

1 필자 나름의 선정이유에 이 글에서 소개된 인물 모두가 전적으로 부합하지는 않는다. 노데와 라이프니츠는 근대(18세기 이후)가 아닌 근세(17~18세기)에 속한다. 또한 유길준은 도서관사상가라기보다 계몽사상가이다. 그러나 필자는 그가 『서유견문』을 통하여 서구 도서관을 소개하고 우리나라에 근대 도서관사상의 씨앗을 발아시켰다고 본다.

야의 학생들과 연구자들, 그리고 도서관, 정보센터, 기록관 및 관련 현장의 종사자들에게 무한한 자부심을 불어넣기 위함이다. 우리 사회의 사서, 사서교사, 기록연구사, 정보관리자는 이 책을 통하여 이 분야의 역사적, 철학적 기반을 확인하고 성찰할 수 있을 것이다. 또한 필자는 우리 사회의 많은 사람들이 도서관에 대한 새로운 눈을 뜨고 역사의 뒤안길에서 도서관을 묵묵히 가꾼 인물들을 기억해주길 바란다. 그리하여 시간의 모래밭에서 이들의 이름이 지워지지 않기를 바란다.

이 책이 나오는 데는 도서관계를 비롯하여 많은 분들의 요청과 지지가 있었다. 우선 국립중앙도서관은 사서와 일반인에게 도서관 인물을 소개해줄 것을 필자에게 요청하였다. 그래서 필자는 2006년부터 2007년까지 2년 동안 국립중앙도서관이 펴내는 잡지 《도서관계》(현재의 《오늘의 도서관》)의 「도서관 인물탐구」 코너에 여러 도서관인물의 세계를 조명하는 글을 실었다. 길고 고단한 여정이었으나, 도서관 분야의 뿌리를 찾아가는 기쁨을 느낄 수 있었다. 또한 한국디지틀도서관포럼에서도 기고를 요청하여, 동사의 잡지 《디지틀도서관》에도 필자의 도서관인물 관련 글이 일부 실렸다. 더욱 많은 사람들이 읽을 수 있도록 출판을 허락해준 이들 기관에 감사드린다.

또한 필자보다 앞서서 도서관사상 분야를 개척하신 이병목 교수님과 박상균 교수님의 오랜 연찬에도 필자는 크게 자극받았으며 이 분야를 계속 탐구할 수 있는 등불 같은 힘을 얻었음을 밝힌다. 박봉석, 랑가나단 연구를 비롯한 오동근 교수님의 저술과 랑가나단의 『도서관학 5법칙』을 번역하신 최석두 교수님의 연구도 든든한 힘이 되었다.

국내에서 독서문화를 꽃피우고 도서관을 만들어가는 데 큰 역할을 하고 있는 '책읽는사회만들기국민운동(책읽는사회문화재단)'에서 필자의 작은 작업에 주목하여 도서관인물의 세계를 이야기해줄 것을 요청하였기에 소박한 강연을 한 적이 있다. 지면을 빌려 도정일 대표님과 안찬수 사무처장님 등을 비롯하여 책 읽는 사회를 만들기 위하여 애쓰시는 모든 분들께 감사드린다.

필자가 도서관사상의 세계를 탐험하게 된 데에는 스승이신 김정근 교수님의 치열한 학문정신이 특히 자극제가 되었다. 김정근 교수님께서 주창하신 '한국적 문헌정보학'은 이 땅의 문헌정보학자와 사서들에게 영원한 화두가 될 것이다. 또 다른 스승이신 최정태 교수님께서는 최근 지상의 아름다운 도서관들을 돌아보고 그 위대함을 그려내셨다. 최 교수님의 저작을 통하여 오늘의 도서관에 서린 도서관정신을 느낄 수 있었다. 또한 오랜 세월 우리 사회 전체에 도서관을 심고 키우기 위해 애쓰신 이용남 교수님께서도 필자의 작업을 격려해주셨다. 필자에게 도서관사상과 역사의 지평을 볼 수 있는 힘을 주신 세 분께 감사드린다.

오랜 세월 학문적 선후배이자 동지로서 격려와 지지를 아끼지 않는 부산대 문헌정보학과 교수진께도 깊이 감사드린다. 학문과 교육의 산실에서 언제나 버팀목이 되어준 학과 교수진 덕분에 긴 여정에서도 잘 갈 수 있었다. 특히, '한국적 문헌정보학'을 고민하고 그 토대를 구축하기 위하여 문헌정보학의 각 분야에서 애쓰고 있는 부산대 문헌정보학과 '공동작업실'(교수진과 대학원생의 학문공동체)의 동지애와 학문정신은 항상 가꾸어나가야 할 것이다. 또한 여기에서 일일이 밝히지 못한 학문적 선후배, 동료 학자들의 관심과 애정이 필자를 여기까지 오게 하였다.

그동안 도서관정신, 사서정신을 논하며 우리나라 도서관 현장을 뜨거운 가슴으로 일구어온 이용훈, 이우정, 김현철, 조왕근, 전충곤, 송승섭, 박현주, 오지은, 신주영, 이덕주 등 여러 동지들에게도 동지애를 전한다. 이들의 열정과 실천은 오랜 세월 필자에게 귀감이 되었다. 다양한 도서관운동과 독서운동을 펼치면서 현장을 가꾸고 계신 국내 도서관 관장님들과 사서 선생님들에게도 감사를 전한다.

강의실과 연구실, 그리고 캠퍼스 공간에서 필자와 초롱초롱한 눈망울로 만나는 대학원생들과 학부생들에게도 고마움을 느낀다. 이들의 공감과 모니터링 덕분에 필자는 젊은 세대의 눈높이에서 글을 쓸 수 있었다. 특히 이제 기록연구사가 되어 활약하고 있는 안나, 허희진, 김정현 등 여러 인재들의 토론과 조력은 이 책이 나오는 데 밑거름이 되었다. 또한 도서관인물들의 발자취를 찾아 떠났던 답사에서 필자와 동반했던 류동헌과 교정 작업을 도와 필자를 끝까지 달리게 한 김희영, 김효신, 황재경에게도 고마운 마음을 전한다. 이러한 필자의 제자들은 도서관인물들의 도서관사상을 조명하는 필자의 오랜 작업에 공명하고 따뜻한 관심을 보여주었다. 이들의 마음에 도서관인물들이 영원히 남기를 희망한다.

이 책이 세상으로 나오는 데는 부산대학교 사회과학연구원의 지원도 큰 힘이 되었음을 밝혀둔다. 한국 사회를 위한 사회과학적 공동작업을 수행하는 부산대학교 사회과학연구원의 박병현 원장님과 여러 교수들의 동료애도 필자에게 언제나 격려가 된다.

끝으로 이 책의 출판을 결정한 산지니 출판그룹에도 감사를 전한다. 우리 사회에서 도서관인물 이야기가 필요함에 동의한 강수걸 대표와 권경옥 편집장, 손수경 편집자 등 산지니 가족은 필자가 도서관사상의 고지를 오르는 데 동반의 힘을 주었다.

집필과정에서 가능한 한 오류가 없도록 하기 위해 노력하였으나, 특히 인물의 생애와 관련하여 필자가 미처 살펴보지 못하거나 놓친 부분이 있을 수 있다. 이에 대한 독자제현의 날카로운 비판과 지적을 기대한다. 아울러 이 책은 도서관사상과 도서관운동의 차원에서 각 인물의 면모와 발자취를 조명한 것이기에, 독자가 이러한 취지를 공감해주시길 바란다.

필자는 인류역사를 통틀어 세상에서 가장 아름다운 곳은 도서관이라고 생각한다. 이러한 도서관을 만들고 우리에게 선사한 인물들, 그리고 우리 속에서 자라나는 미래의 도서관인물들께 이 책을 바친다.

2013년 부산에서

이용재

차례

제1부 외국의 도서관인물

제2부 한국의 도서관인물

제3부 동서양 도서관인물을 통해 본 도서관사상의 궤적 237

제1부
외국의 도서관인물

노데

라이프니츠

프랭클린

듀이

꾸랑

버틀러

랑가나단

두딩요

세라

고먼

근대 도서관사상과 도서관학의 시조

가브리엘 노데

Gabriel Naudé

현대 사회에서 우리는 공공도서관을 자유롭게 이용하고 있다. 여기서 '우리'란 남녀노소를 아우르는 대중(大衆)을 가리킨다. 누구든지 공공도서관을 무료로 자유롭게 이용할 수 있는 것, 이것이야말로 근대 이후 성립된 위대한 개념이다.

어떤 사람은 이것이 무슨 위대한 일이냐고 반문할지 모르겠다.

그러나 인류 역사에서 고대와 중세 시기 동안 민중은 도서관을 이용할 수 없었고, 때문에 책과 직접 만날 수 없었다. 중세 서양의 수도원이나 대학의 도서관에 소장된 책은 양가죽, 송아지가죽과 같이 귀한 재료로 만들었고, 인쇄술이 발명되기 전이기 때문에 책의 내용을 일일이 베껴 써야 하는 등 그 제작에 많은 수고가 필요하였다. 그러므로 근대 이전 도서관의 책들은 쇠사슬로 서가에 묶여 있는 경우도 많았다. 일부 도서관에서는 책의 사슬이 17세기까지 계속 존재하였으며 어떤 경우에는 18세기 말까지도 버텼다.[1]

우리 현대인은 도서관에서 서가 사이를 거닐면서 책을 살펴보거나, 장서 속에서 찾던 책이나 자신에게 맞는 책을 '우연히 발견하는 기쁨(serendipity)'을 누릴 수 있다. 이것은 바로 책을 대중에게 개방하도록 한 근대 도서관정신에서 비롯된 것이다. 책이 사슬에서 풀려나 민중과 만나게 된 직접적인 계기는 1789년 프랑스대혁명의 발발이라고 할 수 있다. 프랑스대혁명으로 그 이전까지 왕, 귀족, 성직자 등 소수 특권계층의 전유물이었던 책이 왕실문고, 귀족문고, 수도원문고 등에서 풀려나 민중에게 개방되었다.

그런데 프랑스대혁명이 일어나기 162년 전에 도서관은 특권계급의 소유물이 아니고 대중을 위한 것이라는 주장을 담은 책이 나왔다. 그 책은 1627년에 나온 『도서관 설립을 위한 의견서(*Advis Pour Dresser Une Bibliothèque: Presenté à Monseigneur le Président de Mesme*)』

---

1 헨리 페트로스키, 정영목 역, 『서가에 꽂힌 책』, 지호, 2001, 122쪽.

이며, 책을 쓴 사람은 근대 도서관사상의 시조라고 할 수 있는 가브리엘 노데(Gabriel Naudé, 1600~1653)이다. 노데는 1600년에 파리에서 출생하였다. 아버지는 하급 관리였고 어머니는 문맹이었지만 그는 배움에 대한 열의가 대단하였다. 젊은 나이에 대학에 입학한 그는 철학과 문법을 배웠다. 그 뒤 프랑스 파리와 이탈리아 파두아에서 의학을 전공하였고, 파두아에서는 철학자 체사레 크레모니니(Cesare Cremonini)의 강의를 들었다.[2] 의사의 길을 가던 노데는 1622년에 그의 스승 르네 모로(René Moreau)의 사망으로 면학의 길을 중단하고 파리로 돌아와 앙리 드 메스므(Henri de Mesme) 문고의 사서가 되었는데, 재직 4년 동안 이 문고를 당시(17세기 초) 가장 저명한 도서관의 하나로 만들었다. 이러한 경험에 기초하여 도서관의 본질을 모색한 결과, 『도서관 설립을 위한 의견서』라는 근대 도서관사상의 토대를 이루는 저서를 생산하였다.

그 후 노데는 로마로 건너가 그곳에서 10여 년을 지내며 추기경 문고 두 곳의 경영에 관여하였다. 1629년에는 바그니 추기경의 문고를 관리하는 사서가 되었고 바그니 추기경이 1641년에 별세한 뒤에는 바베리니 추기경의 사서가 되었다. 1642년 노데는 루이 13세의 재상인 리슐리외(Richelieu)의 초청을 받고 프랑스로 귀국하였다. 귀국 후 얼마 안 되어 리슐리외 재상은 사망하고, 이어 재상이 된 마자랭(Jules Mazarin, 1602~1661)의 문고 경영을 맡아보게 되었다.

2 "Gabriel Naudé", Wikipedia(2013. 1. 1).

마자랭 문고를 설치한 쥘 마자랭 재상

인생에서 자신을 알아주는 사람과 함께하는 일만큼 신명나는 일
은 없을 것이다. 마자랭과 노데는 여러모로 의기투합하였다. 무엇
보다도 이들은 도서관의 문을 소수의 특권층만이 아닌 대중을 향
해 열었다는 점에서 근대 도서관사상을 싹트게 하였다고 볼 수 있
다. 마자랭은 재상으로 취임한 이듬해인 1643년에 자신의 저택에
있는 서재와 그동안 수집해둔 책들을 '연구 목적을 위해 찾아오는
모든 사람들에게'라는 슬로건 아래, 파리의 지식층에게 모두 공개
하였다.[3] 즉, 마자랭은 이전까지 도서관에 갇혀 있던 책들을 해방시

3 최정태, 『지상의 아름다운 도서관』, 한길사, 2006, 82쪽.

킨 최초의 인물이 된 것이다.

이후 10년 동안 마자랭 재상의 문고장으로서 노데는 유럽의 여러 지역으로부터 도서를 수집하는 데 심혈을 기울여, 그 결과 귀중한 장서로 구성된 마자랭도서관을 만들 수 있었다. 1642년에 노데가 문고장으로 취임할 당시 문고의 장서는 5천 권 정도에 지나지 않았지만, 이후 그가 영국, 폴란드, 독일, 이탈리아 등지를 여행하며 매우 적극적으로 자료수집에 공을 들인 결과 1648년에는 4만여 권에 이르게 되었다. 이로써 마자랭도서관은 당시 세계적으로 유명했던 파리왕립도서관과 비교될 만큼 호화로운 도서관으로 성장하였다.

도서관 장서를 구축하기 위한 노데의 수집벽은 대단하여, 여행할 때마다 고물상이나 폐지상을 뒤지기도 하고 때로는 '책 사냥꾼'이라는 악명을 감수하며 강압적인 수단을 쓰기도 하였다. 이렇게 수집한 책은 모두 도서관의 장서에 포함되었다.

이 대목에서 짚고 넘어갈 것이 있다. 비록 때때로 무리를 하면서 장서를 수집하였지만, 그는 책은 개인이 독점하는 것이 아니라 만인에게 돌려주어야 한다는 신념을 가졌다. 노데는 수집한 책을 일일이 모로코 특산 유피로 호화장정을 하고 마자랭 가문의 장서표로 황금 문장을 찍어 도서의 품격을 한층 높였다. 또한 이에 그치지 않고 도서관이 지속적으로 더욱 많은 책을 보유할 수 있도록 원형회랑과 벽을 둘러싼 서가 등을 고안하고 도서관 설립을 위한 도면까지 설계하였다.

그러나 노데의 위대함은 이러한 다재다능함보다는, 도서관은 반드시 공공에게 개방하여야 하고, 이용자는 자료에 직접 접근할 수 있어야 한다고 주장한 '도서관 정신'에서 찾아야 할 것이다. 그리하여 후대에 그를 기려, "위대한 사서가 없으면 위대한 도서관은 없다"는 문구가 생겨났다.[4] 마자랭의 장서가 프롱드의 난(1648~1653) 때 산실되자, 노데는 스웨덴 크리스티나 여왕의 초대를 받아 스톡홀름으로 갔지만 그곳에서는 행복감을 느끼지 못하였다. 그래서 마자랭이 흩어진 장서를 모아 다시 도서관을 구성하자고 호소하자 즉시 귀국하였다. 그러나 건강이 악화되어 여행 중 1653년 7월 10일 프랑스 북부 아브빌에서 별세하였다.

가상디(Pierre Gassendi)를 비롯한 프랑스의 여러 자유사상가들의 친구이기도 했던 노데는 단순한 책벌레가 아니었다. 노데는 『도서관 설립을 위한 의견서』 외에 여러 저작을 생산하였는데, 그의 책들은 그를 학자 및 해학가 반열에 올려놓을 수 있는 비평정신을 보여주었다. 그의 저서 『도서관 설립을 위한 의견서』는 사서직에 대한 건실하고 자유로운 견해로 가득 차 있으며 도서관학의 주춧돌 역할을 하는 저작으로 간주된다. 이 책은 노데가 27세 때 쓴 것으로, 9장 100여 페이지 분량의 논문인데, 근대 도서관의 목적, 선서(選書), 수집방법, 도서관 건축의 조건, 배가, 색인, 목록 등에 걸친 다양한 주제를 다루고 있어 가히 근대 도서관학의 효시라고 할 수 있다. 이 책의 첫 장에서 그는 "왜 도서관을 설립하여야 하는가?"라고 질문한 뒤 "위대한 도서관을 설립하고 그것을 대중과 공유하는 것

4 최정태, 위의 책, 85쪽.

마자랭도서관 내부

보다 명예로운 일은 없다"고 자문자답하였다.[5] 이를 위해 사람들이 기다리는 일이 없이 입관할 수 있게 하고, 휴관일에도 관장의 소개 장으로 열람할 수 있게 하며, 특별한 사람에게는 3주까지 관외대출 을 허락하는 등 당시의 시대상황으로 보아서는 매우 이례적이면서

5 "Gabriel Naudé", Wikipedia(2013. 1. 1).

가히 혁명적이라고 할 수 있는 의견을 제시하였다.

 그리고 노데는 각 분야의 전문가라고 간주되는 저자의 책은 우선적으로 수집하여야 하고, 가급적 각 저작을 저자의 언어로 기술된 원본으로 구입할 것을 제안하였다. 그는 어떠한 종류의 검열에도 강하게 반대하였으며, 주제와 관계없이 모든 책에는 독자가 있다고 믿었다.[6] 그가 좋은 도서관을 만들기 위해 얼마나 고심하였는가를 알 수 있는 대목이다. 그의 도서관사상은 오늘날의 도서관에서 책을 수집하고 구입하는 원칙으로 삼아도 거의 손색이 없다.

 또한 노데는 일찍이 도서관 이용을 쉽게 하기 위해서 주제별 목록을 알파벳순의 저자별 목록으로 정비하는 것까지 착안하였다.[7] 그는 "분류가 안 된 도서관은 조직이 안 된 군중과 같고, 훈련이 안 된 군대와 다르지 않다"라고 비유하면서 모든 주제를 12분야로 구분하는 독창적인 분류법을 개발하였다.[8]

 노데가 살았던 시대에는 갈릴레오(Galileo Galilei), 데카르트(René Descartes), 홉스(Thomas Hobbes), 케플러(Johannes Kepler), 베이컨(Francis Bacon) 등과 같이 중세의 암흑을 타파하는 새로운 과학과 철학을 제시하는 지식인들이 있었다. 노데 또한 역사의 진보를 향해 나아가는 지식인들의 전선에 서 있었다. 청년 시절 의학을 전공한 노데는 의사가 되지 않고 사서의 길을 걸었으며, 근대 도서관사

---

6 "Gabriel Naudé", Wikipedia(2013. 1. 1).
7 박상균, 『도서관학만 아는 사람은 도서관학도 모른다』, 한국디지틀도서관포럼, 2004, 62쪽.
8 최정태, 앞의 책, 84쪽.

상의 문을 여는 도서관학자로서 역사의 지평을 넓혔다.

노데의 도서관사상은 "책은 만인의 것이며, 장서는 다양한 주제를 아우르고 분류되어야 하며, 도서관은 모든 이에게 개방되어야 하고, 도서관에는 도서에 대해 지식을 갖추고 학식이 있는 우수한 사서를 채용하여 관리하게 하여야 한다. 이러한 도서관사상을 실현하는 군주 또는 정치가는 민중으로부터 존경과 칭찬을 받을 것이다."라는 내용으로 요약할 수 있다.[9]

이러한 도서관사상은 1931년에 나온 랑가나단의 『도서관학 5법칙』[10]과도 일맥상통한다. 우리가 노데를 근현대 도서관사상의 시조라고 부를 수 있는 이유는 그가 이러한 선구적이고 혁명적인 사상을 프랑스대혁명이 일어나기 훨씬 이전에 제시하였기 때문이다. 그는 중세의 암흑에 빛을 던지며 근대가 오도록 길을 닦은 사상가이며 그 사상을 도서관을 통해서 실현한 사서라고 할 수 있다.

이처럼 노데의 도서관사상은 분명 시대를 앞선 것이었으며, 당시로서는 혁명적 사고를 함축하고 있었다. 이후 노데의 사상은 클레멘트(Claudé Clément), 발루즈(Étienne Baluze), 듀리(John Dury), 벤틀리(Richard Bently) 등 후대의 여러 지식인들에 의해 계승되었다. 이는 오늘날에도 '만인을 위한 도서관'을 가꾸고 사서정신을 살리며

---

9 박상균, 앞의 책, 64-65쪽; 최정태, 앞의 책, 82-86쪽.

10 랑가나단의 도서관학 5법칙(Five laws of library science)은 다음과 같다. 1.책은 이용하기 위한 것이다(Books are for use), 2.모든 독자에게 그의 책을(Every reader his book), 3.모든 책은 그 책의 독자에게(Every book its reader), 4.독자의 시간을 절약하라(Save the time of the reader), 5.도서관은 자라나는 유기체이다(Library is a growing organism). S. R. Ranganathan, *The Five Laws of Library Science*, Asia Publishing House, 1931.

현대 도서관의 기본을 확립하고 나아가 미래 도서관을 설계하는
데에 여전히 시금석이 될 것이다.

근대 '보편학'을 정립한 사상가이자 독일 근대도서관학의 창시자

고트프리트 라이프니츠

Gottfried Wilhelm von Leibniz

현대 사회에서 도서관 사서는 사람들에게 어떤 모습으로 비칠까?
자료의 입수와 조직, 서비스에 바쁜 기능인으로서의 모습인가? 아
니면 사람들의 삶과 일에 관련된 의문에 응답하는 '만능 조언가'
와 같은 모습인가? 후자의 모습은 주제전문사서의 역할을 상기시
킨다.

주제전문사서 제도가 일찍이 발달한 나라 독일은 맥주와 소시지뿐만 아니라 철학자의 나라라는 이미지를 준다. 그런데 근대 독일의 철학자 라이프니츠(Gottfried Wilhelm von Leibniz, 1646~1716)가 독일의 근대 도서관학을 창시한 학자라는 사실은 잘 알려져 있지 않다.

라이프니츠는 인문 · 사회 · 자연 · 공학 등 거의 모든 학문분야에 걸쳐 연구를 하고 여러 분야에서 인류 역사에 기록될 만한 업적을 남긴 인물이다. 그는 철학자, 언어학자, 법학자, 수학자, 물리학자, 공학자, 신학자, 역사가, 외교관, 정치가 등의 다양한 면모를 가지고 있었다. 그는 법학박사 학위를 가지고 있을 뿐만 아니라 수학분야에서 뉴턴과 별개로 미적분법을 창시하였으며, 해석학의 발전에 크게 공헌하였다. 역학에서는 '활력'의 개념을 도입하였으며, 위상 해석도 창시하였다. 또한 그는 '지구 선사'를 비롯한 역사를 연구하기도 하고, 광산의 치수나 그에 따른 풍차를 설계하고 건설하기도 하였다.

요즈음 용어로 말해 '학제간 연구', '통섭'[1]의 대가라고 할까? 다시 말해, 그는 한 사람의 학자로서 걸어 다니는 백과사전이자 근대 학문과 정신의 개척자였던 것이다. 아울러 그는 노데의 도서관사상을 사숙하고 수용하였으며, 수십 년 동안 도서관을 관리하고 편목과 분류법을 개발하는 등 사서의 길을 걸었다. 그러므로 그를 일러 '독일 근대 도서관학의 시조'라고 해도 과언이 아니다.

---

1 에드워드 윌슨, 최재천 · 장대익 역, 『통섭』, 사이언스북스, 2005.

라이프니츠는 1646년에 독일 라이프치히에서 출생하였다. 아버지 프리드리히는 라이프치히대학의 윤리학 교수였는데, 그가 6세 때 별세했다. 어린 라이프니츠는 어린이들의 놀이에는 거의 관심이 없었고 책에 흥미를 보였다. 7세가 되자 어머니 카타리나는 라이프니츠가 아버지의 서재에 들어가는 것을 허락하였는데, 이때부터 그는 아버지의 서재에서 고전이나 철학 책을 읽고 논리학에 흥미를 가지게 되었으며 삽화가 있는 『리뷔(Livy)』라는 책을 보면서 라틴어를 독학하여 12세 무렵에는 라틴어에 통달하게 되었다. 이처럼 라이프니츠는 어려서부터 천재성을 보였으며 13세에는 아리스토텔레스의 논리학이나 스콜라 철학에 큰 흥미를 느꼈다고 한다. 이때 그는 스승의 만류를 뿌리치고 이미 아리스토텔레스의 범주론을 개선하려 했다.[2]

　라이프니츠는 15세에 아버지가 재직했던 라이프치히대학에 입학한 후 2년간의 교양 과정에서 철학, 수사학, 수학, 라틴어, 희랍어, 히브리어 등을 배웠다. 가정 사정으로 법학을 전공하게 되지만 다양한 분야에 관심을 가졌다. 특히 철학에 대한 관심은 지대하였는데, 고대 철학이나 스콜라 철학을 넘어 근대의 새로운 철학에도 눈길을 돌려 17세인 1663년에 학사 논문을 썼다.

　20세가 되던 1666년에 라이프니츠는 첫 번째 책 『결합법론(*Dissertatio de Arte Combinatoria; On the Art of Combination*)』을 내고, 이어 같은 해에 학위 과정을 끝내면서 라이프치히대학에서 법학박

---

2 조지 맥도널드 로스, 문창옥 역, 『라이프니츠』, 시공사, 2000, 16쪽.

사 학위를 취득하고자 학위논문심사를 청구하였다. 그러나 라이프치히대학은 그가 너무 젊다는 이유로 박사학위 수여를 거절하였다. 분한 눈물을 삼킨 그는 라이프치히대학을 떠나 뉘른베르크의 알트도르프대학에 등록, 이 대학에 박사학위청구 논문을 제출하였고 1666년 11월에 법학박사 학위를 취득하였다. 그런데 막상 박사학위를 취득한 뒤에는 알트도르프대학이 권유한 객원교수의 자리를 사양하면서 "나의 생각은 완전히 다른 방향으로 바뀌었다."라고하였다.[3] 이듬해 그는 뉘른베르크의 장미십자회(Rosicrucian)에 들어가 화학에 대한 지식을 습득하였다.

　이러한 개인적 역정을 보면 라이프니츠가 지독한 지식욕과 왕성한 호기심의 소유자임을 알 수 있다. 반항아이자 꿈꾸는 사람이었던 그는 중세 사회와 보수적 대학의 닫힌 지식체계에 도전하고 끊임없이 새로운 분야와 넓은 세상과 소통하고자 하였다. 그러던 어느 날 한 연금술사의 소개로 마인츠공국의 정치가 보이네부르크(Johann Christian von Boyneburg) 남작과 알게 되어 마인츠공국의 법률고문이 되었다. 보이네부르크와의 밀접한 관계는 라이프니츠에게 공직 생활을 시작하게 했다는 점에서뿐만 아니라, 지적이고 인격적인 면에서도 중요한 의미가 있었다. 특히 보이네부르크와 그의 학회 회원들은 루터교에서 가톨릭으로 개종한 사람들이었다. 라이프니츠는 그들과 행동을 함께하면서도, 후에 바티칸(1689년), 파리(1698년) 그리고 빈의 명망 있는 사서 자리를 제안받았을 때 그 제

---

3 "Gottfried Wilhelm Leibniz", Wikipedia(2012. 9. 30).

안을 선뜻 받아들이지 못했다. 그는 정식으로 개종할 마음의 준비가 되어 있지 않았던 것이다.[4]

라이프니츠는 보이네부르크 남작의 요청으로 보이네부르크 장서의 주제별 목록을 작성하였다. 목록을 편찬하는 일에 관심을 보인 그는 유럽 전역에 흩어져 있는 방대한 자료의 효율적 관리와 접근을 위해 주요 주제에 대한 목록을 편찬하는 일을 생각하였다. 그 당시 유일하게 유용했던 주제 목록은 옥스퍼드대학교 보들리언도서관의 색인 체계였으나, 라이프니츠는 그에 대해서 아무런 정보도 갖고 있지 않았다.[5] 보들리언도서관의 색인체계가 존재하는 것을 몰랐던 그는 독자적으로 다른 색인체계를 고안하였다. 이로써 그는 도서관학의 길에 본격적으로 들어서게 되었으며, 자신이 생각하는 개별 과학을 포괄하는 '보편학'을 정립하기 위한 학문 방법론으로 도서 목록의 작성과 분류법을 고안하였다.

그는 고대에 발행된 문헌에 대해서 주제별 목록을 만들고, 문헌마다 초록을 붙였다. 그리고 연대순으로 문헌을 배열하여 지식의 발전과정을 알 수 있게 하였다. 따라서 편집된 목록은 백과사전과 같은 것이 되었다. 그는 당시까지의 인류가 집서한 모든 지식을 통합한 뒤 공통언어로 기본개념을 기호화하고 체계적으로 분류하여 배열하였다. 그의 구상은 기호화한 여러 개념을 결합시켜 복잡한 고차원의 주제에 접근할 수 있게 한다는 것이었다.[6]

---

4 조지 맥도널드 로스, 문창옥 역, 앞의 책, 20쪽.
5 조지 맥도널드 로스, 문창옥 역, 위의 책, 21쪽.
6 박상균, 『도서관학만 아는 사람은 도서관학도 모른다』, 한국디지틀도서관포럼,

이어 라이프니츠는 26세인 1672년에 마인츠공국의 외교사절로서 파리에서 활동하며 루이 14세의 침략으로부터 독일의 안전을 지키는 일에 힘쓰면서도 형이상학을 연구하였다. 또한 파리와 런던의 저명한 수학자들, 물리학자들과 교류하며 자연과학 연구도 추진하였다. 그 와중에 그의 후원자였던 보이네부르크와 마인츠 선제후(選帝侯)가 잇달아 별세하였다. 1676년에 라이프니츠는 프리드리히(Johann Friedrich) 후작의 초청편지를 받고 북독일 소도시 하노버로 옮겨간다. 그는 하노버의 궁정 고문과 도서관장으로 임명된 이후 그곳을 주된 근거지로 삼아 임종까지 40여 년간 학문 생활을 하고 도서관을 관리하였다. 그는 현명한 정치가로서 그의 그릇과 인품을 십분 인정해준 프리드리히 후작을 위하여 학문의 고문관이자 도서관장 역할을 수행하였다.

그러나 3년 뒤 1679년에 프리드리히 후작은 별세하고, 그 뒤를 이은 아우구스트는 학문에 관심이 없어 라이프니츠와 불화를 겪었다. 학술작업과 출판에 열중하던 라이프니츠는 1687년에 연구여행의 길에 올라 뮌헨, 프랑크푸르트, 뉘른베르크, 빈 등을 거쳐 1689년에 로마로 갔는데, 그곳에서 많은 사람들과 교유하고 자료를 수집하여 1690년에 하노버로 돌아왔다. 45세인 1691년에는 하노버 가문의 위촉을 받고 볼펜뷔텔도서관의 관장으로 취임하였다. 볼펜뷔텔도서관은 30년 전쟁의 전화를 벗어날 수 있었기 때문에 인쇄본 6만 권, 사본 7백여 권을 소장하고 있었으며, 루이 왕실문고에

2004, 74쪽.

뒤지지 않을 정도의 17세기 최고 수준의 도서관이었다.[7] 도서관 재정이 곤란할 때 그는 관사의 빈터에 뽕나무를 심어 양잠을 하거나 문헌을 필사한 것을 유가로 배포하여 도서관 운영과 신간도서의 구입 비용으로 쓰기도 하였다.[8]

라이프니츠는 여러 학문분야에서 독보적인 연구를 수행했을 뿐만 아니라 종교에서도 구교와 신교의 양대 교회 및 신교 각파의 통합을 위해 노력하였고 1700년에는 베를린 과학아카데미를 설립하여 초대 원장이 되었다. 이처럼 왕성한 학문 활동과 도서관 운영을 통하여 근대정신을 열기 위해 애를 썼던 라이프니츠였지만, 말년은 불우하였다. 59세에 그의 정신적 지주였던 프로이센의 소피 샤를롯테 왕비가 급서하자, 그는 실의와 질병의 고통 속에서 지내면서도 임종을 앞두고 『단자론』의 속고를 완성하였다. 독신의 노학자였던 라이프니츠는 1716년에 향년 70세로 자택에서 외롭게 임종을 맞이하였다.

라이프니츠의 도서관사상은 만인을 위한 근대 도서관의 정립에 주안점을 두고 있다. 즉, 그는 도서관이 민중을 위하여 보편적인 가치를 가질 뿐만 아니라 국경을 넘어서 보편성을 갖는 것이라고 주창하였다. 또한 도서관은 '인간을 위한 백과사전', '모든 과학의 보고', '인류 혼의 보고', '모든 시대 위인들과의 대화 장소'라고 주장하였으며, 도서관을 특권계급의 소유에서 민중의 것으로 전환해

---

7 박상균, 위의 책, 75쪽.
8 박상균, 위의 책, 80쪽.

야 한다고 역설하였다.[9] 이는 가브리엘 노데의 도서관사상과 일맥 상통한다. 보편적 도서관론을 주창한 도서관사상가답게 라이프니츠는 도서관 이용 시 이용자들의 편의를 많이 고려하였는데, 장시간 입관 허용이나 자유로운 관외대출뿐만 아니라 동절기 난방장치 등 세세한 곳까지 신경을 썼다. 또한 자료에 대한 정보 제공을 위해 '노데 리브라리우스 세메스트라리스(Naudé Librarius Semestralis)'를 발간하였고, 반 연간의 '도서목록'을 발행하는 계획을 세웠으나 실현되지는 않았다

또한 라이프니츠는 모든 지식을 10개 분야로 분류하였는데, 그 내용은 ①신학, ②법학, ③의학, ④철학, ⑤수학, ⑥물리학, ⑦언어학 및 문학, ⑧민중사, ⑨문헌학 및 서지학, ⑩총서 및 잡지이다. 중세 대학의 4대 분야인 신학, 법학, 의학, 철학 뒤에 근대과학을 배치하여 게스너나 베이컨의 분류보다 후퇴한다는 비판도 있지만 그의 10분류법은 배가번호를 의식한 점에서 천재성과 독창성을 인정받고 있다. 그는 도서관이 학술문화의 센터가 되어야 한다고 주창하고, 세계 각국에 과학아카데미를 설치할 것을 제창하였다. 또한 나라마다 백과사전을 편집·출판하여 국민에게 제공하고, 그 편집에 소요된 자료를 기초로 도서관을 설치하며, 나아가 세계적인 도서관망을 조직해야 한다고 주장하였다.

라이프니츠는 치열한 탐구욕으로 지식을 습득하고 고대와 중세의 문헌을 정리하였을 뿐만 아니라 근대를 열기 위한 도서관학 원

---

9 정필모·오동근, 『圖書館文化史』, 구미무역, 1991, 104쪽.

리를 정립한 인물이다. 그는 계몽시대의 대표적인 백과전서 지식인이자 천재였으며, 노데의 도서관사상을 수용하고 독일 근대 도서관학의 기틀을 다진 선구적 도서관인이었다. 또한 40년간 도서관 발전을 위해 헌신하면서 자신의 분류이론에 기초한 분류표를 작성하고, 자료수집과 목록 등에 있어서도 많은 업적을 남겼다. 그는 학술 연구에 있어서 도서관의 중요성을 인지한 학자로서, 학술도서관에 관한 그의 구상은 훗날 괴팅겐대학의 도서관에서 구현되었다.

라이프니츠는 통섭적인 학문 지식을 가졌다. 일생토록 철학, 법학, 수학, 자연과학 등 거의 모든 학문 분야를 아우르며 이론과 사상을 개진한 그는 중세의 암흑을 깨고 근대정신의 진보를 믿었으며 인류의 계몽을 위해 일하였다. 이러한 사상의 집대성 과정에서 그의 도서관사상이 잉태되었다. 그의 도서관사상은 게스너, 노데 등과 같은 도서관인물들의 사상과 같은 맥락에 있는데, 그는 한 걸음 더 나아가 인류를 위한 보편적 도서관사상을 주창하였다. 모든 학문을 아우르는 중심광장으로서의 도서관을 구현하는 것에 헌신한 그에게서 우리는 도서관정신의 표상을 발견할 수 있다.

벤저민 프랭클린

Benjamin Franklin

최근 우리나라에는 '작은도서관' 운동이 전국 각지에서 전개되고 있고, 중앙정부와 지방자치단체, 국립중앙도서관, 책읽는사회만 들기국민운동, 기업 및 언론 등에서도 작은도서관을 지원하는 활동을 펼치고 있다. 이에 대해 여러 차원에서 논란이 일어나고 있지만, '작은도서관'은 한국 사회에서 공공도서관이 채우지 못하는 정보소외 지역에서 공동체문화와 도서관문화를 꽃피우는 역할을 하고 있다. '작은도서관'의 뿌리는 1960, 1970년대의 마을문고 운동, 1980, 1990년대 도서원 및 사립문고 운동이라고 볼 수 있는데, 우리 역사의 질곡 속에서도 민간 차원에서 전개되어온 이러한 도서관운동은 한국인이 얼마나 도서관을 염원하는가를 여실히 보여준다.

우리 사회에 공공도서관이 존재함에도 불구하고 민간에서 스스로 도서관을 만드는 현상을 접하노라면, 문헌정보학자와 도서관인의 눈으로 볼 때 당황스럽기까지 하다. 그런데 그 맥락을 자세히 들여다보면, 민간에서 만드는 '작은도서관'은 주로 회원제로 운영되면서 지역 주민의 현재적 · 잠재적 정보요구를 담아내고 있다는 것을 관찰할 수 있다. 다시 말하자면 '지역주민을 위한, 지역주민에 의한, 지역주민의 도서관'을 만들어가고 있는 것이며, 갖가지 현실적 어려움에도 불구하고 사람들은 도서관을 꿈꾸고 염원하며 여러 가지 모습으로 꾸미고 있다.

국내 민간도서관 운동의 정신이 주민과 노동자의 회원제에서 출발한 것이라면, 미국 공공도서관의 설립 기반도 회원제 도서관에서 시작되었다. 그리고 이러한 회원도서관 제도를 구상하고 실현한 인물은 벤저민 프랭클린(Benjamin Franklin, 1706~1790)이다.

흔히 '미국 건국의 아버지'로 불리는 벤저민 프랭클린은 외교관, 저술가, 과학자 등으로도 알려져 있다. 미국 독립의 기초를 닦은 인물인 그는 자유, 평등, 민주주의, 실용 정신을 주창한 사상가이자 여러 분야에서 업적을 남긴 팔방미인이었다. 여기서는 그가 특히 미국 공공도서관의 터전을 닦은 핵심 인물이라는 점에서 그의 도서관사랑과 도서관사상을 조명한다.

프랭클린은 1706년 1월 17일 미국 보스턴에서 양초와 비누를 만드는 가내공업자 조시아 프랭클린(Josiah Franklin)의 17명 자녀 중 막내아들로 태어났다. 그는 보스턴 라틴 스쿨에 다녔는데 졸업은 하지 못했다. 한때 산술학교에 다니기도 하였으나 10세가 되는 해에 아버지의 가업을 돕기 위해 학업을 중단해야만 했다.[1] 정규 교육을 2년밖에 받지 못했지만 열렬한 독서광이었기에 폭넓은 지식을 얻었고 스스로 작문을 철저하게 연습했다. 이후 독서와 저술은 그의 인생을 이끌어가는 밑받침이 되었다. 프랭클린은 가난한 집안에서 태어나 성실과 근면으로 성공을 이루어낸 자랑스러운 미국인의 본보기인 것이다.

12세 때 형 제임스가 운영하는 인쇄소의 견습공으로 일하게 된 그는 식비를 따로 받아서 채식을 하여 반을 남기고, 그 돈으로 책을 사서 보았다. 형이나 다른 사람들이 식사를 하러 인쇄소 밖으로 나가면 프랭클린은 혼자 남아서 비스킷 한 조각, 빵 한 조각, 건포도 한 줌, 과일 파이 한 조각, 물 한 잔으로 식사를 대신하고 다른 사람들이 돌아올 때까지 남는 시간을 공부하는 데 보냈다. 먹고 마시는 일을 절제하여 머리가 맑아지고 이해력도 빨라졌으며, 공부에도 큰 진도가 있었다고 한다.[2]

프랭클린이 15세가 되었을 때, 제임스는 《The-New England

1 "Benjamin Franklin", Wikipedia(2013. 1. 1).
2 벤저민 프랭클린, 이계영 역, 『프랭클린 자서전』, 김영사, 2006, 31쪽.

Courant》라는 신문을 발행했는데, 이는 식민지 미국 초창기 신문 중의 하나로 순수한 민간 신문으로는 식민지 미국 최초라고 할 수 있다. 프랭클린은 이 신문에 Mrs. Silence Dogood이라는 필명으로 편지 글을 투고하였는데, 그의 글이 유명해지고 뒤늦게 그가 투고 자라는 사실이 밝혀져 형과 다투고 인쇄소를 떠나게 된다.

1723년, 그의 나이 17세 때 필라델피아로 간 프랭클린은 새로운 삶을 꿈꾸게 된다. 그는 인쇄공으로 필라델피아의 여러 곳을 전전 하다가, 주지사 윌리엄 키스 경으로부터 필라델피아의 새 신문사 를 설립하는 사업을 하자는 제안을 받았다. 그러나 그 약속이 지켜 지지 않아 영국 런던에서 인쇄공으로 일하였다. 그는 1726년에 필 라델피아로 돌아와서 상인 토마스 데넘(Thomas Denham)을 도와 사무원, 점원, 책방지기 등의 일을 하였다.[3] 데넘의 가게에서 일을 한 지 몇 개월 되지 않아 데넘이 사망하자 그는 1728년 친구와 동 업으로 인쇄소를 하게 되었으며 2년 후에는 독립해서 단독으로 인 쇄소를 운영했다.

프랭클린이 인쇄업으로 거둔 첫 번째 성공은 펜실베이니아 식민 지의 지폐 인쇄권을 확보한 것이었다. 그는 1729년 「지폐의 본질과 필요성에 관한 연구」라는 논문으로 이 일을 하게 되었고 그 후 수 년간 공인 인쇄업자로 일했다. 같은 해 식민지 신문의 하나로 널리 알려진 《The Pennsylvania Gazette》를 발행하여 성공하였다. 그 후 사업이 순조롭게 진행되어 서인도제도의 인쇄업자들과 동업하거

3 "Benjamin Franklin", Wikipedia(2013. 1. 1).

나 제휴할 수도 있게 되었다.

또한 그는 1732년부터 1758년까지 매년 『가난한 리처드의 연감 (*Poor Richard's Almanack*)』이라는 책을 Richard Saunders라는 필명으로 발행하였는데, 재치와 경구가 가득 찬 이 책은 널리 애독되었다.

정규 교육을 거의 받지 못하고 가출하여 인쇄공으로서 갖가지 수모를 겪으면서 오로지 책으로 독학하며 스스로 성장한 프랭클린은 인생의 간난신고를 거쳐 필력을 다지고 점차 사람들의 마음을 움직일 수 있게 된 것이다. 이제 그는 인쇄소와 신문의 경영자로서 우뚝 서게 되었다.

1727년에 그는 21세의 나이로 '준토(Junto, 結社)'라는 독서클럽을 만들었다. 이것은 시사적인 문제를 토론하는 독서클럽이었는데, 프랭클린의 준토는 이후 필라델피아에서 많은 독서클럽을 탄생시킨 모태가 되었다. 그는 인쇄공, 목공, 소매상, 사법서사, 측량사, 수학자 등을 규합하여 사회에 기여하고 동시에 개인의 정신적 성장을 도모하는 토론모임을 이끌었던 것이다. 우리나라 1980년대의 노동자들의 노동도서원과 지역주민의 교양도서원을 연상하게 하는 대목이다.

이러한 독서클럽에서는 회원이 순서를 정해 돌아가며 윤리, 정치, 자연과학 분야의 주제를 낸 다음 토론하는 것을 의무화하였다. 또한 3개월에 한 번씩 각자의 관심분야에 대해 논문을 제출하고 발표하도록 하였다. 그 과정에서 각자가 가지고 있는 장서로는 부족함을 깨닫고 회원 개개인의 장서를 한 곳에 모아 함께 이용하는 것이 편리하다고 여겨, 집회장에 각자의 책을 모아 운영을 하기로

『가난한 리처드의 연감』 1739년판

하였다. 이는 많은 회원들에게 큰 도움이 되었으나 관리상의 문제로 약 1년 후에 해산되고 말았다.

그러나 이러한 방법이 유익하다는 것을 알게 된 프랭클린은 1731년에 50여 명의 회원을 확보하고 회원제 도서관인 '필라델피아 도서관조합(Library Company of Philadelphia)'를 결성했다. 각 회원은 40실링(2파운드)씩을 기부했으며 연회비로 10실링을 납부하였다. 주로 회원만이 이용할 수 있었으나, 프랭클린이 관장직을 수행한 1733년부터는 비회원에게도 공개하여 시민으로부터 '시의 도서관'으로 불리면서 친밀감을 갖게 되어 공공도서관의 성격을 강하게 띠게 되었다. 다만 대출할 때 그 책의 가격에 상당하는 보증금을 받았고 소액이지만 대출료를 받았다.[4]

초기에는 회원인 그레이스의 집에서 시작한 필라델피아 도서관조합은 1740년에 독립기념관으로 알려진 주의사당이 완공되자 그 서편 2층으로 옮겼고, 다시 1773년에는 신축된 카펜터스 홀의 2층으로 옮겼다. 1774년 9월 5일 이 카펜터스 홀에서 식민지의 자유와 자치를 목적으로 한 '제1회 대륙회의'가 개최되었을 때 당시 회의에 필요한 자료를 제공한 것이 인연이 되어, 이 후 수도를 워싱턴으로 옮길 때까지 대륙회의, 헌법회의 등 국가적 대회의가 있을 때에는 필요한 자료를 제공했다.

19세기 후반까지 시립도서관의 역할을 수행한 필라델피아 도서관조합의 회원 수는 1763년에 100명에 달했고, 연합도서관(The Union Library)과 합병되던 1769년에는 400명으로 증가했다. 신축 건물의 건축비를 조달하기 위하여 1789년에서 1793년에는 266개의 회원권이 목수, 벽돌 제조업자 등에게 판매되었다. 1820년대에는 회원이 800명이나 되었다. 회원과 비회원 모두 대출할 때 비용을 지불했지만 도서관 내에서 읽을 때는 무료였다. 1791년 필라델피아 시내에 신관을 개관하였는데, 1792년 이후 로간 문고를 위시한 여러 문고를 합병하였다.

---

4 벤저민 프랭클린, 이계영 역, 앞의 책, 146-148쪽.

이처럼 필라델피아 도서관조합은 미국 역사에서 가장 오래된 문화적 기관이며 미국 독립전쟁 이후 1800년까지 미의회도서관 역할을 하였다. 또한 이 도서관은 미국 남북전쟁 이전까지 미국에서 가장 큰 공공도서관이었다. 1966년 현재의 신관을 건립하여 공개하였으며, 지금도 회원조직으로 입회금 200달러, 연회비 100달러로 학술전문도서관으로서 기능하고 있다.[5]

도서 선정방법에 있어서 당시 교회도서관이나 대학도서관에서는 신학이나 교육적인 목적보다는 기증자나 교수의 의견이 반영되었다. 그런데 필라델피아 도서관조합은 독자의 의견에 따라 선정되어서 도서관을 위한 후원, 기증, 기부가 활발하였다. 이와 같은 신학 문헌의 감소는 종교적 성향이 강한 17세기와 달리 합리주의적인 유신론적 사고방식이 짙었던 18세기의 특성을 보인 것이다.

이는 필라델피아 도서관조합이 인간 중심의 사상, 실용적인 지식을 구비하고 있음을 보여준다. 또한 하버드와 예일대학 도서관의 초기 장서 상태와 대조적이며, 후대 설립된 대중적인 도서관의 전형적인 모습이다.

회원제 도서관은 프랭클린의 회원제 도서관 이후 미국 전역에 파급되어 1733년 코네티컷 주에서 '더럼도서조합'(Book of Company of Durham)이 설립되었고, 1747년 로드아일랜드의 뉴포트에 레드우드도서관이 세워졌다. 레드우드도서관은 회원 중의 한 사람이 건축비를 기금으로 내놓았고 지방의회가 이를 승인하여 1750년 독립

---

5 미국 필라델피아 도서관조합, http://www.librarycompany.org/(2013. 1. 1).

건물을 가지게 되었다. 장서의 구성은 처음에는 사서의 취향에 따랐으나, 이후 레드우드의 기금으로는 신학, 역사, 과학 분야의 자료만 구입하였다. 독립전쟁 기간 중 많은 자료들이 분실되었으나 지금까지도 이 도서관은 미국에서 가장 오래된 도서관 중의 하나로 남아 있다.

1730년은 프랭클린이 필라델피아 도서관조합을 만들기 1년 전으로, 자신의 인쇄소를 설립하고 《The Pennsylvania Gazette》를 발행하는 등 인쇄업과 신문 사업에서 성공가도를 달리던 때였다. 그때 그는 예전부터 사랑했던 여인 데보라 리드(Deborah Read)와 결혼하였다. 사실 그녀는 이미 결혼한 사람이었으나, 그녀의 전 남편은 빚을 지고 도망을 가버렸다. 데보라는 부지런하고 소박한 사람으로 프랭클린에게 일생 동안 원군이 되었다.

30세가 되는 1736년에 프랭클린은 펜실베이니아 의회의 서기가 되어 정치에도 입문하였다. 같은 해에 Union Fire Company라는 미국 최초의 자원봉사 방식의 소방회사도 설립하였다. 또한 1737년부터 1753년까지 필라델피아 우체국장으로 일했다. 신문업도 성공을 하고 점차 정치적 영향력도 가지게 된 그는 교육을 위한 후원자 역할을 자청하였다. 새로운 나라를 건설하고자 하는 그의 진취적인 교육관은 점차 사람들의 호응을 얻었다. 이후 그는 펜실베이니아대학의 전신인 필라델피아 아카데미 창설, 도서관 설립, 미국철학회 창립 등 폭넓은 교육·문화활동을 전개하였다. 한편 자연과학에도 관심을 가져 난로, 피뢰침 등을 발명하고, 전기유기체설을 제창하였다. 이러한 학문과 교육에 대한 공로를 인정받아 1753년에 하버드대학과 예일대학으로부터 명예학위를 받았다.

1754년에는 올버니회의에 펜실베이니아 대표로 참석하여 최초의 식민지 연합안을 제안하였고, 1757년에는 영국에 파견되어 식민지 미국의 자주 과세권을 획득하였다. 1764년에 다시 영국으로 건너간 그는 인지조례의 철폐를 주장하였고 1775년 펜실베이니아 대표로 뽑혔으며, 1776년 독립선언 기초위원에 임명되었다. 그해 아메리카-프랑스 동맹을 성립시켜 프랑스의 재정 원조를 획득하는 일에도 성공하였다. 1787년에는 제헌회의에 참여하여 여러 주 사이의 대립을 조정하고, 헌법 제정에 전력하여 제정된 헌법을 만장일치로 통과시키는 데 이바지하였다. 또한 그의 저술을 통하여 미국에서 노예제가 폐지되어야 하고, 아프리카인들이 미국 사회에 통합되어야 함을 주장하였다.

그는 1764년부터 1775년까지 영국에 체류하면서 미국의 명분을 호소하고 조지 3세의 실정에 반대하는 영국 야당 세력들을 규합하였다. 미국으로 돌아온 후에는 제2차 대륙회의의 대표로 선출되어 독립선언서를 기초하였다. 1776년부터 1785년에는 프랑스에 주재하면서 아메리카 합중국의 대표로 활동하기도 했다. 1772년에는 외국인으로서는 얻기 어려운 프랑스 과학아카데미의 회원으로 선출되는 기록을 남겼다. 그 후 그는 필라델피아로 돌아와서 말년을 병석에서 지내다가 1790년에 84세의 나이로 별세하였다.[6]

1730년 이후 별세할 때까지 프랭클린의 인생을 살펴보면 도서관

---

6 송성수, 「연구와 정치가 조화된 인생, 벤저민 프랭클린」, 대한기계학회,《기계저널》 제46권 제6호, 2006. 6, 30-32쪽.

을 기반으로 독서하고 사람들과 지식을 나누는 활동을 통하여 사회발전에 이바지하고자 했음을 알 수 있다. 그는 정치, 입법, 과학 등 여러 분야에서 빛나는 업적을 내었는데, 그 과정에서 그가 가장 애착을 가지고 가꾸었던 것은 회원제 도서관인 필라델피아 도서관조합이었다.

실제로 프랭클린은 다른 어떤 사회적 과업보다 필라델피아 도서관조합을 가꾸는 일에 더 많은 시간을 보냈다. 그는 1731년부터 1757년까지 조합장으로서 회의에 충실히 참석하였고, 1733년과 1734년에는 사서 역할을 하였으며, 1746년부터 1757년까지 서기로서 일하였다. 1757년부터 1762년까지는 영국 런던에서 조합의 도서중개인 역할을 하였고, 1762년에서 1764년까지 다시 조합장으로 봉사하였다. 그 뒤 1765년부터 1775년까지 10년간 영국 런던에서 도서관조합의 도서중개인으로 또다시 일하였다. 그가 한 수많은 사회적 활동 중에서 필라델피아 도서관조합의 운영만큼 많은 시간과 열정을 바친 일은 없었다. 그리고 그가 자서전을 쓸 때 가장 즐거웠던 일로 기록한 것은 바로 도서관조합의 운영이었다.[7]

그는 일생 동안 자유를 사랑하였으며, 인류평등과 인간존중 정신을 사람들에게 심고자 하였다. 또한 독서로서 자신을 교육하고 근면하고 성실한 삶을 살았다. 그리고 실용적 학문과 과학을 존중하였으며, 공리주의에 투철한 인물로서 미국인은 물론 전 세계 사람들로부터 존경을 받았다. 오늘날에도 도서관인을 비롯한 현대인

---

7 Leo Lemay, *Printer and Publisher, 1730-1747(vol.2) in The Life of Benjamin*, University of Pennsylvania Press, 2005, p.93.

들은 그에게서 불굴의 의지, 독서의 힘, 개척정신, 도서관정신 등을 배울 수 있을 것이다.

멜빌 듀이

Melvil Dewey

도서관에는 언제나 마술이 펼쳐진다. 마술사가 와서 마술을 하는 걸까? 여기서 '도서관 마술'이란 사람들이 도서관에서 원하는 책을 금방 발견하게 되는 신기한 일을 말한다. 이 마술은 바로 도서에 대한 분류법 덕분에 일어날 수 있다. 이러한 문헌분류 덕분에 우리는 도서관에 들어가 거대한 장서 속에서 각자 원하는 책을 쉽사리 발견할 수 있는 것이다. 오늘날 세계의 도서관에는 여러 가지 문헌 분류가 쓰이고 있지만, 가장 널리 사용되는 분류법은 DDC(Dewey Decimal Classification)이다. 이러한 십진분류법을 만든 사람이 바로 멜빌 듀이(Melvil Dewey, 1851~1931)이다.

멜빌 듀이는 흔히 도서관 문헌분류의 창안자로 알려져 있다. 사실 듀이는 그 이상의 인물이다. 무엇보다도 그는 미국 사회에서 '근대 도서관직의 아버지'이자 '도서관학의 개척자'이다.

듀이는 1851년 12월 10일 미국 뉴욕 주의 서북쪽 끝, 제퍼슨 카운티의 아담스 센터에서 태어났다. 그는 '한국의 도서관, 십진분류법, 도서관학의 아버지'인 박봉석보다 반세기 전에 출생하였는데, 두 사람이 살았던 시간과 공간은 다르지만 분류법 창안, 도서관협회 조직, 도서관학교 설립 등 공통점이 많다. 듀이의 본명은 Melville Louis Kossuth Dewey이다.[1] 그는 평생 동안 영어 철자법의 개혁(간소화)에 관심을 가졌고 그러한 차원에서 대학을 졸업한 직후 자신의 이름에서 'le'를 빼고 'Melvil'이라고 하기 시작했으며 또 한동안은 자신의 성도 'Dui'로 적었다.[2] 그가 태어난 고장은 적극적인 복음주의 침례교도들이 많았는데, 그들은 천박함, 유행, 카드놀이, 춤, 신성모독, 노예제도, 흡연 등을 반대하였다. 듀이의 부모는 그에게 음주와 흡연을 멀리하는 금욕적 생활, 교회나 가정에서 도

---

1 온라인 컴퓨터 도서관 센터, http://www.oclc.org/dewey/resources/biography(2013. 1. 1).
2 박명규·이성숙, 「도서관학의 개척자, 듀이」, 고인철 외 저, 『위대한 도서관 사상가들』, 한울, 2005, 176-177쪽.

덕적 개혁을 추구하는 생활, 사회적 책임을 다하는 생활, 겸손함 등을 가르쳤다.

1867년 4월, 16세에 듀이는 뉴욕 주의 교사자격증 오리엔테이션 참가를 계기로 교육에 관심을 가지기 시작하였다. 이때 그는 교육이야말로 정신을 개혁하는 가장 적절한 도구가 될 수 있다고 생각하였다. 그해 12월부터 그는 중등학교인 헝거포드학교에서 수업을 받았다. 1868년 겨울, 교실에서 불이 났을 때 그는 많은 책을 옮기려다 심한 감기에 걸려 2년을 더 살기 어렵다는 진단을 받았는데, 이를 계기로 시간의 효율적인 이용에 관심을 가지게 되었다. 다행히 건강은 회복되어 알프레드학교에서 봄 학기만을 보내고, 1870년 10월 애머스트대학(Amherst College)에 진학했다. 1821년에 창설된 애머스트대학은 기독교학교로, 연구나 지적인 탐구보다는 선교사나 목사를 배출하기 위한 훈련수양에 더 많은 관심을 가진 학교였다.[3]

듀이는 애머스트대학 재학 중 오늘날 도서관에서 가장 넓게 사용되고 있는 분류법인 듀이십진분류법(Dewey Decimal Classification: DDC)을 고안하였다. 막연히 교육 분야를 지향하던 그는 2학년 때 학생보조원으로 대학 도서관에 근무하게 되었는데, 이러한 경험을 통하여 교육 분야 중에서도 도서와 사회교육기관으로서의 도서관 쪽으로 관심을 집중하게 되었다. 성실하고 종교적인 신념이 강한 부모 밑에서 익힌 금욕적인 생활방식, 어린 시절에 경험한 죽음의

---

3 고인철 외, 위의 책, 149-150쪽.

문턱 등은 그의 사회적 공헌을 향한 신념, 개척자적인 추진력, 실용적이고 합리주의적인 정신의 근간을 이루게 되었다. 그는 도서관에서 일하면서 합리성과 효율성을 도모하는 자신의 기질을 충분히 발휘하여 도서관장서의 분류와 배열을 위한 계획안을 만들고 이를 대학도서관위원회에 제출하여 허락을 받았다. 이것은 후일 DDC의 기초가 되었다.

듀이는 애머스트대학에서 2학년을 마칠 즈음 일생을 바쳐 추구할 만한 소명을 발견하였다. 그것은 첫째, 미터법에 의한 도량형의 단일화, 둘째, 언어에 있어 '규칙성'에 의한 영어철자법 개혁, 셋째, 속기법 사용, 넷째, 교육이다. 특히 듀이는 교육 중에서 모든 성인을 위한 평생교육에 투신하기로 결심하였다. 이와 관련하여 그는 사람들이 좋은 독서를 통하여 교육을 받을 수 있다고 보고, 무료공공도서관을 통한 가정교육에 자신의 삶을 바치기로 작정하였다.

듀이는 애머스트대학 도서관에서 일할 때 영국 공공도서관의 아버지 에드워드 에드워즈(Edward Edwards)의 『도서관 회고록(*Memoirs of Libraries*)』을 읽고 도서관의 중요성을 다시 확신하게 되어 이 분야를 위해 평생 몸 바쳐 일할 것을 다짐하였다. 1872년 이후 무료공공도서관에 관심을 두었으며, 1874년 7월 무료공공도서관을 더욱 효과적으로 만들고 그 이용을 늘리기 위하여 분류법의 골격을 마련하였다.[4]

듀이는 애머스트대학 졸업 후 동 대학의 임시직 사서가 되어 이

---

4 고인철 외, 위의 책, 150-152쪽.

때부터 본격적으로 분류표 작업에 매달렸는데, 자신의 분류표로 8,000여 권의 도서를 정리하여 배가하였다. 듀이는 도서관의 복본을 팔아서 보스톤 도서관 방문 등의 여행경비로 사용했다고 한다. 이 대목은 재미있는 일화다. 당시 대학당국은 도서관 장서를 팔아 여행경비로 쓰겠다고 하는 듀이의 황당한 제안을 수락했다.

듀이는 DDC에 대한 강의와 보급에 계속 관심을 가졌고, 보스톤 시절 도서관을 통한 평생교육을 구상하였다. 여러 가지 일을 추진했지만 어느 하나도 소홀하게 하지 않고 꼼꼼히 챙겼다고 한다. 보스톤에서 듀이는 미국도서관협회(ALA) 창설에 관여하였고, 최초의 도서관잡지《American Library Journal》의 편집장이 되었다. 그는 또한 도서관비품의 표준화를 추진하였으며, 실제로 1876년에 도서관 비품 회사인 '라이브러리 뷰로(Library Bureau)'를 설립하였다. 그는 이후 28년 동안 이 회사의 경영에 관여하였다.

듀이가 이사한 보스톤은 미국에서 가장 좋은 교육시스템과 도서관을 가지고 있어서 소위 '세계적인 큰 일'을 하기에 아주 적합한 환경을 가지고 있었다. 그는 1876년 10월 필라델피아에서 개최된 미국독립백주년박람회(Centennial Exposition)에 참가한 103명(남자 90명, 여자 13명)의 도서관인들과 함께 '미국도서관협회(American Library Association)'를 창설하였다.[5] 그 활동방향은 도서관학 이론의 정립보다는 도서관의 실제적 운영을 개선하는 데 두어, 윈저(Justin Winsor)를 회장으로 하고 듀이는 서기장인 동시에 재무관으로 선

---

5 미국도서관협회, http://www.ala.org/aboutala/missionhistory/history(2012. 1. 1).

출되었다. 듀이는 그 뒤 1891년에 회장이 될 때까지 무보수로 서기 장직을 맡았다. 듀이는 미국도서관협회의 모토를 "최소의 비용으로 최대의 독자들을 위한 최선의 독서(The best reading for the largest number at the least expense)"라고 정하였다. 또한 그는 1876년에 또한 도서관 관련 최초의 잡지 《American Library Journal》을 창간하였다. 이 저널은 당시 미국도서관협회 기관지 역할을 하였고, 2년 뒤 《Library Journal》로 개명되어 오늘에 이르고 있다. 한편 1907년부터 미국도서관협회는 자체의 기관지를 독자적으로 발간하기 시작했고, 《Library Journal》은 미국도서관협회와 관련이 없어진 후에도 미국과 전 세계의 도서관 이슈에 대해 독립적인 역할을 담당하는 연속간행물로서 자리매김하고 있다.

듀이는 1877년 9월 첫 번째 미국도서관협회 연례회의 후, 영국도서관협회(Library Association)를 결성하게 될 영국사서회의에 참석하기 위하여 런던행 배를 탔다. 그는 그곳에서 웰슬리대학 최초의 사서인 애니 갓프리(Annie Godfrey)를 만났고, 1878년 10월 19일에 결혼하였다. 애니는 1850년에 매우 독실한 기독교가정에서 태어났고 듀이와 마찬가지로 교육과 도서관의 중요성을 인식하고 있어서 듀이의 개혁의지에 든든한 동반자가 되었다.[6]

1883년 듀이는 미터법보급회의에서 알고 지내던 컬럼비아대학 학장 바너드의 요청으로 컬럼비아대학의 도서관장으로 취임하였다. 이때 그는 인건비 예산을 대폭 늘려 우수한 도서관 직원을 채

---

6 고인철 외, 앞의 책, 154쪽.

용하였다. 특히 그는 여성 사서를 채용함으로써 적은 임금으로 높은 수준의 직원을 채용하는 새로운 고용행태를 창출하였으나, 여성을 채용하거나 입학시킨 사례가 없는 컬럼비아대학 이사회와 갈등을 빚었다. 컬럼비아대학 재직 시절인 1884년에 듀이는 미국뿐만 아니라 전 세계에서 최초로 '도서관학교(The School of Library Economy)'[7]를 설립하였다. 당시 컬럼비아대학은 도서관학교 설립을 적극적으로 지원한 것은 아니었지만 최초의 도서관학교는 도서관직원 양성을 목표로 매우 실용적이고 기능적인 내용을 교수하였다.

1889년 도서관장직을 사직함으로써 그는 그동안 갈등을 빚던 컬럼비아대학을 떠났다. 그가 대학의 내규를 어겼다는 이유도 있었지만, 컬럼비아대학 교수들이 연체 등 도서관 규칙 위반 시 벌금을 부과하여 교수들과 충돌이 있었으며, 1884년 최초의 도서관학교에 여학생을 신입생으로 선발(정원 20명 중 17명이 여학생)하여 이사회와 충돌하는 등 독단적인 행동을 한 것이 큰 원인이었다. 그가 주재해온 도서관학교는 1890년에 뉴욕 주 올버니로 이전되었는데, 같은 해 그는 뉴욕주립도서관장으로 취임하여 1906년 1월까지 뉴욕 주의 도서관을 재조직하고 발전시켰다. 1890년에는 미국도서관협회 회장이 되었고, 1891년에 건강상의 이유로 사직하

---

7 여기서의 도서관학교는 학부를 거친 사람들이 들어가는 대학원과정이다. 오늘날 미국, 캐나다 등 여러 나라에서는 일반적으로 석사과정의 도서관학교를 운영하고 있다. 그러므로 오늘날 도서관학교를 문헌정보학원으로 번역하는 것도 좋겠으나, 여기서는 '도서관학교'로 표기한다.

1904년 도서관학 강의

였다. 그런데 후임 회장이 공금횡령으로 물러나자 위기에 빠진 미국도서관협회를 구하고 시카고세계박람회에 성공적으로 대처하기 위해 회원들의 요청에 의해 1892년에 재선되었다. 듀이는 평생 동안 '공공도서관을 통한 생애교육'으로 사회가 이상적인 세상으로 변할 것으로 생각했고, 이러한 이상을 실현하기 위해 1895년 사서, 교사 등과 같은 중류층의 휴양을 위한 회원제 클럽 '레이크 플레시드(Lake Placid)'를 창설하였으며 클럽 운영을 위해 '레이크 플레시드 회사(Lake Placid Company)'를 설립하였다.

그는 1905년 모든 공직에서 은퇴하고 레이크 플레시드 클럽 사업에 전념하였다. 클럽회원자격은 엄격하여 음주자, 도박자, 질병자, 유대인 등은 이용할 수 없었다. 그러나 이곳에서 반유대주의를 표방하고 유대인들은 회원으로 받아주지 않아서 많은 비난을 받았으며, 후일 재정적자로 폐쇄되었다.

듀이는 1931년, 향년 80세에 뇌출혈로 별세하였다. ALA는 1953년부터 매년 도서관경영, 사서교육, 분류·편목, 사서직 도구·기법 등 도서관 분야의 발전에 공헌한 개인이나 기관에게 '멜빌 듀이 메달(Melvil Dewey Medal)'을 수여하고 있다.

듀이는 자신이 꿈꾸는 교육의 세계를 무료 공공도서관을 통하여 실현하고자 하였다. 일생 동안 그는 독단적 성격으로 주위 사람들과 마찰이 끊이지 않았지만, 강인한 의지와 추진력을 가지고 도서관 및 문헌정보학 분야에서 많은 업적을 남겼으며, 이러한 업적들은 오늘날까지도 전 세계에 영향을 주고 있다.

한국문헌의 세계를 탐구하고 한국을 사랑한 프랑스 학자

모리스 꾸랑

Maurice Courant

모리스 꾸랑(1865~1935)은 서구인이면서 한국을 한국인보다 더 많이 이해하고자 노력한 인물이다. 그 방법은 바로 방대한 한국 문헌의 세계를 탐구하는 것이었다. 그가 한국에 대해 남긴 저술 중에서 대표적인 것은 『한국서지(韓國書誌, *Bibliographie Coréenne*)』이다. 『한국서지』는 한국 고문헌의 세계를 서지적으로 집대성한 책으로,

국내외에서 한국학을 연구하는 학자들에게 성서와도 같은 존재이
다.[1] 꾸랑은 조선의 저잣거리를 누비며 문헌을 수집하는 등 한국인
의 사상과 정신세계를 밑바닥에서부터 이해하고자 하였다. 이로써
그는 한국 전적(典籍) 연구에서 불멸의 위치를 차지하게 되었으며,
우리나라 도서관인이 기억해야 할 프랑스 학자가 되었다.

꾸랑은 1865년 10월 12일 파리 프랭클린 가(街) 6번지에서 샤를
르 이지도르 꾸랑과 마리 코스나르 사이에서 장남으로 태어났다.

꾸랑의 유년기에 대한 자료는 알려진 것이 없지만 대학 입학시기
부터의 자료는 확인할 수 있다. 그는 1883년 대학입학자격고사 문
과에 합격하여 파리대학 법대에 입학하였고 1886년에 학사학위를
취득하였다.

대학에서 법학 공부를 하던 그는 동양문화 연구에 뜻을 두고 동
대학 부속 동양어학교에 등록하였다. 1885년에 동양어학교에서 중
국어와 일본어 공부를 시작하여 1888년에 그 과정을 모두 마쳤다.[2]
이 과정은 꾸랑이 프랑스 외무성에서 통역관 임무를 수행하는 기
초가 되었다. 25세가 되던 1890년(고종 20년)에 북경 생활을 마친
꾸랑은 1890년 5월 23일 전임자 프랑소와 게렝의 뒤를 이어 통역
서기관으로 한국에 오게 되었다.

당시 꾸랑은 서양인으로서는 드물게 한문을 해독할 수 있었을

---

1 모리스 꾸랑, 이희재 역,『韓國書誌』, 일조각, 1994, vii쪽.
2 프랑스에는 학사, 석사, 박사 이외에도 학술계의 인정을 받는 것으로 diplôme
라는 고등교육학위가 있으며 물론 해당 과정의 졸업과 동시에 수여된다.(이희
재,「모리스 꾸랑과 韓國書誌에 관한 考察」,『논문집』28, 숙명여자대학교출판부,
1988, 3쪽).

뿐만 아니라 동서양의 광범한 문헌을 이미 읽어 동양의 지식 체계에 대한 기초적 지식이 있었다. 그는 1890년 5월부터 1892년 2월까지 겨우 1년 10개월 동안 한국에 머물렀으나, 그동안 한국 문화에 대단한 흥미를 갖고 한국을 연구하기 시작하였다. 그렇다고 그가 한국을 처음부터 짝사랑한 것은 아니었다. 오히려 잘 알지도 못하는 나라에 부임하여 처음에는 우울한 나날을 보냈다.

이러한 그에게 한국사랑의 눈을 뜨게 해준 사람이 있었다. 그는 꾸랑이 보좌하게 된 상관 빅또르 꼴랭 드 쁠랑시(Victor Collin de Plancy, 1853~1922)이다. 꾸랑의 인생에 전기를 마련한 멘토 쁠랑시는 조선과 프랑스 사이에 체결된 통상우호조약 비준 문서를 교환할 임무를 띠고 1887년에 파견된 인물이다. 이 임무를 마친 후 그는 서울 주재 프랑스 공사로 임명되었다. 쁠랑시도 12살 연하인 꾸랑과 마찬가지로 법학 학사, 동양어학교 중국어과 졸업, 베이징 주재 통역관의 경로를 겪었다. 쁠랑시는 조선 왕실이 신뢰하는 외교관이었으며, 극동의 예술품과 고서적을 수집하는 데 관심을 기울였다. 그중 가장 뛰어난 수집물은 단연 1377년에 주조활자로 인쇄된 『직지(白雲和尙抄錄佛祖直指心體要節)』 제2권이다. 이는 현존하는 최고(最古)의 금속활자 인쇄물이며 구텐베르크 성서보다 무려 78년 앞선 것이다.

꾸랑은 한문 독해력을 갖추고 있었고 나중에 한글 문장을 해독하는 데까지는 이르렀지만, 한국말을 하지도 이해하지도 못하였다. 후일 쁠랑시에게 보낸 편지에서 꾸랑은 "(부임) 첫 3개월 동안은 무척 괴로웠습니다. 당시의 정신상태로는 극히 사소한 일로도 조선에 대해 혐오감을 느끼고 빠져나갈 궁리만 하곤 하였습니다."
라고 썼다. 당시 그에게 유일한 낙이라면 저녁 식사 후에 상관 뻴
랑시와 나누는 대화였다. 뻴랑시는 동양어학교 교수들이 거의 언
급조차 하지 않았던 이 미지의 나라에 대해 자신이 와서 직접 체험
하고 발견한 것을 후배에게 일러주고, 그가 수집한 조선서적을 소
개하였다. 바로 이 대화 중에 서양인에게 존재조차 알려져 있지 않
은 조선문학의 목록, 나아가 하나의 서지(書誌)를 만들어보자는 생
각이 싹텄던 것이다.[3]

두 사람이 한국문헌의 서지 목록을 분담하여 만들기 시작한 지
얼마 되지 않아 일본으로 전근을 가게 된 뻴랑시는 꾸랑에게 혼자
이 계획을 완성하도록 권유하였다. 그 시작은 뻴랑시에게서 비롯
되었으나, 뻴랑시는 이 작업의 결과가 젊은 벗의 단독 저작으로 나
오기를 희망하였다. 꾸랑은 이에 격렬하게 읍소하였으나 결국 뻴
랑시의 애정 어린 부탁을 받아들이고 열정을 가지고 이 작업에 임
했다. 우선 뻴랑시가 소유하다가 파리 동양어학교 도서관에 기증
한 장서부터 검토하였다.

꾸랑은 조선의 문헌을 조사하고 검토할 때 서울의 프랑스 공사
관에서 일하고 있는 한국의 선비들, 그리고 당시 한국 천주교회의
서울 교구장인 뮈뗄(Gustave C. M. Mutel, 1854~1934) 주교의 도움
을 받았다. 뮈뗄 주교는 또 한 사람의 멘토로서 일생 동안 꾸랑의
이야기를 들어주고 후원하였다. 꾸랑은 자신들이 가지고 있는 책

---

3 이희재, 위의 글, 159-160쪽.

을 참고하도록 보여준 외국거류민에게도 많은 도움을 받았다.

　오늘날 우리 한국인들이 높이 평가해야 할 꾸랑의 공적은 한국의 도서 목록을 프랑스어로 작성하고 소개했다는 점에 있다기보다 선임자 쁠랑시가 개척한 길을 밟아나갔다는 사실이다. 꾸랑은 서울의 노상서점, 세책가(貰册家), 사원의 서고, 개인 소장처 등을 뒤져 당시의 지식층이 무시했고 따라서 사서나 서지학자도 간과했던 수많은 도서를 찾아내어 해설을 덧붙였으며, 우리 한국인들의 의식세계에서 사라질 뻔했던 문헌을 찾아내고 그 목록을 집대성하였다. 나아가 그는 전임된 후 베이징에서도, 휴가로 파리에 돌아가서도, 또 그 후에 옮긴 도쿄에서도 쉬지 않고 연구를 계속하였다. 휴가 중 유럽에서는 병인양요 때 약탈된 외규장각 문고본이 포함된 파리국립도서관 장서, 기메박물관에 소장된 바라(Varat) 문고, 대영박물관도서관의 장서를 조사하였다. 이러한 열정 어린 지적 탐구의 결과, 1894년에서 1895년까지 그가 도쿄의 프랑스 공사관에서 서기관 겸 통역관으로 있을 당시 『한국서지』 제1권, 제2권이 발행되었고 그 이듬해인 1896년, 천진(天津) 영사관에서 통역관으로 재임할 때에 제3권이 발행되었다. 꾸랑은 그 뒤에도 연구를 계속하여 그 보유판(補遺版: *Supplémant à la Bibliographie Coréenne*)이 본국에 귀환 후인 1901년에 나오게 됨으로써 『한국서지』 전 4권의 완성을 보게 되었다.[4]

　『한국서지』는 한국의 전적을 문화사적으로 다룬 「서론」이 책머

---

4 박상균, 『도서관학만 아는 사람은 도서관학도 모른다』, 한국디지틀도서관포럼, 2004, 359쪽.

리를 장식하고 있다. 본문 내용을 구체적으로 살펴보면, 제1권에서 제3권을 기준으로 고려시대의 『상정고금예문(詳定古今禮文)』부터 한말의 『한성순보(漢城旬報)』에 이르는 9부 36류 도합 3,821종의 한적(漢籍)을 분류한 후, 이에 대한 상세한 서지학적 해설과 문화사적인 논평을 가하였다. 그리하여 『한국서지』는 한국 문화를 연구하는 사람이라면 반드시 보아야 할 책이 되었다. 『한국서지』 제4권 보유판에 세계 최초의 금속활자본으로 알려져 있는 『직지』의 해제가 실려 있다.

처음에는 한국을 모르고 가급적 빨리 떠나고 싶어 했던 꾸랑은 한국 문헌의 탐구라는 오디세이를 감행하면서 이제 한국으로 보내 줄 것을 간청하는 사람이 되었다. 또한 그는 『한국서지』 외에도 「9세기까지의 한국, 일본과의 관계와 일본문화의 기원에 미친 영향」(1897), 「한국의 판소리와 무용」(1897), 「고구려 왕국의 기념비」(1898), 「조선의 종교의식의 연혁과 개요」(1899) 등 적지 않은 논문과 강연문을 생산하였다. 총 21편에 이르는 저술의 제목만 보아도 알 수 있듯이, 그는 한국 문화의 우수성, 기원, 정신세계, 민중문화 등 한국의 정체성을 기록과 문헌, 사람들의 이야기와 자신의 체험을 통하여 재구성하고자 하였으며, 이것을 인생의 큰 보람으로 삼았다. 그는 또한 빨랑시의 권유로 1900년 파리에서 개최된 만국박람회의 한국관 소개서를 작성하였는데, 이 글은 한국에 대한 자부심과 애정이 담긴 명문이다. 한편, 「조선과 외세」(1904), 「조선의 일본기지, 15세기 이래의 釜山」(1904) 등과 같이 그는 외세의 각축에서 위기에 놓인 한국을 염려하는 글도 생산하였다. 특히 후자의 글은 15세기부터 19세기 말에 걸친 한일 관계사를 한국 측 관점에서 쓴 것이다. 이 글을 통하여 꾸랑은 한반도에 대해 일본인들이 주장하는 이른바 '역사적 권리'의 사실 무근을 증명하고자 하였다. 이 논문의 발표로 꾸랑은 불행한 시간을 맞이한 한국을 위해 발언한 소수의 외국인들 중 한 명이 되었다.[5]

1895년 6월 도쿄를 떠나 중국 천진의 영사관에서 통역관으로 근무하던 중 중국에서 꾸랑의 두 아들이 콜레라로 사망하는 일이 일어났다. 그 동안 떠도는 생활에 지쳐 있던 차에 큰 슬픔에 빠진 그는 외교관 생활을 그만두고 프랑스로 돌아갔다. 파리로 돌아와 생활하게 된 꾸랑은 1896년 9월 7일 셋째 아들을 보게 되었다.[6] 외교관직을 포기한 그는 교수직을 목표로 노력하고 있던 중, 파리 국립도서관에 현저하게 늘어나고 있는 극동, 특히 중국 전적에 대해 필사본으로 되어 있던 레뮈자와 스타니스라스 쥘리앙의 옛 목록보다 완전하고 체계적인 도서목록을 작성해 달라는 제안을 받았다.

1896년 『한국서지』 3권이 출판되었으나 이 업적은 학술원상의 수상 이외에는 학계의 큰 평가를 받거나 연구에 이용되지 않았다. 그 후에 발표된 여러 편의 한국 관련 논문도 아쉽게 학계 진출에 큰 도움이 되지 못했다.

꾸랑은 프랑스에서 학계로 진출하기 위해 꾸준한 노력을 하였다. 그리하여 리옹(Lyon)으로부터 중국어강좌 설치와 함께 교수직

---

5 D. 부세, 「韓國學의 先驅者 모리스 꾸랑(上)」, 《동방학지》 vol.51, 1986, 185-186쪽.
6 D. 부세, 위의 글, 171쪽.

을 제안받아 리옹에 정착하게 되었다. 1899년 12월부터 리옹의 상공회의소와 리옹대학교 학부에서 중국의 일상생활과 중국어를 가르쳤고, 1900년 5월 1일 리옹대학교 문과대학 강사로 임명되었다. 그 뒤 1903년 대학에 정식으로 중국학 학위를 창설하였다. 1901년에는 『한국서지』 보유판을 파리에서 출판하며 『한국서지』 전 4권을 완성하였다.

꾸랑은 리옹에서 중국학을 가르치며 중국, 일본, 한국에 관한 많은 논문을 발표했고, 1913년 리옹대학교 문학부에서 「중국음악사론(中國音樂史論), 부 조선음악(附 朝鮮音樂)」이라는 논문으로 박사학위를 받아 11월에 드디어 정식 교수가 되었다. 이후 1919년 학교 사절로 일본에 6주간 체류하면서 한국의 평양, 서울, 대구에 잠시 머무르기도 하였다. 이때 『한국서지』 집필에 상당한 도움을 받았던 구스타브 뮈뗄 주교를 만나고 장서각을 방문하는 것으로 한국 방문의 아쉬움을 달래야 했다.

다시 프랑스로 돌아온 꾸랑은 낭비벽이 심한 아내와 이혼하였다. 그의 만년인 1930년에 아들 샤를르가 독신으로 죽은 뒤 꾸랑은 1935년 칼위르에서 생을 마감하였다.

그가 밝혀준 한국의 사상과 문학의 세계를 맛보기 위해서는 『한국서지』의 서론을 읽어보기를 권한다. 꾸랑이 걸어간 길과 그 결과물은 오늘날 도서관인과 문헌정보학도, 나아가 모든 한국인에게 한국 문화에 대한 깊은 이해와 아울러 자부심과 애정을 심어줄 것이다.

사서직과 문헌정보학의 학문적 기반을 구축한 철학자

피어스 버틀러

Lee Pierce Butler

문헌정보학은 인문학인가, 자연과학인가? 사서라는 직업은 기술직인가 서비스직인가? 문헌정보학과 사서직의 본질은 무엇인가? 디지털시대에서 도서관과 사서가 간직해야 할 가치는 무엇인가? 사서는 정보전문가인가, 교육자인가, 문화전수자인가? 정보의 우주에서 도서관은 무엇이며 사서는 누구인가? 또한 사람들은 도서관과 사서에 대해 어떻게 생각할까? 사서의 사회적 역할에 대해 제대로 알고 있는 사람들은 많지 않을 것이다.

이와 같은 의문은 사서들과 문헌정보학 연구자들이 흔히 가지는 것이다. 버틀러는 이러한 질문에 대해 대답할 수 있는 사상가 중 대표적인 사람이다. 누군가가 문헌정보학과 사서의 정체성과 기본을 묻는다면 필자는 그에게 버틀러의 『도서관학개론(*An Introduction to Library Science*)』를 읽어보라고 권할 것이다. 1933년에 시카고대학 출판부에서 나온 이 책은 사서직이 인문학과 과학 양쪽을 아우르는 직업임을 설명한다.

버틀러는 이 책을 통하여 사서직은 인류 역사를 통하여 축적되고 정립된 인문정신에 기반을 두고 새로운 기술을 포용하고 활용하는 일임을 밝힌다. 버틀러는 1884년 12월 19일 미국 일리노이 주 시카고 교외에서 부동산, 농장경영, 철도산업을 하였던 아버지 존 피어스 버틀러와 어머니 에바 컨텐트 버틀러 사이에서 3남 1녀 중 셋째 아들로 태어났다. 그는 소아마비로 인해 척추측만증과 약간의 절름발이 증세가 있었으며 이는 성인이 된 이후에도 지속된다. 또한 어린 시절 성홍열과 카타르(점막의 염증)를 앓아 청각장애를 가지게 되었다.[1] 그러나 그는 이러한 신체적 장애에도 불구하고 학업을 훌륭히 수행하였다.

1903년 펜실베이니아 주 칼라일에 있는 디킨슨대학에 입학한 버

---

1 John A. Garraty ed, "Butler, Pierce(1884-1953)", *American National Biography*, vol. 4, Oxford University Press, 1999, http://polaris.gseis.ucla. edu/jrichardson/documents/butler.htm(2013 1. 1).

틀러는 1906년에 문학사 학위, 1910년에 문학석사 학위를 받았으며, 세월이 흐른 1944년에 문학박사 학위를 각각 취득했다.

한편 신학 공부도 병행하여 유니온 신학대학에서 대학원 과정을 밟았고, 2년 후 코네티컷 주에 있는 하트퍼드 신학대학에 편입학하여 1910년 신학사 학위를 취득하였다. 그 후 2년간 같은 대학에서 연구장학생 자격으로 연구하여 1912년 철학박사 학위를 수여받았다.[2]

이처럼 버틀러는 인문학과 신학에 대한 끝없는 열정을 가지고 있었다. 따라서 그는 근대적 학문이 추구하는 엄밀성과, 신학을 통하여 길러진 사명감을 겸비한 인물이라고 할 수 있다.

버틀러의 직업적 인생을 들여다보면 자신이 거친 학적 배경처럼 교사, 사서, 교수, 목사 등 다양한 직업을 경험하였다. 그는 대학 졸업 후 1907년에 버지니아 주 로커스트 데일 군사학교에서 과학과 수학을 가르쳤다. 1912년 학위를 마치고 부모의 곁으로 돌아온 그는 처음에는 일용직으로, 이후 아버지의 철도 화물운송 회사에서 일하면서 교회에서 간간히 집사일도 보았다.

1916년에는 시카고 소재 뉴베리도서관에 참고사서로 취업했고, 1917년부터 1919년까지 수서과장을 역임하였으며 1919년부터 1931년 사이에는 인쇄사(Typography History) 연구 윙 재단 관리자 역할도 겸하였다. 버틀러는 7개 언어에 능통하였는데, 당시 그는 널리 여행을 하며 뉴베리도서관에 소장할 도서 구입에 힘써 서적상

2 박용부, 「도서관학 교육가, 철학자 버틀러」, 고인철 외, 『위대한 도서관 사상가들』, 한울, 2005, 188쪽.

들 사이에서 유명하였다. 여전히 듣기 능력에 문제가 있었지만, 새롭게 디자인된 청각보조기구 덕분에 그는 사람들과 대화를 나눌 수 있었다. 그가 재임하는 동안 윙 재단은 1,850개의 초기간행본(incunabula, 1501년 이전에 인쇄된 책)을 사들였다. 그의 업적은 학자들의 연구에 도움을 주었으며 심지어 외국의 학자들까지 뉴베리도서관을 방문하였다.[3]

1927년 시카고대학교에 대학원과정 도서관학교를 설립할 당시 인쇄사 강좌를 개설하는 것을 추진하여, 1928년부터 1931년까지 동 대학원에서 인쇄사와 서지학을 강의하였다. 이러한 대학원 프로그램에서 다른 교수들이 학생들에게 사서가 되는 법을 가르쳤다면, 버틀러는 어떤 사서가 될 수 있는가를 가르쳤다고 한다. 이처럼 그는 도서관 현장에서 경험을 축적하고 학문적으로 노력한 결과 1931년에 명예롭게도 시카고대학교 대학원과정 도서관학교에 도서관사 담당 정교수로 초빙되었다. 이후 1952년에 정년퇴임할 때까지 도서관학자로서 후진을 양성하고 시카고대학교 도서관학교의 기초를 닦고 발전시키는 데 지대한 공헌을 하였다. 한편, 1938년부터 1944년까지 프로테스탄트 감독교회에 목사로 있다가 시카고 생폴 교회의 부교구장으로도 일하기도 하였다. 버틀러의 직업적 인생을 통틀어 보건대, 그는 도서관학 연구자로서 가장 긴 시기를 보냈으며 사서로서 보낸 시기가 그 다음으로 긴 것을 알 수 있다.

3 John A. Garraty ed, 앞의 글, pp.98-99.

버틀러는 1926년 6월 29일에 40세의 나이로 26세의 루스 래펌(Ruth Lapham)과 시카고에 있는 가톨릭 성당에서 결혼하였다. 이로써 두 사람의 장서 또한 하나로 통합되었다. 그들은 시카고 뉴베리도서관을 통하여 만났다. 그 당시 버틀러는 도서관 일뿐만 아니라 인쇄사 연구 윙 재단 관리직을 맡고 있었으며 루스는 1918년에 노스웨스턴대학에서 역사학 학사학위를 받고, 이듬해인 1919년에는 석사학위를 취득한 후 1920년부터 1922년까지 뉴베리도서관 수서과에서 근무하였다. 그 후 도서관 일을 그만두고 학업을 계속한 루스는 1925년에 노스웨스턴대학 대학원에서 미국사로 박사학위를 받고 1926년에 뉴베리도서관 사서로 다시 취업하였다. 두 사람의 결혼으로 합쳐진 장서에는 문헌정보학 관련 서적뿐만 아니라 특히 책에 대한 책, 중세사, 철학, 신학 등의 책이 많았다. 또한 루스가 좋아하는 러시아 작곡가 LP 레코드도 추가되었고, 버틀러가 애독하는 추리소설도 있었다. 1945년에 장서가 상당히 증가하자 두 사람은 친구이자 활자 디자이너인 미들턴에게 장서표(藏書票, bookplate)를 주문하였다. 이 장서표는 버틀러 부부의 이름을 담고 있는데, 군더더기 없이 단순하면서도 온전한 조화를 지닌 것으로 인구에 회자되고 있다.[4]

그의 논저로는 『도서관학개론』뿐만 아니라 「인쇄도서관(A Typographical Library)」(1921), 『15세기 출판 도서 대조목록(A Check

---

4 "Pierce and Ruth Butler, Libraries & Culture Bookplates Archive", http://sentra.ischool.utexas.edu/~lcr/archive/bookplates/19_4_Butler.htm(2013. 1. 14).

버틀러 부부의 장서표

List of Books Printed during the Fifteenth Century)』(1924), 『유럽 인쇄
의 기원(The Origin of Printing in Europe)』(1940), 『도서관의 참고 기
능(The Reference Function of the Library)』(1943), 『전시 도서와 도서
관(Books and Libraries in Wartime)』(1945), 「전문직으로서의 사서직
(Librarianship as a Profession)」(1951) 등이 있다. 그가 별세하던 해인
1953년에 나온 「도서관의 서지적 기능(Bibliographical Function of the

Library)」과 시카고대학 도서관학교 제16회 연차 총회에 제출된 논문 「책의 생애(The life of the Book)」는 그의 유작이라 할 수 있다. 또한 그는 문헌정보학계의 저명한 학술지인 《계간 도서관(Library Quarterly)》의 창간자 중 한 사람이며 동시에 편집위원으로, 임종 때까지 다수의 논문과 서평을 기고하였다. 그는 퇴직 후 노스캐롤라이나대학 도서관학교에서 초빙교수로 지냈고, 안타깝게도 1953년 3월 28일 노스캐롤라이나 주 채플 힐(Chapel Hill)에서 69세의 나이에 자동차 사고로 별세하였다. 이후 부인 루스는 버틀러의 장서를 여러 학술단체에 분산 기증하였다.

버틀러는 『도서관학개론』에서 "도서는 인류의 기억(racial memory)을 보존하는 하나의 사회적 수단이며 도서관은 그것을 현시대 개인들의 의식 속으로 전달하는 사회적 장치이다. 사회를 이해하려면 이러한 사회적 요소와 공동체적 삶에서의 그 기능을 함께 고려하여야 한다. 그러므로 사서직은 사회과학 체계에서 논의되는 중요한 위치를 차지한다. 사서직은 타 분야의 전문직과는 달리 이상하게도 자신의 분야에 대한 이론적 면에 무관심하다. … 사서는 (지적인 근원이나 토대보다는) 기술적 과정 자체에 지적인 흥미를 가지며, 이러한 실용주의로 인하여 고립되어 있다."[5]라고 설파하였다. 이처럼 그는 사서직이 단순히 도서를 정리하고 전달하는 기능적 역할을 하는 직업이 아니라 인류 역사를 통하여 축적된 지식을 동시대와 미래 세대를 위하여 효과적으로 전수하는 전문직임

---

[5] Pierce Butler, *An Introduction to Library Science*, The University of Chicago Press, 1933, xi-vii.

버틀러의 『도서관학개론』 표지.
오른쪽은 1961년 우리나라에서 번역되어 발간된 책이다.

을 강조하였다. 또한 사서직을 양성하는 도서관학은 유구한 인문
정신의 토대 위에 현대의 정보기술을 활용하며 사회적 의미를 추
구하는 사회과학임을 역설하였다.

『도서관학개론』은 모두 5장으로 구성되어 있는데, 각 장은 과학
의 성격(1장), 사회학적 고찰(2장), 심리학적 고찰(3장), 역사학적
고찰(4장), 실제적 고려 사항(5장)이라는 주제를 다룬다. 버틀러는
이와 같이 과학적 · 사회학적 · 심리학적 · 역사학적 면에서 도서관

이라는 사회적 장치를 설명하고 도서관사상을 논하였다. 그는 이 책을 통하여 도서관학이 도서관 현상, 즉 사회에 축적된 인류의 기억과 경험이 책과 도서관이라는 매개를 통하여 독자에게 전달되는 구체적 과정을 연구대상으로 삼으며, 독자의 주관적 반응이나 가치의 문제를 포함하는 이러한 과정은 과학적 방법으로만 연구될 수는 없다고 진단하였다. 나아가 도서관은 결코 사치스럽고 부수적인 시설이 아니며 인류문화를 전승하고 창조하는 데 중요한 역할을 하는 사회적 기관임을 강조하였다. 또한 사서는 '문화적 아카이브를 관리하는 사회적 관리자'이므로 문헌에 대한 폭넓은 지식(도서의 역사, 지식의 흐름, 학문의 동향, 자료 자체에 대한 지식 등)을 갖추어야 하고, 이를 체계적으로 연구하기 위해 학문사와 서지학사에 대한 관심이 필요하며 아울러 사회학, 심리학 등 관련 학문에 대한 지식도 요구된다고 역설하였다.

버틀러의 『도서관학개론(*An Introduction to Library Science*)』이 발간될 당시 미국에서는 도서관학의 교육상 비상한 문제가 많았다. 듀이가 컬럼비아대학 도서관학교를 창립한 이래 다른 각 대학에서도 많은 도서관학교와 강좌가 설립되었지만, 교원의 자질도 낮고 교육과정이나 수업연한도 일정하지 않는 등 많은 문제가 있었다. 이에 따라 미국도서관협회의 양성위원회나 연방기준위원회 등의 조직을 두어 이를 검토하게 되었는데, 이때 발표된 것이 「윌리엄슨 보고서」(1923)이다. 이 보고서에 기초해서 1926년에 컬럼비아대학에, 1928년에는 시카고대학에도 학과가 신설되어 도서관학교(문헌정보대학원) 시대가 시작되었다.

이러한 역사적 배경보다도 문제는 내부에 있었다. 도서관직원의 양성에 대해서 기술 중점의 교육이냐, 교양 중점의 교육이냐 하는 것이 중요한 논쟁이었던 것이다.[6] 이러한 모순된 교육의 시대를 배경으로 독자적인 견해를 제시한 것이 버틀러의『도서관학 개론』이다.

버틀러의 도서관사상은 사서직과 문헌정보학의 역사적 배경, 본질, 사회적 의미, 추구할 가치 등을 밝혀주었다. 그의 사상은 오늘날 여러 가지 기회와 도전에 직면하고 있는 사서들과 문헌정보학도에게 든든한 힘이 될 것이고, 또한 일반인들이 도서관의 역사적·사회적 기반과 철학적 원리를 이해하는 데 도움이 될 것이다.

---

6 남태우·김상미 공편,『문헌정보학의 철학과 사상』, 한국도서관협회, 2001, 17쪽.

인도를 넘어 세계에 도서관학을 정립하고 도서관운동을 펼친 석학

랑가나단

S. R. Ranganathan

우리나라 문헌정보학도와 사서 중에서 랑가나단(Shiyali Ramamrita Ranganathan, 1892~1972)[1]의 『도서관학 5법칙(The Five Laws of

---

1 Ranganathan을 우리말로 옮길 때 '랑가나탄'이라고 표기하는 경우도 있다. 『도서 관학 5법칙』(최석두 역, 한국도서관협회)에는 '랑가나탄'으로 표기하였다. 여기서 는 우리나라에 널리 알려진 대로 '랑가나단'으로 표기한다.

Library Science)』을 알지 못하는 사람은 거의 없을 것이다. 의사가 될 때 '히포크라테스 선서'를 말하듯이, 사서가 될 때 지침으로 삼을 만한 것이 바로 '도서관학 5법칙'이다.

랑가나단은 도서관학을 학문으로 정립한 석학이자, 도서관운동의 거성이다. 그는 조국 인도에서 국가대표급 학자로 추앙받을 뿐만 아니라, 자신의 도서관학 이론과 사상을 통해 세계적으로 깊은 영향을 미쳤다.

랑가나단은 1892년 인도 마드라스 탄주르 지방 시야리에서 인도계급 중 최고의 계급인 브라만족의 자손으로 태어났다. 그의 아버지는 중산층 지주로서, 사람들을 모아놓고 서사시 라마야나(Ramayana)[2]에 대해 이야기하기를 즐겼다. 랑가나단은 세 살 때 아버지가 매일 야자나무 잎으로 만들어진 라마야나 필사본을 읽는 모습을 보고, 아버지가 외출할 때마다 그 필사본을 가져다 보곤 하였다. 이때부터 그는 일생 동안 매일 라마야나를 애독하는 습관을 가지게 되었다. 그러나 불행하게도 랑가나단의 아버지는 그가 겨우 여섯 살이 되던 1898년에 30세의 젊은 나이로 세상을 떠나고 말았다. 이후 랑가나단은 신앙심이 깊은 어머니와 초등학교 교사였던 외조부 수바 아야르(Subba Ayyar)의 영향을 받고 자랐다.[3]

『도서관학 5법칙』을 읽어보면, 딱딱한 이론서라기보다는 장대한

---

2 고대 인도의 산스크리트 대서사시. 『라마야나』는 '라마왕행전(王行傳)'이란 뜻이며, 고대 영웅 라마왕에 대한 전설을 담고 있다.
3 문정순, 「인도 도서관학, 도서관운동의 아버지 랑가나단」, 고인철 외, 『위대한 도서관 사상가들』, 한울, 2005, 114쪽-115쪽.

서사시를 읽고 있는 듯한 느낌을 준다. 이 책은 도서관학개론서, 도서관경영 실무지침서, 도서관사상 논저이자 도서관학의 원리를 규명한 이론서의 성격을 가지지만, 책을 자세히 읽어보면 글쓰기 방식의 다양함에 놀라게 된다. 이 책은 일기, 회고록, 역사서, 사례보고서, 기행문, 희곡, 유머집, 시집, 수필, 잠언집, 연표, 정부통계서, 법률서, 규정집, 서지 등 실로 다양한 면모를 가진 대서사시이다. 필자는 이 책이 이렇게 서술된 계기가 랑가나단의 어린 시절 독서 습관에서 비롯되었을 것으로 생각한다.

랑가나단은 처음부터 도서관학을 공부하거나 사서가 되고자 한 사람은 아니었다. 대학 시절 명료한 과학적 사고를 중시하는 수학의 세계에 입문한 그는 마드라스 기독교대학에서 수학을 전공하여 1913년에 학사학위, 1916년에 석사학위를 받았다. 이후 교육계로 진출하기 위해 사이다페트 사범대학에서 교육을 받고, 1917년에 망갈로르 관립대학에서 강사 신분으로 수학과 물리학 강의를 시작하였다. 1921년에는 프레지던시대학의 교수가 되어 수학을 가르쳤다.

이처럼 랑가나단은 수학의 세계를 연구하고 가르치는 것을 낙으로 삼는 사람이었다. 다른 도서관인물의 경우처럼, 랑가나단에게도 인생의 등불을 밝혀주는 멘토가 있었다. 첫 번째 멘토는 수학 석사 과정의 지도교수인 로스(Edward B. Ross)였다. 로스 교수는 랑가나단이 과학적 사고방식을 형성하고 수학자의 길로 가는 데 큰 영향을 주었을 뿐만 아니라, 랑가나단이 도서관학으로 인생을 선회한 이후에도 말벗이 되어주고 그가 창의적으로 착상하는 데 한몫을 하였다.

도서관과는 무관하게 살던 랑가나단의 인생에 도서관이 들어온 것은 1924년이었다. 동료를 따라간 자리에서 우연히 마드라스 주 정부 관료와 만나 마드라스대학 도서관장 채용소식을 접하게 되고, 동료의 적극적인 권유로 지원하여 도서관장으로 임명된 것이다. 이를 두고 랑가나단은 스스로 사서가 되고 싶어 '선택'한 것이 아니라 신이 그렇게 만들었다고 회고하였다. 그러나 도서관 운영에 대한 지식이 없는 그로서는 관장 생활이 고독한 감옥생활과 다를 바 없었다. 이처럼 사서직 진출을 두고 갈등하기는 하였으나, 랑가나단은 도서관에 채용되는 조건으로 영국에 가서 도서관경영 방법을 배워 오기로 되어 있었기 때문에 유학길에 올랐다.

런던대학교 도서관학교 유학 생활을 통하여 랑가나단은 도서관학과 사서직에 눈을 뜨게 되는데, 이 학교에서 그는 또 한 명의 멘토를 만난다. 바로 세이어스(W. C. Sayers)이다. 분류이론가이자 영국 공공도서관 운동가인 세이어스 교수는 랑가나단에게 도서관학이 수학만큼이나 매력적인 학문이라는 것을 인식시키고, 도서관학 중에서 수학적인 요소가 가장 강한 분류 분야를 연구하도록 권유하였다. 랑가나단은 또한 세이어스의 배려로 크로이던 공공도서관에서 실습을 하고 영국 내 100여 개 도서관을 시찰·연구할 수 있었다. 랑가나단은 관찰한 도서관 대부분이 지역사회에서 독서센터로서 기능하고 있고, 어린이·여성·노동자 등 모든 계층의 사람들에게 봉사하고 있다는 것을 발견하였다. 또한 그는 소규모 지역의 주민들도 도서관봉사를 받을 수 있도록 체계적으로 조직된 도서관망에 대해서 많은 관심을 가지게 되었다. 이러한 경험을 통하여 랑가나단은 일생토록 헌신할 분야와 소명을 발견하였다. 그것은 바로 자신의 조국에 영국과 같은 공공도서관과 도서관망을 만드는 것이며 또한 도서관학을 학문의 반열에 올려놓는 일이었다.

이후 랑가나단은 도서관장과 도서관학자로서 이론개발과 도서관운동에 헌신하였다. 다시 마드라스대학 도서관으로 돌아온 그는 근대적 도서관 환경을 만들기 위한 여러 가지 변화를 시도한다. 먼저 조직을 개편하고, 폐가제를 개가제로 바꾸어 이용자들이 도서관을 이용하는 데 있어서 자유롭고 효율적인 환경을 만들었다. 또한 마드라스 시에 있는 도서관들 사이에 상호대차 서비스가 가능하도록 체계를 만들었고, 마드라스 주정부에 요청하여 도서관 연간 예산을 확장하고 연간 보조금을 지원받을 수 있도록 하였다. 랑가나단은 재임 기간 동안 인도 도서관 중 가장 많은 예산을 확보하였고, 도서관의 장서 수를 1925년 3만 권에서 1944년 12만 권으로 증대시켰다. 이용자의 편의를 위해 개관시간을 점진적으로 확장하여 공휴일까지 하루 13시간 동안 이용 가능하도록 하였다. 대학원생들을 위해 적은 요금으로 '도서 배달 서비스'를 도입하였고, 참고사서 5명을 배치하여 개관시간 동안 이용자에게 정보 서비스를 제공할 수 있도록 하였다. 또한 도서관을 자기교육의 장으로 활용할 수 있도록 지역주민에게도 대학도서관을 개방하였다. 랑가나단은 20년의 재임 기간 동안 마드라스대학 도서관을 이용자를 위한 새로운 방식의 봉사를 실험하는 장으로 만들었고, 이러한 노력과 변화를 통해 외국인들도 부러워할 만큼의 현대적인 도서관으로 거듭나게 하였다.

1928년 1월에는 마드라스도서관협회를 창립하고 많은 사람들에게 도서관의 가치를 인식시키고 인도를 독서하는 나라로 만들기 위한 도서관운동을 펼쳤다. 그는 이러한 도서관운동을 남인도의 2/3에 해당되는 지역으로까지 확산시켰다. 그는 "지금 일상적인 방식으로 인도의 도서관 봉사를 발전시키기에는 너무 늦었다. 우리는 몇 단계를 뛰어넘어야 한다. 그렇게 해야만 도서관을 점진적으로 발전시켜온 나라들을 능가할 수 있다."고 당시의 심정을 밝혔다. 이듬해인 1929년에는 능력 있는 사서를 양성하기 위해 마드라스도서관협회의 도움으로 도서관학교를 설립하였고, 15년 동안 이 학교의 교장을 역임하였다. 이후 이 학교는 마드라스대학교로 편입되었는데, 여기서 배출한 인재들은 인도 전역과 국제적인 활동 분야에서 주도적인 역할을 수행하였다. 마드라스대학 도서관 재임 기간 동안 랑가나단은 『도서관학 5법칙(*The Five Laws of Library Science*)』(1931), 『분류목록규칙(*Classified Catalogue Code*)』(1934), 『도서관경영(*Library Administration*)』(1935) 등 문헌정보학의 여러 분야에서 기념비적 저작을 생산하였다. [4]

이후 그는 1945년부터 1947년까지 바라나스 힌두대학교에서 도서관장 겸 도서관학 교수로 일하였고, 1947년에서 1954년까지는 델리대학교에서 강의와 연구 생활을 하였다. 이 기간 동안 그는 인도도서관협회 회장으로 선출되기도 하고 마드라스 공공도서관법

---

[4] 문정순, 앞의 글, 120-121쪽.

제정에 기여하는 등 왕성한 활동을 펼쳤다. 이후 1954년에서 1957년까지 스위스 취리히에서 조용히 연구와 저술활동에 몰두하였다. 그러나 조국은 그를 가만히 두지 않았다. 여러 저명한 과학자와 행정가들이 그에게 귀국을 요청하여 그는 1957년에 취리히를 떠나 방갈로르로 갔다. 또한 같은 해에 도서관학의 발전을 위해 마드라스대학교에 두 번째 부인의 이름을 따서 '사라다 랑가나단 도서관학 강좌'를 개설할 수 있도록 10만 루피를 기부하였다.

당시 랑가나단은 이미 세계적으로 명성을 얻고 있었으며, 1962년에 그의 71회 생일을 기념하여 전 세계의 많은 도서관학자들이 참여해 만든 방대한 『랑가나단 기념논문집(*Raganathan Festschrift*)』이 발행되었다. 같은 해에 방갈로르에 도서관학 연구소를 설립하고 직접 소장이 되어 평생 연구소 활동의 견인차 역할을 하였다. 또한 1965년에 인도 정부가 수여하는 도서관학 국가연구교수라는 명예로운 칭호를 받았으며 1970년에 미국도서관협회의 마거릿 맨 분류편목상(Margaret Mann Citation in Cataloging and Classification)을 받았다. 일생 동안 저서 60여 권, 논문 2천여 편을 남긴 랑가나단은 1972년에 향년 80세로 별세하였다.

끝으로 여기서 '도서관학 5법칙'을 음미하지 않을 수 없다. 주지하다시피 '도서관학 5법칙'은 다음과 같다.[5]

---

5 이 부분은 『도서관학 5법칙』(랑가나단, 최석두 역, 한국도서관협회, 2005)과 랑가나단 '도서관학 5법칙' 발표 80주년 기념 국제학술대회(2011. 10. 20, 대전컨벤션센터)를 주로 참고하였음.

제1법칙-책은 이용하기 위한 것이다(Books are for use)

제2법칙-모든 독자에게 그의 책을(Every reader his book)

제3법칙-모든 책은 그 책의 독자에게(Every book its reader)

제4법칙-독자의 시간을 절약하라(Save the time of the reader)

제5법칙-도서관은 자라나는 유기체이다(Library is a growing organism)

(1) 책은 이용하기 위한 것이다

제1법칙은 가장 기본적인 원리를 표현하고 있으며, 정보문화사에서 가히 혁명적인 내용을 담고 있다. 수천 년의 인류 역사에서 책은 이용하기 위한 것이 아니라 소수 특권층을 위한 것이었으며 무엇보다도 보존하기 위한 것이었다. 서양의 중세에서 책은 쇠사슬로 서가에 단단하게 붙들어 매여 있었다. 인쇄술의 발명으로 도서의 보급이 수월해진 이후에도 도서관을 유지하고 관리하는 입장에서 도서를 자유롭게 이용하고자 하는 독자의 권리를 관대하게 인정한 일은 드물었다. 제1법칙에 따르면, 사서는 책의 이용에 주안점을 두고 일해야 한다. 한마디로 사서는 도서관을 이용하러 오는 모든 사람들의 친구이며, 현인이며, 안내자여야 한다. 시인 타고르가 말한 것처럼 "도서관에서 키워야 하는 것은 규모가 아니라 손님에 대한 환대"이며 친절한 개인적 봉사인 것이다.[6]

---

6 랑가나단, 최석두 역, 위의 책, 83쪽.

(2) 모든 독자에게 그의 책을

제2법칙은 도서관 이용자가 모든 도서관 장서에 접근할 권리를 강조한다. 이 법칙은 지역사회의 모든 구성원이 필요한 정보자료를 입수할 수 있어야 한다고 제창한다.[7]

(3) 모든 책은 그 책의 독자에게

제3법칙은 도서관의 모든 책에 적어도 한 사람의 지역사회 시민이 관심을 가질 것이며, 모든 책은 그 사람이 이용할 수 있어야 한다고 강조한다.[8]

(4) 독자의 시간을 절약하라

제4법칙은 적합한 방법으로 독자의 시간을 절감하는 것을 강조한다. 이 법칙은 도서관의 효율성을 개선시키려는 의미를 가진다. 도서관은 독자의 시간을 절약하는 것이 도서관의 사명에 중요하다는 기준을 가지고 정책, 규칙, 절차, 시스템 등 모든 측면을 검토하여야 한다.[9]

(5) 도서관은 자라나는 유기체이다

성장을 멈춘 유기체는 생기를 잃고 소멸한다. 제5법칙은 시설로

---

7 B. Ramesh Babu, 「오늘날 도서관 세계에서 '도서관학 5법칙'의 적합성」, 랑가나단 '도서관학 5법칙' 발표 80주년 기념 국제학술대회(2011. 10. 20, 대전컨벤션센터), 46쪽.
8 B. Ramesh Babu, 위의 글, 47쪽.
9 B. Ramesh Babu, 위의 글, 47-48쪽.

서의 도서관이 성장하는 유기체의 속성을 모두 가지고 있다는 사실에 주의를 환기시킨다. 유기체의 갖가지 변화 속에서 한 가지 살아남은 것은 생명이라는 활력이다. 그것은 도서관도 마찬가지이다.[10] 도서관이 자라난다는 사실은 도서관의 건축, 시설, 가구, 분류, 목록, 대출, 규칙, 인력, 업무조직, 경영 등 제반 영역에 영향을 미친다. 일례로 랑가나단은 제5법칙을 고려하여 동일한 규격으로 만든 유니트식 서가, 호환 조절이 가능한 선반, 다양한 선반 안내 표지, 연속간행물 테이블을 설계하기도 하였다.

랑가나단은 제5법칙에서 도서관의 기본원칙을 강조하였다. 즉, 모든 발전단계를 통하여 지켜왔으며 모든 관종에 공통적이며 장래에도 도서관의 뚜렷한 특징이라고 주장할 만한 도서관의 기본원칙은 그것이 보편 교육의 수단으로 모든 교육도구를 한 곳에 모아 무료로 배포함으로써 지식을 보급한다는 것이다. 모든 관종을 통하여 주장해온 이 기본원칙, 즉 '도서관정신'은 영혼과 같은 것이라고 역설하였다.[11]

21세기 지식기반시대의 한국 사회에서 우리는 '도서관학 5법칙'을 재조명하고, 이를 사서직의 사명, 도서관경영의 지침, 문헌정보학의 사상적 기초로 삼을 필요가 있다. '한국적 문헌정보학'을 정립하는 작업을 일구어온 대표적 문헌정보학자 김정근은 '사서정신'과 '도서관정신'을 강조한다. 그는 랑가나단을 읽은 맛을 다음과 같이 표현한다. "랑가나단의 언어는 간결, 담백, 그리고 시적이었

10 랑가나단, 최석두 역, 앞의 책, 336-337쪽.
11 랑가나단, 최석두 역, 위의 책, 365쪽.

다. 그것은 도서관에 대한 사랑의 노래였다. 애절하고 애틋한 여운이 남았다. 따뜻한 분위기가 가득하였다. 나에게는 라이너 마리아 릴케의 사랑의 시 맛이었고, 노자 도덕경의 맛이었고, 성서 잠언의 맛이었다."[12]

이처럼 랑가나단은 도서관의 위대한 정신을 장대한 서사시로 펼친 음유시인이며, 인도에서 도서관운동을 펼친 치열한 사회운동가이며, 인도를 넘어 세계적으로 추앙을 받는 도서관학자이다. 수학자를 꿈꾸었던 그가 위대한 도서관학자로 탈바꿈하는 과정은 극적이다. 아마도 그는 명료한 수학의 세계를 지상의 도서관을 통하여 구현하고자 했을지도 모른다. 그 길은 갈수록 소중하다. 그가 남긴 발자취는 만인을 위한 것이기에.

---

12 김정근, 「랑가나단을 어떻게 할 것인가: 알고 넘어갈 것인가, 건너 뛸 것인가」, 제1회 도서관 문화강좌 〈도서관사상가를 찾아서〉, 2001. 4. 12, 한국도서관협회, 4쪽.

두딩요

杜定友

우리에게는 서구의 저명한 도서관인물들이 비교적 친숙하게 느껴지는 반면 동아시아, 특히 중국의 도서관인물들은 국내에 거의 알려져 있지 않다. 필자는 두딩요(杜定友, 1898~1967)가 랑가나단, 멜빌 듀이, 박봉석 등과 같은 반열에서 생각할 수 있는 중국의 대표적인 도서관인물이라고 생각한다.

두딩요는 중국 근현대 도서관사업의 창시자이다. 그는 민중에게 닫혀져 있던 도서관의 문을 열고 그 기초를 닦았으며, 도서관학과를 설립하고 중국도서관협회를 결성하는 데 주도적인 역할을 하였고, 분류법을 연구·개발하고 근대적 지방문헌 이론을 개척하였으며, 일생을 바쳐 중국의 도서관 발전에 힘썼다. 특히 그는 세계 여러 나라의 도서관학 이론과 연구방법을 고찰하면서도 중국에 적합한 이론을 개발하기 위해 노력하였으며, 세상을 떠날 때까지 꾸준히 저술작업을 계속하여 방대한 분량의 저술을 생산하였다.

그는 1898년 상해에서 사진관을 하는 집안에서 태어났다. 그의 본적은 광동성 남해현이며, 필명은 정석(丁石)이다. 9세 때 사숙(私塾)에 다니면서 글을 깨우쳤고, 11세 때 학당에 진학하였으나 가정 형편이 어려워 세 번이나 학업을 포기해야 했다. 그러나 14세에 상해 전문공업학교(현재 상해 교통대학) 부속 초등학교에 입학하여 1918년에 우수한 성적으로 졸업하였다. 당시 상해 전문공업학교 부속 중고등학교는 새로운 도서관 설립을 계획하고 인재를 양성할 계획이었다. 두딩요는 학교의 추천으로 필리핀대학으로 유학을 떠났다.[1]

그는 당시 미국의 식민지였던 필리핀에서 미국 도서관학을 공부하였다. 한편으로 다른 화교들과 함께 각종 애국활동에도 참가하는 등 유학생활을 통해서 그는 모국의 도서관사업을 위해 헌신할 기초실력을 연마하였다. 그는 남다른 열정으로 면학하여 2년 만에

---

1 장선화, 「중국 근현대 도서관 사업의 창시자, 두딩요」, 고인철 외, 『위대한 도서관 사상가들』, 한울, 2005, 50쪽.

전공과정을 마치고 문학사 학위를 취득하였다.

필자가 소개하는 여러 도서관인물들처럼 두딩요에게도 그의 인생에 등불을 밝혀준 멘토가 있었다. 그 사람은 유학 시절 필리핀대학의 도서관학 주임 교수였던 메리 포크(Mary Polk)이다. 메리 포크는 필리핀대학의 첫 번째 사서였으며 또한 동 대학에 도서관학과를 창설한 인물이다. 그녀는 필리핀의 도서관사업을 위해 40여 년을 종사하였으며 그녀를 기리는 상도 존재한다.[2] 그녀는 두딩요를 매우 신임하여 그를 학자로 키우기 위해 엄하게 가르쳤다. 두딩요는 일생 동안 방대한 분량의 저술을 생산하였고, 특히 중국 도서관학의 기틀을 제공한 중요한 저작도 여러 편 내놓았는데, 이러한 역량을 다진 계기는 메리 포크의 엄격한 교육에 기인한 듯하다. 두딩요는 중국에 돌아온 뒤에도 포크 교수에 대해 동료들과 제자들에게 자주 이야기했다고 전해진다.

두딩요는 유학을 마치고 고국으로 돌아온 뒤 일생 동안 중국의 도서관운동과 도서관학 교육에 헌신하였다. 1922년에는 광둥성에 사서교육을 위한 도서관 관리원 양성소를 건립하였다. 이듬해 상해 푸단대학의 도서관 주임으로 근무했다. 1924년에 상해도서관협회의 위원장으로 선출되었고 전국 규모의 협회인 중화도서관협회의 창설에 주도적인 역할을 하였으며, 협회의 집행부 부부장으로 선출되었다. 1925년 상해의 국민대학 도서관학과를 설립하여 중국의 도서관인을 양성하는 데 진력하였다.

2 필리핀대학 연구사서협회 메리 포크 기념상, http://www.dlsu.edu.ph/library/paarl/awards.asp#polk(2013. 1. 1).

당시 중국은 근대 도서관의 개척기에 있었다. 도서관에 근무하는 사람들은 대부분 이론적 지식이나 실무 경험이 없었고, 국민들은 도서관을 이용하는 데 상당한 애로를 겪었다. 심지어는 도서관의 입관을 거절당하기도 하였으며 책을 대출하는 것도 힘들었던 시절이었다. 이 시기에 두딩요는 도서관을 알리기 위해 강연 활동, 도서관인 양성소 및 도서관학과 창설, 도서관협회 기금 모금, 도서관잡지 창간 등 다각도로 노력하였다. 이러한 두딩요의 활동을 살피다 보면, 우리나라에서 광복 이후 도서관학교, 도서관협회, 서지학회 등을 창설하여 불철주야 맹렬하게 활동하고 헌신한 박봉석을 떠올리게 된다. 이 외에도 전쟁 중에 도서관을 지키며 중요 도서를 자신의 집으로 옮겨 보호한 일, 초등학교 도서관과 공공도서관의 중요성을 역설한 것, 분류법을 연구하고 개발한 것 등에서 알 수 있듯이 두딩요는 박봉석처럼 투철한 도서관혼을 가진 실천가이자 이론가였다.

　두딩요의 도서관사상은 그의 역작들에서 잘 표현되어 있다. 1925년에 출판한 『도서관통론(圖書館通論)』에서 그는 도서관학이 과학적인 학문이며 철학, 사회학, 경제학 등과 같이 세계적으로 공인된 학문임을 강조하였다. 그는 이 책에서 도서관학을 전문적 부분과 보조적 부분으로 나누었는데, 전문적 부분은 도서관학 원리, 도서관사, 행정관리, 도서관리, 이용자지도, 교육커뮤니케이션이고 보조적 부분은 인쇄술, 제본술, 통계학, 신문학, 박물관학, 문학, 철학, 교육학, 사회학, 심리학, 발표법, 광고학, 논리학, 외국어이다. 이처럼 두딩요에 의하면 도서관학은 종합과학이며 인문, 사회, 자연,

공학을 아우르는 교양을 바탕으로 전문기술을 연마하는 학문임을 알 수 있다. 또한 1928년에 발표된 「연구도서관학의 이해(研究圖書館的心得)」에서 그는 도서관이 '인류의 공공 두뇌'로서 기억의 생산, 보존, 활용이라는 기능을 가지며, 이러한 공공 두뇌의 잠재 능력을 개발하고 발휘하여야 한다고 역설하였다.

두딩요의 도서관사상 중 핵심이라고 할 수 있는 것은 '삼위일체' 이론이다. 삼위일체란 첫째, 도서 등 모든 문화기록물을 포함하는 '서(書)', 둘째, 도서관을 찾아오는 이용자를 뜻하는 '인(人)', 셋째, 도서관의 모든 시설과 관리방법, 인재 관리를 일컫는 '법(法)'을 의미하며, 이러한 세 가지 요소가 조화롭게 공존하는 것이 도서관이라는 것이다. 특히 그는 '서'와 '법'은 '인'에게 봉사하기 위한 수단이자 목적일 뿐이라고 보았다. 도서관 사업이 '사람'을 위한 목표를 세우고 이를 위해 도서관을 건립한다면 이 사업은 현실적이면서 동시에 원대한 꿈을 가질 수 있게 될 것이라고 하였다. 여기서 도서관을 이용하는 고객과 인간에 대한 가치와 존엄성을 중시하는 그의 사상을 읽을 수 있다.[3] 이처럼 그는 도서관장서와 도서관운영법도 도서관을 이루는 삼대 축으로 보았지만 무엇보다도 도서관 고객을 도서관의 가장 중요한 요소로 보았다. 그의 생각은 도서관을 통하여 사람을 섬기는 근현대 도서관사상을 잘 표현하고 있다. 그는 삼위일체 이론을 1932년에 발표한 「도서관관리방법의 새로운 관점(圖書館管理方法新觀點)」에서 제시하였으며 이를

---

3 장선화, 「중국 근현대 도서관 사업의 창시자」, 고인철 외, 『위대한 도서관 사상가들』, 한울, 2005, 72쪽.

통하여 중국 도서관사업의 토대를 구축하고자 하였다.

한편, 두딩요는 도서관 교육 및 시민 강연에서 도서관 사업을 발전시키기 위해서는 '인재', '서적', '건물', '재력'의 네 가지 요소가 중요하다고 강조하였다. 이는 '4요소설'이라고 할 수 있는데, 후에 그는 건물을 빼고 '시세(時勢)'를 넣었다. 시세란 '시대적 요구'를 말하는 것으로, 이는 도서관에 대한 개념과 이용자의 요구가 없다면 도서관의 발전이 불가능하다는 것을 의미한다. 이러한 두딩요의 이론은 이후 류궈쥔(劉國鈞)의 4요소설 및 5요소설, 황종쭝(黃宗忠)의 6요소설에 영향을 주었다.

이러한 두딩요의 다양한 업적 중에서도 가장 대표적인 업적은 바로 도서분류법 정립이라고 할 수 있다. 박봉석이 미국이나 일본의 십진분류표를 한국에 맞게 연구하여 '조선십진분류표'를 개발한 것처럼, 두딩요 또한 필리핀대학에서 유학하던 시절 중국과 서양의 분류법이 서로 차이가 있음에 주목하고 새 분류법을 만들고자 하였다. 그는 미국의회도서관분류법(LCC)보다는 멜빌 듀이의 십진분류법(DDC)에 근거하여 새로운 분류법을 만들기 시작했다. 앞서 언급한 것처럼, 강연 중 소개한 세계도서분류법(世界圖書分類法)을 토대로 1922년에 이를 출판하고, 1925년에는 『도서분류법(圖書分類法)』을 출판, 이후 십 년간 분류에 대해 연구하여 1935년에 『두씨도서분류법(杜氏圖書分類法)』을 출판하였다. 그는 이 저서를 통하여 중국 도서와 외국 도서를 통합하여 분류할 수 있는 세계화를 주장하였다. 1935년 당시 중국 전역의 도서관 조사에 따르면, 두딩요의 도서분류법을 사용하는 도서관은 516개관이고 듀이십진분류표를 사용하는 도서관은 671개관으로 나타나 두딩요의 도서분류표가 DDC에 버금갈 만큼 널리 사용되었고 중국의 도서 분류 작업에서 상당히 중요한 지위를 확보하고 있었음을 알 수 있다.[4]

1940년대 초기까지 두딩요는 중국 전역의 도서관 분류법 통일에 대해 연구한 바 있으나 실행하지 못하였고, 1950년 「신도서분류법에 대한 의견(新圖書分類法芻義)」에서 마오쩌둥의 지식분류에 근거하여 새로운 분류법의 지도사상을 편성하고, 1952년 「인민도서분류표(人民圖書分類表)」에서 다음 표와 같이 주류를 나타내었다.[5] 이는 DDC에 근거하여 고안한 1922년 『세계도서분류법(世界圖書分類法)』과는 사뭇 다른 양상이다. 무엇보다 주류의 순서가 다른데 총류, 철학, 교육, 사회과학, 예술, 자연과학, 응용과학, 언어학, 문학, 역사지리학이었던 것[6]에서 다음 표와 같이 순서가 바뀌고, 문학과 예술, 사회와 역사지리를 통합하고 그 자리에 정치와 법률, 재정과 경제, 생물과 의약으로 세분화한 것을 알 수 있다.

또한 두딩요는 도서관 목록 연구의 일환으로 '쯔껀(字根)'을 창시하였다. 쯔껀은 우리말로 자근, 즉 글자의 뿌리로 "하나의 한자를 구성하는 가장 기본적인 부분을 의미"[7]한다. 두딩요는 1919년 필리핀대학에서 수학하던 시기 한자배열법이 불편하다고 생각하여 새로운 한자배열법에 대한 초고 작성을 시작으로 1925년 『한자

---

4 장선화, 위의 글, 72쪽.

5 허만성(許晩成), 「전국도서관조사록(全國圖書館調查錄)」, 1935.

6 백국응(白國應), 「두딩요의 분류 사상의 발전(杜定友圖書分類思想的發展)」, 《진도학간(晉圖學刊, Shanxi Library Journal)》 제4기, 2000, 4쪽.

7 양원석, 「중국의 한자 교육」, 《한자한문교육》 제15호, 2005, 438쪽.

十 類 表	
0 철학 · 종교	5 재정 · 경제
1 문화 · 교육	6 과학 · 기술
2 문학 · 예술	7 생물 · 의약
3 사회 · 역사지리	8 언어 · 문헌
4 정치 · 법률	9 총류 · 특별수장

인민도서분류표(人民圖書分類表)의 십류표(十類表)

배열법(漢字排字法)』을 출판하기에 이른다. 하지만 이는 부수를 포기한 운필법으로 문제가 있다고 보고 오랜 연구 끝에 자신이 체득한 편제원칙에 따라 형위배열법을 발명, 이후에 쯔껀이라 하였다.

두딩요는 지방문헌 이론의 개척자로서도 큰 영향을 미쳤다. 그는 광둥문화 연구에서 출발하여 지방문헌의 보존과 정리가 지방문화 건설에 중요한 촉진작용을 한다고 보고 지방문헌 관리의 중요성에 대한 관점을 제시하였다. 또한 두딩요는 이론 연구에 그치지 않고 지방문헌 관리의 실천으로 광둥성도서관을 지도하였으며, 이 도서관은 60년의 역사가 흐른 작금에 이르러 지방문헌 연구 발전사에서 국내외로 인정받는 도서관이 되었다.

이처럼 두딩요는 필리핀대학을 졸업한 1921년부터 1967년 광저우에서 타계할 때까지 거의 반세기 동안 꾸준히 저술활동을 하여 방대한 저작과 논문을 발표하였다. 그가 일생 동안 생산한 저서는

86종이며, 그중에서 출판된 책은 55종이다. 또한 작성한 논문 512편 중 발표된 것은 320편이며 그중 도서관학 논문은 234편이다. 그의 연구분야는 도서관학이론, 도서의 분류 및 목록, 한자목록 배열, 지방문헌 연구, 도서관건축과 설비 등으로 광범위한 연구활동을 수행하였다.

두딩요는 필리핀에서 미국 도서관학을 배웠고 그의 멘토인 메리 포크로부터 적지 않은 영향을 받았음에도 불구하고, 일찍이 1926년에 도서관학의 중국화를 주장하였으며 중국 고유의 학문으로 연구하고자 하였다. 그는 서구 선진국의 도서관학을 수용하면서도 중국 사회에 적합한 이론을 개발하고자 하였으며, 나아가 중국과 세계를 아우르는 이론을 제시하려는 포부를 가졌다.

중국 도서관계와 도서관학계에서 양대 거장으로 평가되는 사람은 북부의 류궈쥔과 남부의 두딩요이다. 두딩요의 위치는 1988년 광동도서관학회에서 열린 두딩요 탄생 90주년 기념 토론회에서도 확인된다. 당시 500명이 넘는 중국의 도서관학계 관계자들이 모여 그의 사상과 업적에 대한 논문을 발표하고 열띤 토론을 벌였다.[8]

우리는 두딩요에게서 한국의 박봉석, 미국의 멜빌 듀이와 유사한 인생역정을 발견할 수 있다. 그러나 필자는 국내외에서 많은 문헌정보학자, 기록학자, 사서, 문헌정보학 전공 학생들을 만나 이야기를 나누는 과정에서 두딩요를 아는 사람이 많지 않다는 것을 발견했다. 이처럼 각국 도서관의 개척자들과 도서관학의 창설자들은

8 장선화, 앞의 글, 49쪽.

점차 후속 세대의 뇌리에서 잊혀져가고 있다. 그러므로 근현대 도서관과 문헌정보학의 초창기 개척자들을 기억하고 그들의 사상과 발자취를 조명하여 후속세대에게 전달해주는 것이 필요하다. 도서관과 문헌정보학의 뿌리와 기둥을 알지 못하면, 미래 세대가 줄기와 잎을 튼실하고 다채롭게 키워내는 데에 어려움과 한계를 느낄 수 있다. 두딩요와 같이 역사의 뒤안길로 사라지는 거인들의 어깨 위에 미래 세대를 올려놓는 일은 현대 문헌정보학자들의 소임에 속한다.

제시 세라

Jesse Hauk Shera

우리나라에서 문헌정보학을 전공한다고 하면 일반인들은 잘 알아
듣지 못하는 경우가 많다. 도서관학에서 문헌정보학으로 이름이
바뀌었다고 덧붙이면 그제야 알겠다는 반응을 보인다. 그러나 그
표정은 '도서관학에 무얼 그렇게 공부할 것이 있을까'라고 묻는 듯
하다. 한편, 사람들은 흔히 사서라는 직업을 두고 '천하보직'이라고

부르기도 한다. 이 말은 '한적한 도서관에서 책을 보면서 소일하며 월급을 받을 수 있는 직업'이라는 속뜻을 가지고 있다.

이처럼 사서직과 문헌정보학에 대한 인식은 와전되어 있거나 경박한 상태에 있다. 이러한 단계에서 문헌정보학과 사서직에 철학과 사상이 있다고 하면 사람들은 더욱 의아해할 것이다. 일반인의 인식은 논외로 하더라도, 도서관계와 문헌정보학계 내부에서는 전문적 철학적 기반을 찾고 다지는 노력을 계속 경주하여야 할 것이다.

도서관의 사회적 토대와 도서관학의 철학적 기반을 구축한 사상가라면 단연 세라(Jesse Hauk Shera, 1903~1982)를 들 수 있다. 그는 흔히 도서관학자로 알려져 있지만, 그를 부르는 별칭은 사서, 교육자, 상담가, 비평가, 편집인, 사상가, 이야기꾼 등 다양하다. 이처럼 그는 공공도서관사 연구에서 분류, 목록, 서지, 도큐멘테이션, 정보학, 도서관자동화, 도서관경영, 문헌정보 교육에 이르기까지 광범위하게 활동한 사서이자 문헌정보학자이다. 무엇보다도 그는 사서직(librarianship)을 역사와 사회의 관계 속에서 파악하려고 하였으며, 도서관학을 '사회인식론'과 '지식사회학'의 토대 위에 두려고 노력하였다. 세라는 일생 동안 단행본 12권, 논문과 기사 400여 편에 이르는 방대한 저술을 생산하였는데, 순수한 아카데미즘을 추구한 학자라기보다 도서관 현장의 문제점에 천착하고 도서관의 기본과 사서직의 전망을 제시하는 논문들을 상당수 발표하는 등 치열한 사서정신을 가진 지식인이었다.

그러나 그가 처음부터 사서직을 천직으로 생각한 것은 아니었다. 그는 1903년에 미국 오하이오 주 옥스퍼드에서 아일랜드계 아버지와 네덜란드계 어머니 사이의 외동아들로 태어났다. 성장기에 그는 화학자가 되고 싶어 하였으나, 시력이 상당히 나빠서 그 꿈을 접어야만 했다. 졸업 후 경제 대공황과 시력의 문제로 영문학 교수의 꿈마저 접었지만 그 불행은 추후 도서관학계에 많은 애정을 갖게 된 그에게는 축복으로 여겨질 만한 계기가 되었다.

그 후 1925년에 오하이오 주 마이애미대학교 영문학과를 우등생으로 졸업하고 1927년에 예일대학교에서 영문학 석사를 받았다. 이때 그의 유일한 희망은 영문학 교수가 되는 것이었다. 당시 세라는 사서에 대해 다소 좋지 않은 견해를 가지고 있었다. 사서는 책의 내용에 대해 거의 알지 못한다고 생각하였던 것이다. 그러나 운명의 신은 그를 도서관으로 향하게 하였다. 그가 졸업할 무렵 세계 대공황의 여파로 인문학 분야의 교수가 될 수 있는 기회가 충분하지 않자 시력의 문제와 경제적 여건 때문에 그는 옥스퍼드로 되돌아오게 되었고, 마이애미대학교 총장 휴(R. M. Hughes)와 상담하는 과정에서 사서직 진출을 고려하게 되었다.

휴는 그에게 전문 교육을 받은 사서 킹(E. W. King)을 소개하였고, 그는 킹의 도움으로 마이애미대학교 도서관에서 시간제로 편목 보조원 일을 하게 된다. 이처럼 신체적 결함과 경제적 여건은 그의 인생행로를 바꾸어놓았다. 훗날 그는 당시를 회고하며 "영어 선생은 흔하다. 나는 시력 문제로 결국 사서의 길에 들어섰지만 그러한 '불행'은 결국 '축복'이었다"라고 말하였다.[1]

---

1 Curtis Wright, Jesse Shera, *Librarianship and Information Science*, Brigham Young univesity Press, p.4;김미향 · 이지원, 「도서관학 이론정립의 거성, 세라」,

사람이 일생을 사는 동안 누구를 만나게 되는가 하는 문제는 매우 중요하다. 자신의 인생행로에 등불을 밝혀주거나 든든한 후원자가 될 수 있는 사람을 만나게 된다면 큰 복이 아닐 수 없다. 세라는 일생 동안 그러한 멘토를 여러 명 만나게 된다. 휴 총장과 킹 사서 외에 세라가 시카고대학교 문헌정보대학원 박사과정 시절에 만난 버틀러(Pierce Butler)와 빌(Ralph A. Beals)이 그러한 멘토들이었다.

세라와 돈독한 친분관계를 유지했던 빌은 1942년에 시카고대학교 도서관의 관장이 되었다. 빌의 제안으로 세라는 1944년부터 1947년까지 시카고대학교 도서관에서 기술봉사부 담당 부관장직을 맡았고 이후 이용자봉사부 담당 부관장직을 역임하였다. 빌은 시카고대학교 문헌정보대학원의 대학원장이 된 후에 세라에게 교수직을 권하였다. 그리하여 세라는 1947년부터 1952년까지 이 학교에서 부교수가 되어 강의를 하였다. 1952년 봄, 세라는 버틀러를 만났다. 버틀러는 그에게 웨스턴리저브대학교에서 문헌정보대학원의 대학원장을 뽑고 있으며, 세라가 원한다면 세라를 위한 편지를 쓰겠노라고 제안했다.[2] 이처럼 버틀러의 도움으로 그해 세라는 웨스턴리저브대학교의 문헌정보대학원 대학원장이 된다. 이 시기에 그는 도큐멘테이션·정보학 분야에서 큰 활약을 하였다. 그는 미국도큐멘테이션기구(American Documentation Institution)를 재조직하고, 이 기구의 기관지인 《아메리칸 도큐멘테이션(American

고인철 외, 『위대한 도서관 사상가들』, 한울, 2005, 213쪽에서 재인용.
2 김미향·이지원, 위의 글, 215-216쪽.

Documentation)》의 편집인이자 운영자로 활동하였다. 1955년에는
페리(J. W. Perry), 켄트(Allen Kent)와 함께 도큐멘테이션 · 커뮤니케
이션연구센터(Center for Documentation and Communication Research)
를 설립하였다.

세라의 도서관사상은 특히 그의 저서들을 통해 뿜어져 나왔다.
그의 저서들이 유독 "…의 기반(The Foundation of…)", "기본(Basics)"
등의 이름을 가지고 있는 것을 보면, 그가 일생 동안 얼마나 간절
하게 도서관과 도서관학의 철학적 · 사상적 · 학문적 기반을 다지
고 기본을 찾고자 했던가를 미루어 짐작할 수 있다. 그는 1949년
에 『공공도서관의 기반(Foundations of the Public Library: the Origins
of the Public Library Movement in the New England, 1629~1855)』
을 출판하였다. 이 책은 그의 박사논문을 발전시킨 것인데, 이 책
을 통하여 그는 도서관의 기반을 역사에서 규명하고자 하였다.
또한 그는 1952년에 「도서관사의 가치에 대하여(On the Value of
Library History)」라는 논문을 썼으며, 이후 『사서직의 사회학적 기반
(Sociological Foundations of Librarianship)』(1970), 『사서직 교육의 기
반(The Foundations of Education for Librarianship)』(1972), 『도서관학
개론(Introduction to Library Science: Basic Elements of Library Service)』
(1976) 등과 같은 기념비적 저작을 생산하였다.

이러한 저작들을 통하여 그는 사서직이 역사적 배경과 사회적 근
거를 가진 직업임을 밝히고자 하였다. 또한 그는 사서가 책 속의
지식을 이용자와 연결하는 매개자임을 강조하였다. 그리고 사서들
의 역할은 '인간과 기록물 사이를 중재하는 것'이며, 사서들의 목적

은 '인류의 이익을 위해 기록물의 사회적 유용성을 극대화하는 것'
이라고 일관되게 주장하였다.

우리나라 문헌정보학 교육에도 '도서관사', '정보문화사', '문헌
정보학사' 등 도서관과 정보의 역사를 조망하는 과목들이 있다. 이
처럼 사서직에 입문한 학생들이 인류 역사를 걸친 도서관, 기록, 매
체 나아가 지식의 발전과정을 공부하는 이유는 도서관이라는 역사
적·사회적 기관을 통하여 구현된 인류의 지식과 기록의 세계를 이
해하기 위해서이다. 세라는 이러한 점에서 문헌정보학을 역사적 지
평과 사회적 기반 위에서 조명한 선구적 학자라고 하겠다.

여기서 세라가 말하는 '사서에게 요구되는 기본적 지식'은 크게
다음의 두 가지로 정리할 수 있다. 첫째, 문헌의 내용이다. 도서관
의 기능이 문헌이라는 매체를 통하여 이루어지는 사람들 사이의
커뮤니케이션을 증진시키는 것이므로, 사서는 문헌의 물리적 특성
보다도 문헌의 지적 내용을 잘 알아야 한다는 것이다. 둘째, 이용자
의 문헌요구이다. 이것은 문헌 속에 포함되어 있는 다른 사람들의
지식과 경험을 독서를 통하여 자기 것으로 하려는 사람들의 욕구
이다.

그는 또한 사서의 제1책무를 '서지조직화(bibliographic
organization)'로 보았다. 서지조직화라는 용어는 1950년대 세라의
도큐멘테이션 이론 가운데 핵심 개념이다. 그는 사서직의 중심 역
할은 문헌의 효율적인 조직과 제공에 있으며, 그것을 지원하는 기
술이나 이론을 제공하는 것으로서 정보학의 도입을 강력하게 주창
하였다. 따라서 세라는 사서직(또는 도서관학)과 정보학의 관계는

협력관계라고 보았다.[3]

세라는 정보저장과 검색 분야에서 프로젝트를 수행하고 전략활동국의 중앙정보부 책임자로 근무하는 등 정보검색, 도큐멘테이션, 정보학 분야에서도 여러 실험을 수행하고 많은 연구와 개발을 주도하였다. 이처럼 그는 도서관에서의 컴퓨터 활용 가능성을 예견하고 정보학을 보급한 선구자이지만, 도서관학은 과학적으로 통제되거나 설계될 수도, 설계되어서도 안 된다고 생각하였다. 또한 정보학이 도서관의 목적을 달성하는 데 유용하기는 하지만, 그것 자체가 도서관의 목적을 달성하는 것은 아니라고 믿었다.[4]

이처럼 세라는 도서관학과 도큐멘테이션 · 정보학 사이에 가교를 놓았지만 도서관학을 더욱 포괄적인 개념으로 보았고, 도큐멘테이션 · 정보학은 문헌과 이용자를 이어주는 사서직 및 도서관학에 포함되는 하나의 측면이며, '활발하고 왕성한 도서관학(librarianship in a high key)'이라고 보았다.

세라는 1982년에 영면하였다. 그의 사후 미국도서관협회는 그의 업적을 기려 종전의 도서관연구상을 1988년부터 제시 세라 상(Jesse H. Shera Award for Research)으로 명칭을 바꾸었다.

21세기 지식기반사회에 들어선 우리나라는 IT강국으로 불리고는 있지만, 우리나라의 도서관과 사서직의 사회적 · 학문적 기반은 아직도 튼실하지 못하다. 이 땅의 사서들과 문헌정보학자들이 정

---

3 남태우 · 김상미 공편, 『문헌정보학의 철학과 사상: 세라(J. H. Shera)의 사상을 중심으로』, 한국도서관협회, 2001, 7쪽.
4 김미향 · 이지원, 앞의 글, 245쪽.

보기술을 현명하게 활용하고 사서직의 소명과 문헌정보학의 기본을 확인하고자 할 때, 세라의 도서관 사상은 언제나 유효할 것이다.

마이클 고먼

Michael Gorman

사서들과 문헌정보학도 중에서 랑가나단의 '도서관학 5법칙'을
모르는 사람은 거의 없을 것이다. 그렇다면 마이클 고먼(Michael
Gorman, 1941~)의 '신도서관학 5법칙(Five New Laws of Library
Science)'을 아는 사람은 얼마나 될까?

마이클 고먼은 도서관의 토대를 다지고 도서관의 미래상을 제시하고 사서직의 영원한 가치를 다시금 확인시켜주는 도서관계의 거장이라고 할 수 있다. 그는 특히 '기술맹신주의자들(technojunkies)'이 사방에서 발호할 때 정곡을 찌르는 논리의 칼로 일거에 그 기세를 격파하고 도서관과 사서직을 수호하는 전사라고 할 수 있다.

21세기 전후에 정보기술이 모든 것이며 도서관을 대체할 것이라고 믿는 '기술맹신주의(technolust)'는 더욱 기승을 부렸다. 정보화시대를 넘어 지식기반시대라고 하는 21세기에서도 이러한 기술맹신주의는 여전히 잠재하며 언제든지 창궐할 움직임을 보이고 있다. 마이클 고먼은 이러한 기술맹신주의의 광기를 자신의 오랜 도서관 실무 경험과 문헌정보학적 배경을 가지고 예리하게 분석하여 그 허점을 지적하고, 기술맹신주의자들을 '도서관의 적(enemies of the library)'이라고 부르며 공격하여 자숙하게 만들었다.

마이클 고먼은 1941년 영국 옥스포드셔의 위트니에서 출생하였다. 1964년부터 1966년까지 영국의 일링 기술대학(현재 University of West London)의 도서관학교에서 문헌정보학을 공부하였으며, 1966년부터 1977년까지는 영국의 도서관계에서 근무하였다. 구체적으로 보면 영국국가서지위원회(Council of British National Bibliography)의 편목책임자로, 영국도서관계획 사무국(British Library Planning Secretariat)의 직원으로, 영국국가도서관의 서지표준국(The Office of Bibliographic Standards in the British Library)의 책임자로서 일하였다. 그 후 그는 미국으로 활동무대를 옮긴다. 1977년부터 1988년까지 일리노이 주 어바나-샴페인의 일리노이대학교 도서관에서 기술봉사부장과 일반봉사부장을 역임하였다. 그 이후 2007

년까지 캘리포니아 주립대학교 프레스노 캠퍼스의 헨리매든도서관(Henry Madden Library) 관장으로 일하였다. 고먼은 미국의 도서관 관련 단체에서도 많은 활동을 하는 영향력 있는 인물로 알려져 있다. 그는 1998년 여름 워싱턴에서 개최된 미국도서관협회(ALA)의 한 분과인 도서관 및 정보기술협회(Library and Information Technology Association, 이하 LITA)의 부위원장, 1999년부터 2000년까지 LITA의 위원장으로 선출되었으며, ALA의 집행이사회의 이사(2003~2006)와 ALA 평의회 의원(1991~1995, 2002~2006) 등 많은 단체와 위원회에 참여하였다. 그뿐만 아니라 2004년 7월 ALA 회장선거에서 2005~2006년도 회장으로 선출되었다.

이처럼 고먼은 도서관 현장에서 실무 경험을 쌓는 한편 도서관협회 차원의 각종 위원회와 사무국에서 주요 현안과 기술적 문제를 가지고 씨름하여 해결책을 제시하는 일을 하며 살아왔다. 그래서 그의 글을 읽어보면, 현실적 토대에 근거한 실사구시(實事求是)를 추구하는 논리가 배어 있음을 느끼게 된다. 그는 현장의 베테랑 사서이면서 또한 미국과 영국의 여러 도서관학교(문헌정보대학원)에서 강의를 하였다. 그는 특히 목록 분야의 대가이다. 널리 알려진 것처럼 그는 1978년의 『영미편목규칙』 제2판(*Anglo-American Cataloging Rules*, 2nd edition, 약칭 AACR2)과 1988년의 『영미편목규칙』 제2판 개정판(*Anglo-American Cataloging Rules*, 2nd edition, 1988 revision, 약칭 AACR2R)의 책임편집자이다.[1] 또한 그는 그 이후의

---

1 김태경, 「미래의 도서관과 사서직의 비전을 제시한 고먼」, 고인철 외, 『위대한 도서관 사상가들』, 한울, 2005, 303쪽.

영미편목규칙 개정 작업에도 관여하여 AACR2의 폭넓은 적용을 위해 힘썼다. 나아가 그는 목록의 목적을 서지통정을 통하여 이용자들에게 정보에 대한 유용한 접근점을 제공한다고 볼 때, 온라인 열람목록의 등장과 함께 생겨난 기계가독형목록법(MARC, Machine Readable Catalog)에서 전자적 형태의 문헌을 목록화하는 문제를 논의하면서 진보된 서지통정 시스템의 요구에 부응하기 위하여 기존의 영미목록규칙 제2판과 MARC를 뛰어넘어 하이퍼마크(HYPERMARC)의 개념을 정립하였다.

마이클 고먼은 MARC 시스템이 더욱 진보된 서지통정 시스템의 요구에 맞도록 재평가되고 근본적으로 다시 만들어져야 된다고 주장하였다. 또한 기본적으로 그러한 변화는 복잡한 정보를 포함하면서 관련 단위 레코드들과 연계성을 거의 갖지 못하고 있는 MARC 레코드를 대체할 것이라고 말한다. 구체적으로 코드화된 데이터를 포함하는 기술, 저자명 전거데이터, 통일서명 전거데이터, 주제접근 데이터 등의 요소를 수용하게 될 것이라고 예견하였다.

결론적으로 마이클 고먼의 하이퍼마크(HYPERMARC) 이론은 온라인 도서관장서 목록(OPAC, Online Public Access Catalog)과 전자적 환경의 발전에 따라 현행의 목록규칙이 전향적으로 재검토되어야 한다는 주장이다.[2] 이를 위해 그는 상당히 구체적인 방안을 제시하였으며 오늘날 고먼을 비롯한 여러 문헌정보학자들의 연구가 꾸준히 진행되고 있다.

---

2 김태경, 위의 글, 308쪽.

이처럼 고먼은 편집자로서 많은 활약을 하였다. 1997년부터 1999년까지 미국도서관협회의 잡지《American Libraries》의 객원 편집자로서 활동하였으며, 문헌정보학 분야의 저명한 학술지인 《Library Trends》의 1999년 봄호 편집을 담당하여「도서관기술에 대한 인간의 대응(Human Response to Library Technology)」이라는 주제 아래 이러한 문제의식을 담은 논문들을 엮어내었다. 그는 이러한 열정 어린 경력으로 여러 상을 수상하였다. 대표적으로 1979년 마거릿 맨 표창장을, 1992년에 멜빌 듀이 메달을 받았다.

고먼이 생산한 수많은 논문과 책에는 도서관 현장에 근거하고 미래를 꿰뚫어보는 튼실한 논리가 담겨 있다. 그중에서 큰 반향을 불러일으킨 책으로『미래도서관: 꿈, 광기, 현실(Future Libraries: Dreams, Madness & Reality)』(1995)을 들 수 있다. 그는 이 책으로 블랙웰 학술상(Blackwell's Scholarship Award)를 수상하였다. 월트 크로포드(Walt Crawford)와 함께 쓴 이 책을 통하여, 마이클 고먼은 기술맹신주의자들의 광기를 건실한 논리의 칼로 무찌르고 도서관과 사서직의 토대와 가치를 수호하고 미래 도서관을 위한 전망을 제시하는 작업을 수행하였다. 기술맹신주의자들은 "새로운 기술은 항상 이전 것보다 좋으며, 기술은 사람들의 생활양식이 되며, 정보기술로 인하여 책과 도서관은 이제 무용지물이 되고, 모든 아날로그 매체는 거대한 디지털 고속도로의 일부분으로 수렴된다"고 주장한다. 이에 대해 고먼은 '데이터(data)-정보(information)-지식(knowledge)-이해(understanding)-지혜(wisdom)'라는 배움의 사다리를 이야기하면서, 전자 기술은 그중 가장 낮은 단계인 데이터와 정보를 처리하는 데 적합하고 배움의 단계가 올라갈수록 인간정신이 중요함을 지적하였다. 기술맹신주의자들에게 대항하고자 하는 사서들에게 고먼은 다음과 같은 메시지를 전한다.

"우리 사서들은 도서관이 정보만을 전적으로 다루지 않으며 심지어 우선적으로 다루는 것도 아니라는 사실을 분명히 말하자. 도서관은 인류가 더욱 넓고 깊은 식견을 가질 수 있도록 어떤 형태로든 기록된 지식을 보존하고 배포하며 이를 활용하기 위해 존재하는 것이다. (사람들은) 지식을 통하여 이해에 도달하며, 궁극적으로 지혜를 얻는다. 데이터(파편의 사실들, 숫자 등)와 정보(조직된 데이터)를 수집하고 흡수하는 것은 종종 두서가 없고 산발적이다. 그것은 실용적인 용도로, 그것도 대개 짧은 순간에 사용될 수 있지만, 그렇게 획득된 정보가 (인간이) 알기 쉬운 지식 구조로 맞추어지지 않는 한 결코 지속적인 의미를 가질 수 없다."[3]

여기서 고먼의 '신도서관학 5법칙'을 음미해보도록 하자. 그는 문헌정보학의 석학이자 도서관운동의 영웅인 랑가나단의 어깨 위에서 '도서관학 5법칙' 속에 담긴 진실을 도서관과 사서직의 현대적 의미와 미래의 비전을 담아 아래와 같이 다시 구성하였다.

제1법칙-도서관은 인류를 위해 봉사한다(Libraries serve

---

3 Walt Crawford and Michael Gorman, *Future Libraries: Dreams, Madness & Reality*, Chicago: ALA, 1995, p.5.

humanity)

제2법칙-지식을 전달하는 모든 형태의 매체를 존중하라(Respect
all forms by which knowledge is communicated)

제3법칙-기술을 적절히 활용하여 도서관서비스를 향상시켜라
(Use technology intelligently to enhance service)

제4법칙-누구든지 지식에 자유롭게 접근할 수 있도록 하라
(Protect free access to knowledge)

제5법칙-과거를 존중하고 미래를 창조하라(Honor the past and
create the future)[4]

(1) 도서관은 인류를 위해 봉사한다

도서관이 인종, 국가, 지역, 종교에 차별 없이 전 세계 인류에
봉사해야 한다는 보편적 평등성을 도서관의 이념으로 제시하고
있다.

(2) 지식을 전달하는 모든 형태의 매체를 존중하라

과거에는 정보를 전달하는 형식으로 책이라는 인쇄매체가 대표
적이었으나 정보기술의 발달로 다양한 전자매체가 등장함에 따라
여러 형태의 매체에 저장된 정보 역시 책에 담긴 정보와 동일하게
중요시하고 수집매체를 다양화하여 이용자의 모든 정보요구에 적
극적으로 대처해야 한다는 의미를 가지고 있다.

---

4 Walt Crawford and Michael Gorman, 위의 책, p.8.

(3) 기술을 적절히 활용하여 도서관서비스를 향상시켜라

사서직의 발전과정은 기존의 프로그램 및 봉사활동에 신기술과 커뮤니케이션 수단을 성공적으로 접목시킨 결과로, 향후에도 정보 획득을 위하여 기존에 사용하였던 정보검색의 여러 방법 외에도 컴퓨터와 인터넷 등을 기반으로 한 다양한 정보검색의 기술을 적절하게 활용해야 도서관의 봉사기능이 제고된다는 기술도입의 당위성을 피력하고 있다.

(4) 누구든지 지식에 자유롭게 접근할 수 있도록 하라

도서관이 사회적 · 정치적 · 지적 자유의 중심기관인 이상, 장서에 내재된 사상이나 의도가 무엇이든 자유로운 접근과 이용을 보장하는 사회적 책임성을 명시하고 인쇄물 형태의 정보뿐만 아니라 전자적 형태의 정보를 수집 · 조직하고 이러한 정보를 자유로이 이용할 수 있도록 하여야 한다고 말하고 있다.

(5) 과거를 존중하고 미래를 창조하라

온고지신의 정신을 강조함으로써 미래의 도서관은 무수한 지적 문화를 소장한 과거의 역사에서 출발할 수밖에 없으며 양자는 불가분의 관계에 있다고 주장한다.[5]

우리나라에서는 마이클 고먼처럼 도서관과 사서직의 기본을 지키고 그 토대를 강화하는 작업을 한 대표적인 학자로 김정근을 들

---

5 Michel Gorman, 「Five new laws of librarianship」, 《American Libraries》 26(8), 1995, pp.784-785.

2006년 국립중앙도서관 초청 마이클 고먼 강연회

수 있다. 독자들이 마이클 고먼의 사상을 좀 더 쉽게 이해하기 위해서는 김정근의 『디지털도서관: 꿈인가, 광기인가, 현실인가』[6]를 읽어보길 권한다. 고먼의 최근 저서로는 하이스미스상을 받은 『우리들의 영속적인 가치(Our Enduring Values)』(2000), 『영속적인 도서관(The Enduring Library)』(2003)[7], 『우리들 자신의 본질(Our Own

6 김정근 편저, 『디지털도서관: 꿈인가, 광기인가, 현실인가』, 민음사, 1997.
7 고먼은 사서직의 핵심 가치로 Stewardship(관리자정신), Service(서비스), Intellectual freedom(지적 자유), Privacy(자료이용의 비밀 보장), Rationalism(합리주의), Commitment to literacy and learning(문해력과 학습), Equity of access(접근의 공평성), Democracy(민주주의)를 제시하였다. Michael Gorman, *Our Enduring Values*, ALA, 2000; 이제환 역, 『도서관의 가치와 사서직의 의미』, 태일사, 2010 참고.

Selves)』(2005) 등이 있다.

우리나라에도 1996년에 동아대학교 도서관과 한국도서관 · 정보학회의 초청으로 방문하여 "꿈, 광기, 그리고 현실"이라는 제목으로 강연하였으며, 또한 2006년 8월에 우리나라 국립중앙도서관에서 열린 〈작은도서관-공공도서관 협력시스템 구축방안 국제세미나〉에 참석하여 미국의 공공도서관에 대해 주제발표를 하였다.

이상에서 보듯, 마이클 고먼은 사서들이 디지털이라는 신기루에 홀리지 말고, 정보기술을 지혜롭게 활용하고 철저한 현실 분석을 통하여 인류와 지역사회에 대한 인간적 봉사를 실현하여야 한다고 말한다. 마이클 고먼의 통찰과 메시지는 그보다 앞선 도서관사상가들의 어깨 위에서 미래를 바라보는 과정을 통하여 생산된 것이다. 우리는 현대적 감각을 가진 그의 논리와 사상을 통하여 과거와 소통하고 미래의 도서관을 풍요롭게 만들어갈 수 있을 것이다.

서양을 읽고 근대도서관 사상을 발아시킨 조선의 지식인

유길준

俞吉濬

유길준(1856~1914)은 국운이 쇠퇴하는 조선에서 서구의 정수를
소개하고 자주독립의 길을 모색한 지식인이다. 그에 대해서는 문
헌정보학 분야뿐만 아니라 정치학, 국문학 등 여러 분야에서 조명
하고 있고, 한편으로 그에 대한 평가가 다소 엇갈리는 것도 사실이
지만, 그는 이 땅의 근대화와 자주독립을 위해 철저히 고민하고 치

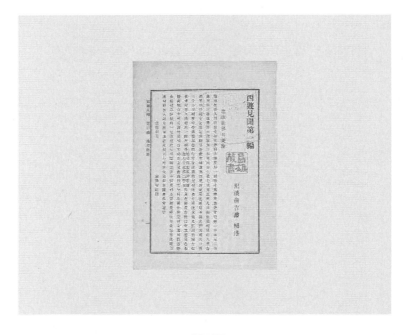

서유견문

열하게 살다 간 계몽사상가임에 분명하다.

그에게는 여러 가지 수식어가 있다. 우리나라 최초의 일본·미국 유학생, 문법 교재와 정치학 교재를 함께 쓴 학자, 미완의 개화파, 관료이자 정치가, 조선의 선비이자 신사, 애국계몽·교육운동가 등이다.

유길준 하면 떠오르는 책, 『서유견문』은 흔히 최초의 국한문혼용서 혹은 우리나라 최초의 서양견문록[1]이라고 일컬어진다. 그러나

1 유길준, 구인환 역, 『서유견문』, 신원문화사, 2005, 2쪽.

이『서유견문』이라는 책은 단순한 서양견문록이 아니라 유길준 자신이 보고 들은 서양의 근대 문물을 어떻게 받아들여 조선의 근대화를 완성할지 고민하며 만들어낸 산물로, 근대 국가로서 기반이 튼실하지 못한 조국을 위하여 선진적인 서구 문물을 온몸으로 느끼고 각종 문헌을 읽고 그 고갱이를 소개하고자 한 당대 최고 수준의 서양입문서이자 애국계몽서라고 할 수 있다.

서구의 앞선 문물을 받아들여 나라의 발전을 꾀하자는 생각으로 집필하였지만, 무조건 나라를 여는 것이 아니라 주체성 있는 개방을 강조했다는 점에 그 의의가 있다.

> 개화를 주장하여 힘써 행하는 자는 개화의 주인이요, 개화를 선망하여 배우고 취하기를 즐겨하는 자는 개화의 빈객이요, 개화를 두려워하되 부득이 이에 따르는 자는 개화의 노예다. (중략) 입에는 외국 담배를 물고, 가슴에는 외국 시계를 차며, 의자에 걸터앉아서 외국 풍속을 이야기하거나 외국말을 얼마쯤 지껄이는 자가 어찌 개화인이라고 할 수 있겠는가. 이는 개화의 죄인도 아니고, 개화의 원수도 아니다. 개화라는 헛바람에 날려서 마음속에 주견도 없는 한낱 개화의 병신이다.[2]

이 책은 총 20편의 글로 이루어져 있는데, 서론에 해당하는 제1편(지구 세계의 개론 등)과 제2편(세계의 바다 등)은 세계의 지리를

---

2 유길준, 허경진 역, 『서유견문』, 서해문집, 2004, 제14편.

소개하였다. 세계의 지리를 자세히 소개함으로써 중국이 세계의 중심이 아님을 은연중에 내비치고 있다고 하겠다. 본론에 해당하는 제3편(나라의 권리)부터 제14편(상인의 대도)까지는 국권, 국민, 정부, 납세, 교육, 군대, 화폐, 법률, 경찰, 정당, 육아, 학문, 종교, 상업 등 서구의 근대 문물을 망라하고 그 진수를 요약하여 조선인의 각성을 촉구하였다. 결론은 제14편의 뒷부분인 '개화의 등급'이다. 제15편부터 제20편까지는 보론으로 혼례, 장례, 의식주, 농업과 목축업, 오락, 병원, 교도소, 박람회, 박물관, 도서관, 신문, 증기기관, 전화기, 서양의 대도시 등을 소개하였다. 기행문이라고 볼 수 있는 부분은 그나마 제19편과 제20편의 서양도시 이야기이지만, 이 부분 역시 일인칭 기행문의 관점으로 쓴 것은 아니다.[3] 서유견문은 이와 같이 한편의 기행문이라고 하기에는 굉장히 많은 내용을 담고 있다. 그는 서양 유람을 통해 근대화된 나라들의 모습을 보고, 조선이 걸어가야 할 길 또한 근대화의 길이라고 생각한다. 때문에 지속적으로 개화를 강조했고, 개화만이 조선이 살 길이라고 했으며, 근대 문물을 자세히 소개한 것이다. 세상이 바뀌는 것을 스스로 깨닫던 유길준은 비실용적인 과문(科文)을 이미 버렸듯, '한문 중심주의'를 버렸다. 그는 자신의 새로운 문체가 당대 지식인들에게서 부정적인 반응을 얻게 되리라는 예측을 하고도 서유견문을 국한문혼용체로 집필했는데, 서유견문에서 유길준이 한글을 '우리글자(我文)'라고 한 것에서부터 그의 사고 전환을 알 수 있다.

3 허경진, 「兪吉濬과 西遊見聞」, 《어문연구》 통권 121권, 2004. 3, 438쪽.

사실 유길준을 도서관사상가라고 볼 수는 없다. 그럼에도 불구하고 필자가 그를 도서관인물로 다루는 이유는 그가 뿌린 근대 개화사상이 이 땅에 민족도서관운동의 발단이 되었기 때문이며, 다른 도서관인물 윤익선과 이범승의 애국계몽운동과 민족도서관 건립운동으로 이어졌기 때문이다.[4] 유길준이 말년에 창립한 흥사단(興士團)의 취지는 다음과 같다.

천하의 일은 혼자의 힘으로 임하기보다 민중의 마음을 합치면 그 효과가 강대하나니 이는 우리네 인민의 교육으로 전 국민이 선비의 기풍을 떨쳐 일어나야 그 지식과 도덕으로 여러 가지 사물들을 활용하여 사회진화의 법칙에 부응케 되고, 국가부강의 실익을 도모하기 위하여 일치단결하고, 그 이름을 흥사단이라 칭하며, 정치의 소용돌이에 끌려들지 말고 영리권 밖에서 특별히 우뚝 솟아나면 온 세상 사람들이 이에 동감하여 따라올 것이기에, 우리는 선비들에게 호소하노니, 종교의 같고 다름을 묻지 않으며, 당파가 피차 다르다고 이에 구애되지 않노라.

이는 그가 민족교육에 힘을 쏟게 된 계기와 당위성을 나타내는 것이다. 그가 일으킨 민족교육운동의 불씨가 훗날, 즉 구한말 사립학교의 기하급수적 증가로 나타났으며, 이때 서양에서 들어온 각종 서적과 학문들이 이들 사립학교를 통해 보급되면서 새 문화의

---

4 박상균, 『도서관학만 아는 사람은 도서관학도 모른다』, 한국디지틀도서관포럼, 2004, 367-427쪽 참조.

매체인 신서(新書)를 백성이 직접 접하고 자유롭게 열람할 수 있는 곳을 염원하여 근대 서구식 도서관 설립운동이 요구되기에 이르렀다고 할 수 있다.

또한 유길준은 이미 서구문화를 접하고 서구의 도서관이 어떤지에 대한 언급을 서유견문에서 하고 있으니, 그의 글이 근대 서구식 도서관 설립운동에 기반이 되었다고 할 수 있다. 그러므로 유길준의 개화사상과 그의 대표적 역작 『서유견문』을 음미하는 것은 사서와 문헌정보학도뿐만 아니라 우리나라 근대도서관사상의 뿌리를 이해하고자 하는 사람들에게 여전히 필요하다고 하겠다.

유길준은 1856년 10월 24일 서울 북촌 계동에서 양반 가문의 둘째 아들로 태어났다. 할아버지 유치홍은 예천군수, 청송부사 등을 지낸 청백리였고, 아버지 유진수는 승지·동지중추부사를 역임하였는데, 모두 학문에 뛰어났다.[5] 이러한 가문에서 그는 어려서부터 한학을 익혔다. 병인양요로 인하여 피난을 떠났다가 열네 살 때 서울로 돌아온 그는 역시 학식이 높았던 외할아버지 이경식에게서 본격적인 한학 수업을 받았다.

그러나 16세 되던 1871년에 개화파의 영수였던 박규수와의 만남을 계기로 유길준은 인생의 전환점을 맞이하게 된다. 그는 박규수의 지도를 받고 중국에서 유입된 각종 해외 사정 관련 서적을 탐독하였다. 이때 서양의 산업발달과 근대 실용학문에 충격을 받은 그는 이후 동양 고전에서 서구 근대 문헌으로 공부길을 돌린다. 나아

---

5 한철호, 「兪吉濬의 生涯와 思想」, 《한일관계사연구》 제13집, 2000. 10, 7쪽.

1883년 보빙사로 미국을 방문했을 때의 유길준(뒷줄 왼쪽에서 세 번째)

가 국왕 고종에게 과거제도의 폐지를 건의하고 자신도 출세가 보
장된 과거 응시를 포기하였다.

유길준의 개화사상이 본격적으로 심화된 계기는 일본과 미국
시찰과 유학을 통해서였다. 그는 1881년 1월에 신사유람단의 일
원으로 일본을 방문하고 그해 6월에 후쿠자와 유키치가 경영하던
게이오의숙에 입학하여 1년 반 동안 『서양사정(西洋事情)』 등 각종
개화서적을 탐독하였다. 이 과정에서 유길준은 일본의 문명개화
과정을 깊이 관찰할 수 있었다.

1882년 임오군란으로 귀국하였다가, 이듬해인 1883년 보빙사
(報聘使) 민영익의 수행원으로 미국을 방문하였다. 보빙사는 미국

의 초청에 보답한다는 뜻이었다. 두 달 동안 외교활동과 시찰을 마친 뒤 귀국하지 않고 11월부터 매사추세츠 주 셀럼 시 피바디 박물관의 관장이던 모스(Edward S. Morse) 박사의 지도를 받으면서 한국 최초의 미국유학생이 되었다. 유학과정을 통하여 일본의 핵심지식을 알아내고자 한 그는 미국에서도 과감히 유학에 도전하여 미국의 발전과정과 그 정신을 살피고자 하였다. 이처럼 그의 멘토는 한학자였던 친조부와 외조부에서 일본의 문명개화론자 후쿠자와 유키치, 미국의 생물학자이자 진화론자인 모스로 바뀐 것이다. 그러나 그는 일생 동안 결코 서구의 지식을 맹목적으로 추종하지 않았으며 조국이 근대적 자주국가로서 토대를 닦는 데 지식인으로서의 사명을 다하고자 하였다.

유길준의 미국 유학생활이 오래 지속되지는 못하였다. 1884년에 일어난 갑신정변으로 그는 충격을 받았으며, 이듬해인 1885년 6월 봄학기를 마치고 귀국하지 않을 수 없었다. 그는 고국으로 돌아오면서 태평양이 아닌 대서양으로 가는 더욱 먼 길을 택하였는데, 먼저 영국, 프랑스 등 유럽 각지를 살펴본 뒤, 이집트, 싱가포르, 홍콩, 일본을 경유하여 1885년 12월에 제물포에 도착하였다. 귀국 직후 개화당과 관련되었다는 혐의를 받고 포도대장 한규설의 집에 연금되었지만, 이러한 연금 생활은 사실상 그의 식견과 재능을 아낀 고종과 한규설의 보호를 받은 것이었으며, 1887년부터 1892년까지 민영익의 별장인 취운정(翠雲亭)으로 옮겨져 유폐 생활을 하였다.

『서유견문』은 이 기간 중인 1887년 가을부터 1889년 늦봄까지 집필되었다. 유길준은 이를 위해 자신이 유학기간 동안 수집한 자료 중 소실되고 남은 것을 모으고 후쿠자와 유키치의 『서양사정』
과 각종 외국서적을 참고하거나 번역하여 책을 완성하였다. 그러
나 그는 외국문헌을 베끼는 데 그치지 않고 외국과 우리 것을 비교
하면서 이에 대한 자신의 견해를 피력하는 데 역점을 두었다.[6] 유폐
기간과 그 이후에도 고종을 도와 독립 외교를 추구하고 한편으로
서구의 야심을 막아내는 데 주력하였다. 그는 1894년 갑오경장으
로 공직에 복귀하였으며, 그해 일본에 갔을 때 후쿠자와 유키치를
만나 책의 출판을 의뢰하였다. 『서유견문』은 이듬해 1895년에 후
쿠자와 유키치가 설립한 교순사(交詢社)에서 전체 574쪽에 달하는
방대한 양장본으로 1천 권이 출간되었다.[7]

　그 뒤 유길준은 『독립신문』을 간행하려는 서재필에게 국고금
5,000원을 보조하기도 하고, 내정을 개혁하기 위해 쿠데타를 계획
하였다가 실패하여 일본에 유배당하는 고초를 겪기도 한다. 그 와
중에도 국민들에게 외국의 사정을 알리고자 『이태리독립전사』, 『정
치학』 등을 번역하고 『대한문전(大韓文典)』을 집필하였다. 1909년
그의 나이 54세 때 국채보상금처리회장이 되었으며, 그해 12월 일
진회에서 한일합방을 하자고 상소하자 이를 반박하는 글을 내각에
제출하였다. 1910년 한일합방이 되자 조선귀족령에 의해 남작 작
위가 내려졌으나 거부하였다. 그는 1914년 신장염으로 인하여 향
년 59세로 별세하였다.

　『서유견문』 제17편 중 도서관에 대한 부분을 옮겨보면, 아래와

6 한철호, 위의 글, 12쪽.
7 유길준, 허경진 역, 앞의 책, 588쪽.

같다.

　　도서관은 정부가 설립한 것도 있고, 정부와 국민이 협력하여 세운 것도 있다. 경서(經書), 역사책, 각종 학문의 서적, 고금의 명화 및 소설로부터 각국의 신문에 이르기까지 구비하지 않은 것이 없다. 외국에서 새로 출판된 책은 사들이고 본국에서 나온 책은 출판사가 각지의 도서관에 한 질씩 보내므로 책의 권수는 해마다 늘어난다. 이와 같이 도서를 수집하여 모아두는 것은 세상에 무식한 사람을 없애려는 데 주된 뜻이 있다. 그러므로 서양의 여러 나라에는 도시마다 도서관이 없는 곳이 없으며, 누구든지 책을 열람하고자 하면 도서관에 가서 마음대로 볼 수 있다. 그러나 다른 곳으로 가지고 가는 것은 허락되지 않고, 다만 독서하고자 하는 학생이 책이 없어서 공부할 수 없을 때에는 세를 내고 빌릴 수 있도록 되어 있다. 그러나 그 책을 훼손하면 책값을 변상하여야 한다. 각국 도서관 중 유명한 것은 영국 런던에 있는 것, 러시아 상트페테르부르크에 있는 것, 프랑스 파리에 있는 것 등이다. 그 가운데 파리의 도서관이 가장 큰데, 소장한 책이 200만 권이 넘기 때문에 프랑스인들은 그 굉장한 규모를 항상 자랑한다.[8]

　　그는 이 책의 서문에서 우리 글자와 한자를 섞어 쓰고, 문장의 체제는 꾸미지 않고 속어를 쓰기에 힘써 그 뜻을 전달하는 것을 위주

---

8 유길준, 허경진 역, 위의 책, 473-474쪽.

로 하였다고 밝혔다. 그는 한글만 가지고 쓰지 못한 것을 불만스러워 했는데, 그 당시 일반 국민이 개화의 주체로 나서기에는 매우 역부족이었던 것이다. 그래서 그의 책은 주로 지식인이나 관원에게 배포된 것으로 보인다.

『서유견문』에서 다룬 도서관을 살펴보면, 그가 서구 각국의 도서관 설립 목적과 형태, 장서의 구성, 납본(納本) 제도, 이용 규칙 등을 언급했음을 알 수 있다. 조국을 문명국가로 발전시키고자 했던 유길준의 눈에 서구 선진국의 도서관은 문명사회의 모태이자 거점으로 비쳤을 것이다.

우리는 한국이 근대 독립국가로 가는 길목에서 치열하게 고민하고 나름대로 지식인의 책무를 다했던 그에게서 근대 도서관사상의 싹을 읽어낼 필요가 있다.

일제 암흑시대에 도서관운동의 등불을 밝힌 교육자

윤익선

尹益善

윤익선은 1872년생으로 일제강점기를 살고 해방 이듬해인 1946년에 별세하였다. 윤익선이 살았던 일제강점기는 우리 민족의 혼을 말살하고자 했던 시기였기에, 윤익선의 도서관운동은 계몽운동이자 구국운동이라고 할 수 있다.

윤익선은 황해도 장연에서 출생하였다. 성장기에는 한문을 수학하고, 농업학교를 다녔다. 한때 농상공부 기수(技手)로 근무하다가 뜻한 바 있어 그 직을 그만두고, 1905년에 보성전문학교 법률전문과에 입학하여 1907년에 제1회로 졸업하였다. 이로써 그는 이 학교와 깊은 인연을 맺게 된다. 졸업 이후 보성전문학교 학감을 거쳐 1911년에 보성전문학교장에 취임하였으며, 조선독립신문을 배포한 사건으로 1920년에 사직할 때까지 약 10년간 재직하였다.[1] 이처럼 그는 불혹의 나이에 일제 통치기를 경험하게 되었으며, 이 시기를 교육자로서 살게 된다.

이러한 삶의 역정을 거쳐 그는 우리 민족의 독립과 계몽을 자신의 삶에서 최고의 가치로 삼았던 것으로 보인다. 특히, 3·1운동은 그의 인생에 중대한 전환점이 되었다. 1919년 3·1운동 때에 그는 조선독립신문(3월 1일자 1호를 시발로 3월 24일까지 9호를 발행했음) 사장으로 활약하였으며, 학생들과 군중들에게 신문을 뿌림으로써 1920년 2월 15일 1년 6개월의 형을 받았다. 이 일로 그는 보성전문학교장직을 사직하고 옥중생활을 하다가 1920년 9월 23일 감형으로 출옥하였다.[2] 그 후, 윤익선은 중국으로 망명하여 북간도 용정촌에서 간도동흥중학교(間島東興中學校) 교장으로 있으면서 한인 자녀들의 독립사상을 고취하고, 청년들에게 혁명정신을 심어줌으로써 많은 혁명지사들을 배출하였다. 이러한 윤익선의 독립

---

1 박상균,『도서관학만 아는 사람은 도서관학도 모른다』, 한국디지틀도서관포럼, 2004, 395쪽.
2 "윤익선", 국사편찬위원회 한국사데이터베이스, http://db.history.go.kr(2013. 1. 29).

운동 정신을 기려 1962년에 건국훈장 독립장이 추서되었다. 그러나 일제강점기 말기 그의 친일 행적이 논란이 되어 2010년 서훈이 취소되었다.[3] 일제시기의 친일행적은 정당하게 평가받아야 할 것이나, 여기서는 그가 이 땅에서 도서관을 통하여 이루고자 했던 도서관정신을 조명한다. 그는 암울한 일제강점기에서 학교 교육으로 한계가 있다는 것을 깨닫고 도서관을 통하여 사람들이 스스로 성장할 수 있는 정신적 광장을 마련하고자 했던 것이다.

윤익선이 30대를 보냈던 1900년대는 구한말로, 개화기 우리 민족의 도서관 설립운동이 한일합방으로 그 결실을 보지 못했던 시기이다. 합방과 동시에 일제는 우리 민족의 신문과 잡지를 폐간시키고 총독부 어용 신문과 잡지만 허가하여 민족의 혼을 말살하는 암흑시대를 전개하였다. 또한 일반 서적에 대해서도 가혹한 검열을 행하여 조금이라도 민족정신을 고취하는 것은 압수하고 소각하여버렸다. 특히 일제는 식민지 사람들의 교육 수준이 높아지면 민족적 자각을 불러일으킬 것을 크게 우려하여 교육 시설을 억제하였기 때문에, 조선인의 도서관 설치운동도 그 영향을 받게 되었다. 이와 같은 일본의 식민정책은 오히려 한국인의 민족의식을 고취시키는 결과를 가져오고, 저항운동이 확대되어 1919년 3·1운동이 일어나게 되었다.

이러한 암울한 시대에서 신학문을 배운 유지들 중에서 뜻있는 사람들이 구국(救國)과 구민(救民)이라는 기치를 내걸고 애국적 계

---

3 "윤익선", 위키백과(2013. 1. 29).

몽운동의 일환으로 사립도서관을 설립하고자 하는 도서관운동을 전개하기도 하였다. 그러나 그 당시는 우리 민족의 절대 다수가 문맹이었고, 일본어를 읽고 쓸 수 있는 한국인도 거의 드물었다. 그리고 1920년의 한국어출판물 허가 수는 407건에 불과했기 때문에 도서관 운동뿐만 아니라 출판물을 이용하는 활동이 사실상 어려웠던 시기였다.

이러한 시대 상황에서 감옥살이를 경험한 윤익선은 도서관운동이야말로 우리 민족의 활로임을 깨달은 것으로 보인다. 이는 윤익선이 출옥되었을 때 보도된 기사에서도 잘 나타난다.

독립신문사건의 윤익선 씨 출옥

윤익선 씨는 원기가 매우 왕성하였으며 앞으로는 사회교육에 힘을 쓰겠다고 말했다.

작년 3월 1일 조선독립 선언서가 반포된 후 질풍같이 그 사실을 신문에 보도한 죄로 당시 조선독립신문 사장이었고 전 보성전문학교장을 역임한 바 있는 윤익선 씨는 즉시 체포되어 약 10개월 동안 예심을 거치는 동안 많은 고생을 하였고 금년 2월 27일에 복시법원에서 출판법 위반으로 판결을 받은 다음 복역을 마치고 지난 2일 오전 4시에 만기 출옥하였는데, 씨를 시내 낙원동 자택으로 방문하니 씨는 눈같이 흰 모시 두루마기에 반백이 된 머리털과 온후한 얼굴로 옥중 감상을 말하되 "옥중에 있을 때에도 매우 안온하게 지내었습니다. 아무리 옥중에 있을 지라도 마음속에 항상 부앙천지에 부끄럼이 없다는 생각이었기에 조금도 번민치 아니하였고 옥중에서 한 일은 처음에는 권련갑을 붙이다가 나중에 그물을 떴는데 지금은 그물을 떠도 잘 뜨지요" 하면서 크게 웃다가 다시 "감옥에 처음 들어갔을 때에는 여러 가지 사회의 일에 마음이 끌리어 자연 번민도 있었으나 열 달 동안이나 예심으로 있는 동안에 많은 수양을 하여 깊이 마음속에 깨달은 바가 있는 고로 나의 마음은 더욱 견고하여지고 배운 것이 많습니다. 이때까지는 학교 교육에만 힘을 썼으나 앞으로는 널리 조선 청년을 교육하고자 옥중에서 계획한 일이 많습니다." 하고 힘주어 대답하였다.

—《동아일보》, 1920년 9월 3일

출옥 이후 윤익선은 사회교육의 첫 번째 사업으로 1920년에 경성도서관을 창립하였다. 윤익선은 당시 가회동 1번지 조선귀족회 소관인 취운정에 있는 건물을 당시 귀족회 회장 김윤식으로부터 무상으로 대여받아, 윤익선, 김장환, 윤양구 등의 발기에 의하여 11월 5일에 도서관을 설립하였다. 한국인의 문화운동의 일환으로 설립된 경성도서관이야말로 3·1운동 이후 한국인에 의하여 처음으로 세워진 사립공공도서관인 것이다.[4] 그의 설립 취지서를 살펴보면, 그는 당시의 한국인들이 하루 빨리 구습에서 탈피하여 서구 문명을 알고 새로운 학문과 지식을 배워야 한다고 역설하였음을 알 수 있다.

경성도서관의 운영을 유지하기 위해 윤익선, 김장환, 윤양구 3인

---

4 민영기 외 편, 『鐘路圖書館六十年史』, 서울특별시립종로도서관, 1980, 52쪽.

이 전 재산을 희사하였고, 경성도서관의 후원자로 주식회사 광문사를 총자본금 20만 원으로 설립하여 도서관의 유지·확장을 지원해주기로 하고, 또 이러한 취지에 찬성하는 사람들을 모아 '관우회(館友會)'를 조직하고 찬조금을 받아 운영비에 보태기로 하였다. 이처럼 경성도서관은 단순한 도서관이 아니라 민족운동의 기지로서 설립된 것으로 보인다. 특히, 관우회는 오늘날의 '도서관의 친구들'에 해당하는 조직으로 보인다. 당시의 모습을 신문기사를 통해 자세히 살펴보자.

개관식장인 취운정 당일 인산인해를

이미 본지에 보도된 바 있는 경성도서관 개관식은 27일 오후 1시부터 거행되었다. 교동 골목을 들어가 가회동에 도착하니 과거에는 조용한 산정에 불과하던 취운정에 차일 포장이 바람에 흔들리고, 수천 군중이 식장에 둘러서서 인산인해를 이루고 있는 것이 보였다. 장하다는 생각과 함께 큰 길을 따라 올라가서 식장으로 안내되니 개관사는 이미 지나고 윤익선 씨가 설립사항보고를 하고 있었는데, 금년 10월부터 완전히 설립하기로 결정하여 윤양구 씨에게서 2천 원의 기부를 받고, 천도교 중앙총무부와 윤익선 씨, 그리고 김장환 씨에게서 각각 일천 원 그밖에도 여러 독지가의 기부를 받았다고 한다. 도서는 시내 남미창정에 있던 경성도서관 것을 산 것 외에 기증을 받은 서적도 많아 일만 오천 권가량인데 그중에 중요한 것은 대영백과사전, 의학강목 등 여러 가지 긴요한 신서가 많다고 했다. 그 다음으로 캐나다의 선교사

인 기일(奇一, Gale의 한국식 이름) 목사와 동아일보 논설위원 이
승우 등의 축사가 있었고 역시 동아일보 논설위원 박일병 씨의
답사가 있은 후 주악이 울려 퍼지는 가운데 다과회로 인도되어
산언덕 소나무 밑에서 뜻있는 다과회를 마치고 오후 3시에 산회
를 하였다. 내빈은 300여 명이었고 학생은 수천을 이루었는데 참
석자 중에 '관우(館友)'가 되겠다고 거의 전부가 서명하기에 이르
렀다.

—《매일신보》, 1920년 11월 29일

　위 기사를 보면, 수많은 사람들이 참석하여 함께 기뻐하였으며
너도나도 도서관을 돕는 '도서관 친구'가 되겠다고 자청했음을 알
수 있다. 이처럼 윤익선의 경성도서관은 우리 민족의 희망이자 '민
중의 대학'이었다. 이후 각처에서 기부금이 전달되고, 장서가 증가
하였으며, 이용자가 인산인해를 이루었다. 특히 부인들을 위하여
부인독서실까지 설치한 것은 근대적 도서관을 지향하는 경성도서
관의 면모를 보여주는 대목이다.

　도서관이 없는 도시는 책 한 권 없는 집안과 같아서 가히 그 도
시의 지식 정도를 헤아릴 수 있을 것이다. 모든 제도를 뜯어고치고
온갖 없는 것을 차례로 세울 이때에 처처에서 부르짖는 소리가 무
식한 한탄이고, 책을 얻어 보기가 어렵다 하는 걱정뿐이었다. 이미
일부 사회에서는 경성에 도서관을 세워야 하겠다는 의논이 일어난
지 오래 되었으나 뜻과 같이 이루어지지 못하던 차에 비로소 운양

김윤식 씨, 윤익선 씨, 윤양구 씨 이외 여러 유지의 발기로 시내 재동에 있는 솔빛 푸르고 바람 맑은 취운정에 경성도서관을 새로이 세우니 각처에서 우뢰 같은 찬동으로 도서관 사업은 순조롭게 발전되어 기부금이 5천 3백여 원에 이르렀으며 서책이 3만 5천여 권에 이르렀다. 지식에 굶주린 독서가들에게 새로운 빛과 양식을 주게 된 것은 생각할수록 기쁘고 감사할 일이며, 신문 잡지 또한 동양에서 발행하는 것은 거의 다 수집되었으므로 요사이는 날마다 책을 보러 오는 사람이 훨씬 늘어서 현재의 도서실로는 수용키 어려운 때도 있다 하며 특히 부인을 위하여 조용한 곳을 골라 따로 부인도서실까지 설치하였는데 서책은 대개 동서양 문호의 걸작품과 과학에 관한 것이 많으며 매일 열람 시간은 오전 8시에서 오후 4시까지로 당분간은 열람료는 받지 않고 책을 열람시킨다 하며 혹은 서책으로, 혹은 현금으로 기부가 답지한다 하니 실로 경성에 하나 밖에 없는 일반독서가의 소중하고 어진 스승과 같은 경성도서관의 앞길은 매우 유망하더라.

—《동아일보》, 1921년 2월 25일

한편, 그로부터 1년이 채 되지 않아 이범승이 1921년 9월 10일 탑골공원 옆에 또 하나의 경성도서관을 설립하였다. 그 후 윤익선의 취운정도서관은 분관으로 운영되었고 경성도서관의 본관과 분관은 이 두 사람에 의해 운영되었다. 그 뒤 1924년 4월 12일 윤익선이 만주간도동흥중학교(滿洲間島東興中學校)를 설립하여 이 학교의 교장으로 부임해 감에 따라[5] 분관은 폐지되고 이범승 혼자 힘으로 운영하게 되었다.

그 후 경성도서관은 재정난으로 1926년에 경성부에 인계되어 경성부립종로분관으로 개칭되고 경성부에서 운영하다가 해방 후 오늘의 시립종로도서관으로 이어진다.

윤익선은 암울했던 일제강점기에 우리 민족을 위한 활로를 모색하는 과정에서 도서관운동에 투신하였다. 그가 세운 경성도서관은 이러한 그의 염원이 구현된 것이다. 그가 가혹한 일제 암흑시기에 도서관을 설립하고 수많은 '도서관의 친구들'을 불러 모은 것은 지금도 되새겨보아야 할 부분이다. 그는 학교 교육을 넘어 도서관을 통하여 우리 민족의 각성과 정신적 성장을 꾀하였다. 경성도서관의 '관우회'에 수천 명의 학생이 가입한 것은 지식 탐구에 대한 조선 청년들의 열망이 여실히 표출된 것이다. 윤익선이 품고 키웠던 도서관사상의 씨앗은 그 뒤 이범승에게도 이어졌다. 오늘날 우리 사회에서 사람들 사이에 도서관을 만들고 키워나갈 때 윤익선의 경성도서관 이야기는 여전히 기억될 필요가 있다.

5 "윤익선", 국사편찬위원회 한국사데이터베이스, http://db.history.go.kr(2013. 1. 29).

이범승

李範昇

"빼앗긴 들에도 봄은 오는가"라고 이상화 시인은 울분을 토하였지만, 일제강점기에 한국인을 위한 도서관을 만들었던 일은 이 땅에 진정한 봄이 오도록 하는 작업이었다.

이범승(1887~1976). 그는 1921년에 32세의 열혈 청년으로서 경성 종로 파고다공원 옆에 경성도서관을 설립하였다. 법학도였던 그가 이처럼 도서관을 설립하게 된 이유는 일제 통치에 대한 울분을 달래고 조선 민중의 계몽과 고국의 문명화를 위해서였다. 그는 1921년 9월 10일에 조선총독부로부터 종로 파고다공원 부지 531평과 동 지상건물인 구한국 양악대가 사용했던 한식와가와 양악대 숙소 등을 무상으로 대여하여 도서관을 설립하였다.[1]

이범승이 설립한 경성도서관은 일제 치하라는 어려운 상황에서도 제대로 운영된 근대적 도서관이었다. 규모는 작지만 열람실, 서고, 출납실, 신문잡지실, 휴게실 등을 갖춘 것은 물론이고, 따로 아동열람실이 마련되어 있었으며 빈민아동을 위한 초등교육이 실시되었다. 또한 과학실험, 소년구락부, 동화회, 부인강좌 등의 프로그램도 운영되었다. 가히 오늘날 공공도서관의 프로그램에 견주어도 뒤지지 않는다고 하겠다. 또한 학교교육을 받지 못한 어린이와 여성을 배려하는 교육활동까지 전개한 것은 더욱 놀라운 일이다.

이범승은 1887년에 충청남도 연기군의 만석 갑부 이기하의 외동아들로 태어나 일본 제8고등학교를 거쳐 1917년에 일본 교토제국대학 독법과(獨法科)를 졸업하였다. 그는 영어, 독일어, 라틴어, 일어 등 여러 외국어를 유창하게 구사할 수 있는 엘리트였으므로, 서구 문물과 선진 지식을 깊이 이해하면서 식민지 조선의 현실을 통탄하고 그 타개책으로 근대적 의미의 도서관에 주목하게 된 것은 당연한 결과라고 하겠다. 이어 그는 동 대학 대학원에서 장학금으로 법제사와 조선법제사를 연구하였으며, 졸업 후 약 2년간 남만주

---

1 박상균, 『도서관학만 아는 사람은 도서관학도 모른다』, 한국디지틀도서관포럼, 2004, 406쪽.

철도주식회사에서 근무하였다.

사회를 위하여 큰 뜻을 품은 이범승은 퇴사 후 1921년에 경성도서관을 창립하여 5년간 경영하였다. 그 기간 동안 그는 또한 보성전문학교 강사를 지내기도 하고 경성부 학교 평의원에 당선되기도 하였다. 그 뒤 운영난에 처한 경성도서관을 구하고자 백방으로 노력하였으나 끝내 1926년에 경성도서관을 경성부(京城府)에 양도하였다.

이후 조선총독부 식산국 농무과에서 근무하기 시작하여 황해도 산업과장, 양주경찰서장 등 여러 관직을 거쳤는데, 이 같은 행적으로 인해 2002년 발표된 친일파 708인 명단의 조선총독부 사무관 부문과 2009년에 발간된 민족문제연구소의 친일인명사전 수록자 명단의 관료 부문에 포함되었다. 광복 후 이범승은 미군정하에서 서울시장(당시 한성시장)으로 취임하였다. 이후 국회의원을 역임하는 등 정치활동에 참가하다가 1976년에 타계하였다.

이처럼 그는 행정가로도 정치인으로도 성공한 지사였다. 정규 도서관학을 배우지 않은 그였지만, 자신의 학문적 식견과 시대적 사명감을 가지고 공공도서관을 통한 사회발전에 일찍이 주목하고 도서관운동을 실천하였다. 여기서 우리는 도서관에 대해서는 캄캄한 밤의 황무지와도 같았던 조국에서 30대 초반의 청년이 이룩한 거사의 경위를 좀더 살펴볼 필요가 있다.

이범승은 1919년 4월 29일에 매일신보사 아베 노부유키 사장에게 식민지 조선 한국에 도서관을 설립하는 것이 긴요함을 주장하는 장문의 편지를 보냈다. 이듬해 일본에서 거행될 예정인 대한제국 마지막 황태자(영친왕 이은)의 결혼식 기념으로 도서관을 세워 줄 것을 과감히 요청하였던 것이다. 조국의 왕통(王統)이 일제의 상징 밑으로 들어가는 것을 보면서, 일제를 향하여 조선 땅에 '민중의 대학'을 설립하자고 주장한 것은 식민지시대의 지식인으로서 할 수 있는 애국계몽사상의 실천 중 효과적인 전략이라고 하겠다. 그의 편지 내용은 1919년 5월 17일부터 23일까지 일주일에 걸쳐 「도서관 설립 희망」이라는 제목으로 연재되었다. 그의 편지 내용 중 일부를 간추려본다.

〈제1신〉

봄의 노곤한 졸음에서 아직 깨어나지 못하고 있는 일천칠백만의 조선 사람도 이제야 허둥지둥 곤한 꿈에서 정신을 차리고 있는 중입니다. (중략) 스스로 깨닫는 길은 지식에서 얻게 되고 지식은 책, 학교, 신문 등에서 얻게 되는 것인데 우리 조선의 사정은 아주 적은 학교교육에만 의존하고 있을 수만은 없습니다. 도서관을 개설하여 신교육을 받지 못한 자는 물론 신교육을 받은 자에게도 더욱 활발히 신지식을 매개할 필요가 있습니다. 그러나 어디를 가나 도서관이 없습니다. 경성을 위시하여 각 도는 물론 각 군에 순회문고라도 두어 일반적 지식을 보급하게 하여 눈을 뜨게 해야 하겠습니다. (하략)

〈제2신〉

지식개발에 있어서 학교와 도서관이 서로 도와주어야 그 성과를 거둘 수 있을 것입니다. 지금 조선에서는 학교만으로는 아직 불완전하여 도서관교육으로써 이를 보충할 필요가 있습니다. (중략) 도서관에 있어서는 등관자(登館者)에 대하여 수용 연한이 없고 노유남녀(老幼男女)의 구별이 없으며 또 개인의 힘으로 도저히 수집하기 불가능한 내외고금의 도서를 비치하여 등관자로 하여금 널리 석학대가(碩學大家)의 학설에 접하고 각국의 문물과 고금 영웅의 공적을 알고 혹은 현철(賢哲)의 사적(事蹟)을 찾음으로써 정신을 수양하여 견문과 학식을 넓히고 인품을 고상하게 하며 세상 형편의 추세를 알고, 시류의 변화를 깨닫게 합니다.

도서관의 역할과 운영에 대한 자세한 내용을 담고 있는 이 편지는 한국 도서관사에 또 하나의 경성도서관을 기록하게 하는 역사적 계기가 되었다. 편지로 조선총독부를 움직여 2년 뒤 경성도서관의 설립이라는 쾌거를 이룬 것이다. 그런데 이범승이 경성도서관을 설립하기 한 해 전인 1920년에 윤익선이 종로구 가회동 소재 취운정에 경성도서관을 설립하였다. 그러므로 이범승의 도서관은 또하나의 경성도서관이다. 이러한 역사적 사업에 대해 당시《동아일보》,《매일신보》등 언론은 모두 칭송하는 기사를 실었다. 서울에는 몇 개의 전문학교들이 있었으나 부설도서관이 보잘것없었기에, 윤익선과 이범승의 도서관은 괄목한 만한 것이었다. 설립 당시의 경위를 이범승은 1922년에 쓴 「경성도서관과 나」라는 글에서 다음과 같이 설명하고 있다.

내가 도서관을 경영한 것은 작년 9월 9일, 대정십년(大正十年) 중양일(重陽日)이다. (중략) 이 경성도서관(京城圖書館)이라고 하는 명칭은 산구정(山口精)씨가 경성부 남미창정(南米倉町)에서 경영할 때에 붙인 이름인데 재정곤란으로 작년에 매각한 것을 경성의 유지 등이 매수하여 재동(齋洞)에 있는 취운정(翠雲亭)이라고 하는 귀족회 소속의 사정(射亭)을 빌려 수천 원을 투입하고 가옥을 수리하여 기구 등도 새로이 구입하고 서적 등은 기부 혹은 장서를 득(得)하여 면목일신한 후 고 김윤식(金允植) 씨가 관장으로, 윤익선(尹益善) 씨가 주간이 되어 경영하여 상당한 성적을 올리었으나 경영곤란의 곤경에 처하게 되었을 무렵 마침 내가 새로 도서관을 지금의 본관 즉 파고다공원의 서린(西隣)에 있는 구양악대(舊洋樂隊)의 건물을 비서과장 수옥(守屋)씨의 진력으로 총독부로부터 무료로 빌려 받아 설립하기에 이르자 상의 결과 서로 합의를 보고 파고다공원의 신관을 본관으로 취운정의 구관을 분관으로 하여 경성도서관이 크게 확장되어 전보다 매우 도서관다운 형체를 구비, 용산(龍山)의 만철도서관(滿鐵圖書館)을 제(除)하고는 경성의 유일 도서관으로 일반시민에게 불충분하나마 그 요구에 응하면서 금일에 이른 것이지만 도서관의 임무를 수행하기에는 아직도 전도요원의 일이라고 생각된다.[2]

이 무렵, 윤익선의 취운정 경성도서관은 운영난을 겪게 되어 두

---

2 이범승, 「도서관과 나」, 《경성휘보》 제11호, 1922. 10. 1, 47-48쪽.

사람은 합의하여 취운정의 도서관을 이범승에게 인계하기로 하였다. 그리하여 이범승은 자신의 경성도서관을 본관으로 정하고 취운정 도서관을 분관으로 하여 도서관을 운영하였다. 이후 윤익선이 만주로 옮겨가면서 취운정의 분관은 문을 닫고 그곳의 도서는 종로의 본관으로 이관되었고, 이범승은 단독으로 경성도서관을 운영하게 되었다.

전술한 바와 같이 이범승은 사회교육과 맥을 같이하여 도서관을 경영하였다. 이는 그가 조선 사회의 대중, 특히 아동이나 부녀자 같은 약자의 편에 서서 그들의 지식욕을 채워주고자 했기 때문이다. 이홍구가 '경성도서관약사'[3]에서 당시의 기록을 통해 그 내용을 소개하고 있다.

이범승은 경성도서관 안에 아동열람실을 따로 마련하였으며, 배우지 못한 30명의 빈민아동을 모아 2년제 과정으로 일어, 국어, 산술 등을 비롯한 초등교육 프로그램을 진행하였다. 또한 표본, 괘도, 화학 기구를 비치하고 어린이들에게 지식을 길러주기 위하여 담화 또는 실험을 하였다.

야간에는 조선여자청년회에 아동실을 무료로 대여하여 서로 제휴하고 학교를 다니지 못한 부인들에게 신교육을 실시하였으며 매 토요일 밤에는 부인강좌를 설치하여 부인들에게 적합한 학술·위생·가사 등 강좌를 실시하였다. 동시에 가사·위생 등 필요한 유인물을 만들어 무료로 배부하고 월 1회 이상 환등·활동사진회 및

---

3 이홍구, 「경성도서관약사」, 《도협월보》 제5권 제4호, 1964. 5, 149쪽.

레코드 콘서트를 개최하여 위안을 제공하며 일반 부인의 지적 향상을 도모하였다.

이 밖에도 하계 순회 영화대회, 관계 사회단체와 제휴하여 부인 견학단의 조직, 소년구락부의 설치 등 각종문화사업을 많이 수행하였다. 또한 주말 밤에는 5세 이상 보통학교 학생들을 대상으로 방정환, 정홍교 등을 초청하여 동화회를 개최하였다. 이처럼 이범승의 경성도서관은 공익사업을 통해 사회에 기여한 공이 매우 높았던, 그야말로 '시민의 보배'이자 사회적 약자를 위한 학교였던 셈이다. 이러한 경성도서관에 대한 사회 각계각층의 관심과 지원도 계속되었다. 조선도서주식회사가 200여 종의 서적을 기부하였고, 독일 유학생들이 돈을 모아 독일의 고전, 문학, 철학전집류 등 300여 권을 기증하였으며 미국 한인교회에서 도서를 기증하는 등 경성도서관에 대한 조선인의 애정은 지대하였다.

그러나 도서관 사업은 본질적으로 돈이 들어가되 수익은 원칙적으로 있을 수 없으며, 활동이 증가할수록 재정 압박을 받게 되는 일이다. 이범승이 온 정열과 사재를 바쳐 운영하던 경성도서관도 결국 은행부채 문제를 비롯한 운영난을 해결하지 못해, 민족 언론과 조선청년학생들의 뜨거운 호소에도 불구하고 1926년에 경성부로 그 운영권이 넘어가게 되었으며, 그 명칭도 경성부립도서관 종로분관으로 개칭되었다. 같은 해 3월 6일자 동아일보는 「조선인을 떠나는 경성도서관」이라는 제목으로 이 사실을 대서특필하면서 경성도서관이 일제의 손으로 넘어가는 것을 안타깝게 여기었다. 그 내용을 요약하면 아래와 같다.

조선 유일의 지식고(知識庫) 5년 적공(積功)이 이제 수포로 돌아갔다. 조선은 이것 하나 가질 팔자가 못 되는가. 조선인 중에 경영자가 나서야 한다. 경성도서관이 그동안 천신만고를 거듭하여 오다가 일본인들의 북진정책이 점점 조선인들의 덜미를 잡는 오늘날 돌연히 그 도서관의 경영이 경성부로 아니 넘어갈 수 없게 된 바, 그 사정과 경위를 조사하여야 한다. (하략)[4]

당시 경성도서관에는 13,063권의 각종 서적이 있었으며, 그중에 자전류가 완비되어 있었다. 13,000여 권의 책값은 23,950원이었으며, 건물, 집기 등의 가격이 33,377원에 달했다. 그런데 당시 이것을 경영하자면 그 부채에 대한 은행의 이자를 제외하고도 최소 9,000원의 경비가 소요되었다.[5]

당시 도서관 직원은 일본인이 대부분이고 조선인은 불과 한두 명에 지나지 않았으며 그것마저도 임시직이 고작이었다. 그러한 중에서도 부립 종로도서관만은 비록 경성부에서 관리, 운영하기는 했지만 단지 황국 신민화를 위한 봉사활동으로 도서관임무를 대치하면서 겨우 유지되어왔던 당시의 공·사립도서관에 비하여 볼 때, 한국인 직원으로만 구성되어 경영을 이어온 것은 높이 평가할 만한 일이다. 타 도서관에 없는 희귀한 자료도 수집하였는데, 예를 들면 1920년대의 신문, 해방 이전의 도서, 고서 등이다.

4 박상균, 앞의 책, 420쪽.
5 박상균, 위의 책, 421쪽.

세월이 흘러 이범승은 해방 후 초대 서울시장이 되었다. 그는 취임하자마자 먼저 서울시립도서관 설치 조례의 제정을 추진하여 그 예전의 도서관을 '서울시립종로도서관'으로 승격시켰다. 이 도서관은 1947년 9월 18일에 서울특별시의 승격과 동시에 '서울특별시립 종로도서관'으로 개칭되었다. 1963년 7월에는 시설의 일부를 개수하여 서고 10평과 열람실 좌석 48석을 확보하기에 이르렀다. 1967년에는 서울시의 도시계획사업으로 유서 깊은 파고다공원에서 철거를 당하게 되었는데, 살아 있는 문화재 시립종로도서관이 문을 닫는다는 소식이 전해진 7월 18일 도서관을 찾은 300여 남녀학생 열람자들은 이동 계획 없는 종로도서관의 철거를 반대한다고 결의하고, 한 시민이 세운 문화재유산을 시 당국이 보존하지 못할 경우 각자의 점심 값을 아껴 도서관 건립 기금을 모으기로 하였다.[6]

언론사를 비롯하여 이용자들의 끊임없는 성원과 도서관 수호운동의 결실로 1968년 5월 말일까지 휴관하기로 결정한 후 성북구 종암동에 있는 서울시 자재창고 한쪽에 도서 및 비품을 임시 이전하게 되었으며, 각계의 성원으로 인하여 마침내 철거 1년 후인 1968년 8월 20일에 현재 사직공원 위치에 현대식으로 신축된 아담한 도서관을 개관하였다. 1971년에는 이범승의 업적을 기려 도서관 앞뜰에 그의 흉상이 세워졌으나, 흉상 제막식에 그는 나타나지 않았다.

질곡의 한국 근현대 역사에서 이범승은 선각의 지식인으로서 공

---

6 《중앙일보》, 1967. 7. 18; 민영기 외 편, 『鐘路圖書館六十年史』, 종로도서관, 1980, 222쪽에서 재인용.

서울특별시립종로도서관 앞마당에 서 있는 이범승 흉상

공도서관의 운영을 통하여 한국사회의 계몽과 민주화를 도모하였다. 오늘날 우리 사회에서 공공도서관이 사회발전에 필수적인 기관으로 아직도 굳건히 자리 잡지 못한 현실을 생각해볼 때, 오늘날에도 그의 도서관사상은 반추될 필요가 있다.

박봉석

朴奉石

우리나라 사서와 문헌정보학도에게 무한한 자부심을 줄 만한 인물이라면 단연 박봉석(1905~?)을 꼽을 수 있다. 그는 오늘날의 한국 도서관과 문헌정보학이 존재하게 된 기반을 구축한 인물이다. 박봉석은 '한국 도서관의 아버지', '한국 도서관학의 개척자', '한국 도서관계의 선구자', '한국의 멜빌 듀이', '한국 도서관계의 대들보' 등으로 불린다. 필자는 여기에다 '한국 도서관의 토대를 구축한 건국 영웅', '한국 도서관계의 팔방미인', '도서관혼으로 1인 10역을 해낸 초인', '사서정신을 보여준 한국 도서관운동가', '민족의 정신과 기록을 수호한 도서관사상가' 등의 별명을 추가하고 싶다.

박봉석에 대해서는 이미 여러 지면에서 소개되기도 하였으나 아직도 우리나라 전체 국민은 물론이고, 도서관계와 문헌정보학계에도 박봉석을 잘 알지 못하는 사람이 많은 것 같다. 다행히 2003년에 한국도서관협회의 노력과 문화부의 추천을 통해 도서관인으로서는 처음으로 은관문화훈장이 박봉석에게 수여되었다. 앞으로도 많은 사람이 박봉석을 기억하고 알리는 글을 쓰면서 그를 기념하는 사업을 펼칠 필요가 있다.

박봉석은 일제강점기 동안 성장하고 도서관에 몸담았으며 민족의식을 가슴에 품은 채 도서관일을 하고 도서 분류표를 연구하였다. 해방 후 일본인이 물러난 조선총독부도서관을 접수하였고 우리나라 도서관인을 규합하였으며 해방 정국의 혼란스러운 상황에도 문헌을 수호하고 미군정의 부당한 요구를 거부하는 기개를 보였다. 또한 그는 한국 도서관계의 기반을 구축하기 위해 도서관협회를 결성하고 사서를 양성하기 위해 도서관학교를 열었으며, 우리나라 어린이들에게 도서관이 무엇인가를 알리고자 하였다. 박봉석은 이 땅의 도서관을 위하여 초인처럼 열정적으로 일하는 한편, 분류, 편목, 서지학, 불교, 국사 등 여러 분야를 맹렬히 연구하여 후대에 기록될 만한 뚜렷한 결과물을 생산하였다.

이처럼 박봉석은 도저히 한 사람이 했다고는 믿어지지 않는 수

많은 활동을 하였으며 한국 도서관계에 뚜렷한 업적을 남겼다. 그는 책을 사랑한 독서인이면서도 사람을 좋아한 도서관인이었다. 그렇다면 그의 외모는 어떤가? 그는 샌님형의 도서관인이 아니라 기골이 장대한 호인이고 축구를 좋아하는 쾌남이었다. 그는 활동적이고 사교적이었으며, 사람들의 마음을 움직일 수 있었던 따뜻한 지도자였다.

박봉석은 1905년 8월 22일에 경남 밀양에서 태어났다. 호는 용재(榕齋)이며 필명은 재약산인(載藥山人)이다. 그의 성장과 진학 과정에 대해서는 몇 가지 의견이 존재하는데, 다양한 의견 속에서도 '생장 과정이 한마디로 불투명하다'는 공통적인 결론을 도출하고 있다. 강사 위촉 시 제출한 이력서에 적혀 있는 것을 바탕으로 '1916년 12세에 밀양공립보통학교(밀양초등학교 전신)에 입학하여, 17세인 1921년 3월 밀양공립보통학교를 졸업하였다'는 의견, 중앙고등보통학교 학적부에 입학 전의 학력을 기술한 내용 중 '1921년 3월 22일 통도사학림 제4학년 졸업하였는데, 아마도 당시 불교계의 학제에 따라 사미과(沙彌科), 초등과(四集科), 중등과(四敎科)를 수료하였을 것'이라는 의견, 장남인 박기홍의 회고 중 '저의 아버지는 일찍이 한적한 고을에 태어나 어려서 서당에 다니시다가 12세 되던 해 스스로 느낀 바 있어 40리나 되는 산길을 넘어 표충사에 내왕하면서 스님에게 글을 배웠으며, 18세 되던 해 스님의 경제적인 주선으로 경성부 중앙고등보통학교에 입학하였다'[1]는 의견이

---

1 오동근 편, 『도서관인 박봉석의 생애와 사상』, 태일사, 2000, 31쪽.

불교전문학교 시절의 박봉석(오른쪽 첫 번째)

존재한다.

박봉석은 1927년 3월 중앙고등보통학교를 졸업한 뒤 곧 고향 밀양의 표충공립보통학교에서 약 1년간 교편을 잡았다가 사임하고, 1925년 5월에 불교계의 고등교육기관인 중앙불교전문학교(지금의 동국대학교)에 입학하였고 재학 중 결혼을 하였으며 아내의 정성 어린 내조에 힘입어 1931년 3월 동교 본과의 제1회 졸업생으로 어려운 학업을 마쳤다. 불교학은 물론 사학·문학 등에 깊은 관심을 가졌던 박봉석은 재학 중 어려운 살림에서도 책을 많이 사서 읽었으며 운동도 좋아하여 축구시합에도 선수로서 여러 번 출전하였다.[2] 졸업하는 해에 그는 뜻한 바 있어 조선총독부도서관(지금의 국

2 오동근 편, 위의 책, 86쪽.

립중앙도서관)에 취직하여 도서관인의 삶을 시작하였다.

박봉석이 도서관에 입사할 때는 고원(雇員, 고용원)의 신분이었던 것으로 추측된다. 그러나 그는 용맹스러운 직업 정신과 밤낮으로 연구하는 자세를 지녔기에 초고속 승진을 하게 된다. 또한 박봉석은 현장에 대한 업무적 측면만이 아니라 학문에 대한 열정도 넘치어 어떤 짧은 기간의 강습회라도 기회가 닿는 대로 수강하였고, 사서검정시험에 관한 법령이 1936년 공포되자마자 발간되었던 도서관학에 관련된 도서, 정간서를 모두 탐독하였다. 박봉석은 도서관에 들어간 지 8년 만인 1939년에 사서검정시험에 합격하였는데, 이 시험은 다양한 과목(국민도덕요령, 국어, 한문, 국사, 도서관관리법, 도서목록법, 도서분류법, 사회교육개론, 외국어)의 필기시험뿐만 아니라 실기시험을 동시에 치르며 두 시험에 모두 합격해야만 사서자격이 주어졌다.[3] 우리나라가 광복이 될 때까지 한국인으로서 이 시험에 합격한 사람은 박봉석과 최장수(崔長秀) 두 사람뿐이었다.

그런데 박봉석은 이미 그 이전부터 도서관학을 열심히 연구하여 그 능력을 인정받고 있었다. 1940년을 전후하여 개성에 중경문고(中京文庫)라는 새 도서관이 설립되었는데, 박봉석은 이 도서관의 개관 준비업무를 의뢰받자 당시로서는 신분상 위험이 따르는 일임에도 불구하고 우리나라를 중심으로 한 분류표를 새로이 편찬하고 이것으로 장서를 완전하게 정리하여 개관을 하였다.[4] 이 당시

3 오동근 편, 위의 책, 87쪽.
4 박상균, 『도서관학만 아는 사람은 도서관학도 모른다』, 한국디지틀도서관포럼,

1948년 도서관강습회 당시의 박봉석(오른쪽 두 번째)

그는 도서관에서 서열 10위에 올랐으며, 다시 2년 뒤인 1942년에는 80여 명의 직원 중 관장, 부관장 다음으로 서열 3위에 오르게 되었다. 당시의 박봉석에 대해 장남 박기홍은 다음과 같이 기억한다.

> 아버님께서는 조선총독부도서관 사서로 취임되는 한편, 다음 날 저를 첫 아들로 얻게 되어 무척 기뻐하셨다고 합니다. 이후 아버님께서는 평생을 국립도서관에 헌신할 결심으로 모진 왜정하에서도 도서관업무 전반에 대한 지식을 습득 연마하는 한편 후일을 기하

2004, 433쪽.

는 의미에서 관내도서는 물론 국내에 흩어진 각종 문헌을 모아 이를 정리보존하기에 여념이 없었다 합니다. 일숙직을 하시는 날이면 어머님이 해주신 삼식(三食) 도시락을 싸들고 제가 총총걸음으로 아버님을 찾아 가노라면 언제나 큼직한 책상 위에 많은 책들을 쌓아 놓고 업무에 바쁘셨던 것으로 기억합니다. 그리고 일본의 패전을 앞두고 공습이 잦던 어느 날 오밤중에 경보싸이렌이 불자 주무시다 말고 저희들을 마루 밑 방공호에 대피시킨 후 도보로 직장에 달려가시던 일 등으로 미루어 보아 도서관 업무에 얼마만한 정열을 기울였던가를 가히 짐작하겠습니다.[5]

사서로서 박봉석의 진가는 광복 후에 더욱 발휘된다. 일본인이 물러가는 해방된 조국에서 그가 한 일은 무엇이었을까? 바로 조선총독부도서관을 접수하여 새 나라의 국립도서관을 열고 소장 도서를 안전하게 보호하여 혼란된 정국에서도 각종 문헌을 수집하는 일이었다. 이 모든 활동은 그가 '준비된' 도서관인이고 또한 '진정한' 도서관인임을 보여주는 대목이다. 그가 만약 수동적인 사서였다면, 상부의 지시가 떨어질 때까지 기다렸을 것이다. 그러나 그는 사서로서 스스로 일을 찾아 나섰으며, 해방 당시의 기쁨과 혼란의 와중에서도 자신의 본분이 무엇인가를 잊지 않았다.

1945년 8월 16일 도서관에 출근한 한국인 직원들은 박봉석을 중심으로 도서관을 접수할 것을 결의하였다. 다음 날 박봉석은 '도서

5 박기홍, 「아버님을 사모하면서」, 《도협월보》 1960. 11, 31-32쪽; 오동근 편, 앞의 책, 96쪽에서 재인용.

관수호문헌수집위원회'를 조직하여 위원장이 되었으며, 일본인 손에서 서고의 열쇠를 넘겨받은 후 모든 장서를 접수하였고 일본인들이 귀중본을 빼가는 등 혹시 있을지도 모를 도난이나 훼손으로부터 장서를 보호하기 위해 한국인 직원들과 함께 불침번을 서가며 장서를 수호할 것을 결의하였다.[6] 동년 9월 1일 건국준비위원회는 박봉석 위원장을 문화시설전문위원으로 위촉하고 총독부도서관과 철도도서관을 책임지고 수호할 것을 요청하였다. 동년 10월 15일에 국립도서관은 역사적인 개관을 하였다.

한편, 박봉석은 시내 도서관을 돌면서 도서관인들의 협동과 단결을 촉구하고 도서관협회를 결성할 것을 합의하였다. 이러한 박봉석의 헌신적인 노력을 바탕으로 1945년 9월 도서관인들은 조선사회교육의 체계를 확립하고 귀중한 문헌을 확보하기 위하여 전국도서관대회(全國圖書館大會)를 개최하였다. 여기에는 각지 30여 개 단체가 참가하였는데 이 자리에서 조선도서관협회를 결성하고 박봉석을 위원장으로 선출하였다.[7] 이후 조선도서관협회의 제1회 총회가 1947년 4월 21일에 개최되었다.

진정한 사서로서 박봉석의 면모를 보여주는 대목이 또 있다. 당시 그는 '문헌수집대'라는 명칭의 조직을 결성하고 부하 직원 박희영에게 수서과장의 직책을 맡기면서 이 조직을 이끌도록 하였다. 문헌수집대는 완장을 두르고 거리로 나가 등사판 또는 활판으로 인쇄되어 뿌려지거나 판매되는 모든 인쇄물을 수집하는 데 전력을

---

6 고인철 외, 『위대한 도서관 사상가들』, 한울, 2005, 16쪽.
7 《매일신보》, 1945년 9월 24일.

다하였으며, 이렇게 모은 자료를 그 뒤 '해방1주년 전시회'에서 전시하였다. 또한 그는 1947년에 문교부 편수국과 합의하여 국민학교 교과서에 도서관에 관한 내용을 넣기로 하고 박희영에게 글을 쓰라고 지시하였다. 이렇게 도서관의 미래까지 생각하는 박봉석의 남다른 노력으로, 당시 국민학교 6학년 2학기 국어교과서에 '도서관(제17과)'이라는 부분이 수록되었다.

이렇듯 교육적 측면을 중시한 것은 비단 어린이들을 대상으로 한 것에 국한되지 않았다. 해방을 맞이한 직후 모든 현장에서 그러하듯, 도서관계에서도 인재의 양성이라는 측면이 문제로 대두되었는데, 그는 이재욱 관장과 협의하여 도서관학교 설립의 필요성을 공감하였고 1946년 도서관학교 1기 입학생을 모집하는 공고를 게시하였다. 이후 3월 19일에 미 군정 당국으로부터 정식인가를 받았고, 4월 1일 사서양성교육기관인 조선도서관학교(후에 국립도서관학교로 개칭)를 개교하였다. 이러한 교육기관의 설립뿐만 아니라 박봉석이 속한 국립도서관 주관으로 강습회를 개최하여 많은 시간 '분류', '목록', '도서관학개론과 철학'을 강의하였고, 1946년 동국대학의 강사로 취임하여 문화과의 도서학을 강의하며 교육자의 역할도 충실히 수행하였다.

또한 박봉석은 국내의 서지학자들과 논의하여 조선서지학회를 창설하였으며, 조선도서관학교라는 교명으로 국내 최초로 근대적 차원의 사서양성기관을 설립하였다. 나아가 자신의 오랜 연구를 바탕으로 조선십진분류표(KDCP)와 조선동서편목규칙을 편찬하였다.

박봉석은 한국 전쟁의 전운이 짙은 1950년 7월에 인민군에 의해 납북되어 이후 소식이 막연하다. 피난길에 오르지 않고 장서와 도서관을 지키기 위해 국립도서관으로 출근했던 그는 끝내 가족과 도서관을 뒤로한 채 생이별을 하였다.

박봉석의 업적을 대변할 수 있는 편찬 작업은 바로 「조선공공도서관 도서분류표(私案)」의 발표, 「조선십진분류표(KDCP)」의 편찬과 『조선동서편목규칙』의 편찬이라 할 수 있다.

먼저 편찬 활동의 선두 생산작인 「조선공공도서관 도서분류표(私案)」(1940)에 대해 살펴보자. 이는 앞서 언급한 중경문고라는 새 도서관 설립에 대한 개관 준비업무를 의뢰받으면서 그 필요성이 대두되었는데, 당시 중경문고는 고서만 해도 1만 책이 넘는 도서관이었기 때문에 기존의 일본 분류표는 적합하지 않았다. 따라서 시대적 여건상으로 신분의 위험이 따르는 문제였음에도 불구하고 박봉석은 우리나라를 중심으로 한 분류표를 편찬하여 중경문고 장서를 정리하였다. 물론 이는 분류법이 아닌 분류표라는 점과 조선을 일본 다음에 두었다는 한계가 있다. 그러나 실제 위에 제시된 표를 살펴보면 "역시 박봉석이 아니면 할 수 없는 일이었다."라는 생각이 들 정도로 대범하고 치밀하면서도 민족의식이 녹아 있는 작업임을 알 수 있다.

위 표에서 알 수 있듯이, 「조선총독부도서관 도서분류표」는 일본과 외국, 혹은 일본과 동·서양으로 나누어 접근한 반면 「조선공공도서관 도서분류표」는 일본과 조선을 대등하게 분리하여 제시하였다는 점에서 그 의의를 찾을 수 있다. 즉 민족적 제 위치를 찾고자 하는 마음이 도서분류표에 녹아 있는 것이다.

조선총독부도서관 도서분류표	조선공공도서관 도서분류표

제1문 철학 · 종교
  1-54 신화
  1-55 일본신화
  1-56 외국신화
	ア 철학
	  イ 16 종교사 · 사정(事情)
	  イ 17 일본
	  イ 18 조선
	  イ 19 외국

제3문 법률 · 정치
  3-02 법제사
  A 일본
  B 동양
  C 서양
	セ 법률
	  セ 20 법제
	  セ 21 일본고대법제
	  セ 25 조선고대법제
	  セ 27 동양고대법제
	  セ 28 서양고대법제

제6문 역사 · 지리
  6-20 역사(일본)
  6-40 동양사
  6-50 서양사
	ケ 역사
	  ケ 10 역사
	  ケ 16 세계사
	  ケ 20 일본사
	  ケ 70 조선사

조선총독부도서관 도서분류표와 조선공공도서관 도서분류표 비교[8]

8 오동근 편, 『도서관인 박봉석의 생애와 사상』, 태일사, 2000, 42쪽.

다음, 「조선십진분류표(KDCP)」(1947)를 더 자세히 살펴보면 이재욱이 이를 빗대어 "암야(暗夜)의 태양, 사막의 녹지(綠地)"[9]라 표현한 것이 얼마나 적절하였는지를 알 수 있다. 「조선십진분류표」는 해방 이전의 일본을 중심으로 두어 우리 실정에는 맞지 않는 「조선총독부도서관 도서분류표」를 그대로 사용할 수 없다는 문제점과 전국통일분류표를 위한 초석의 필요성에 의해 작성된 것이다. 그렇기에 「조선공공도서관 도서분류표(私案)」가 일본·조선의 공통전개인 반면 「조선십진분류표」는 우리나라 위주의 전개를 택하고 있다. 또한 과학적 분류를 중시하고 실무적 분류를 고려했다는 측면에서 높이 평가받고 있다. 그러나 무엇보다 중요한 의의는 우리나라 최초의 독자적인 분류표라는 것이다. 하지만 DDC의 도입, 한국도서관협회의 「한국십진분류표」 제정으로 말미암아 그 활용이 현재는 극히 미비하다. 이는 박봉석의 납북으로 인해 추가 작업이 이루어지지 않아 일어난 현상이라 할 수 있다. 그러나 현재 사용되지 않는다고 해서 그 가치가 절감될 수는 없는 것이다.

마지막으로 『조선동서편목규칙』(1948)의 편찬을 살펴보면, 해방 후 박봉석은 우리 도서관계의 실정에 맞는 목록규칙의 필요성을 느껴 미국의 기술적 장점을 최대한으로 섭취하는 동시에 독일의 과학적 원리를 가급적 살려서 우리나라의 실정 및 정신에 적합한 목록법을 편찬하였다.[10] 이 규칙 또한 저자기본기입원칙을 채택하지 않고 서명기본기입원칙을 채택하였다는 측면에서 문제가 있지

---

9 원종린, 앞의 글, 1쪽.
10 박상균, 앞의 책, 456쪽.

만 그러한 문제점이나 현재 사용하지 않고 있다는 한계보다는 치밀한 편찬과 규칙의 다양함으로 인한 장점이나 의의가 훨씬 더 크다고 할 수 있다.

이처럼 박봉석은 불굴의 노력으로 한국적인 분류표와 편목규칙을 개발하여 저변을 강화하고자 하였다. 또한 분류와 목록 두 영역을 아우를 수 있는 원칙을 짧은 시간의 응축된 노력으로 만들어내었다는 점에서 그의 업적은 높게 평가되어야 한다. 그러나 1950년 납북으로 인해 그의 역작들이 후배들의 후속작업으로 더욱 발전할 수 없었던 것은 매우 안타까운 일이다. DDC의 1876년 초판이 서문 12면, 총표 12면, 색인 등 18면 등으로 총 42면[11]에 불과하였지만 현재까지 수많은 개정작업을 거친 것과 비교한다면 더욱 그러하다.

박봉석은 국내외의 어느 도서관사상가와 비교하여도 뒤지지 않을 만큼 민족의식과 직업적 소명의식을 가지고 치열하게 살았던 사서이자 학자였다. 앞으로도 박봉석에 대해 문헌정보학계와 도서관계는 물론 우리 사회와 정부가 계속적으로 조명하고 업적을 제대로 평가할 필요가 있다. 만약 누군가가 "문헌정보학에도 사상이 있느냐? 도서관에서 대단하다고 말할 만한 일이 있느냐?"고 경박스럽게 묻는다면, 우리나라 사서와 문헌정보학도는 박봉석에 대해 이야기할 수 있다. 그리고 한국인들은 박봉석을 가슴과 뇌리속에 간직하도록 하자. 오늘날 우리가 누리는 많은 것을 발전시키

11 DDC 16판, p.31; 오동근 편, 『도서관인 박봉석의 생애와 사상』, 태일사, 2000, 61
쪽에서 재인용.

는 데 밑거름이 되는 도서관을 만들고 가꾼 우리의 '도서관영웅'
이 있었음을.

이봉순

李鳳順

현대 한국 도서관사와 문헌정보학사에서 빼놓을 수 없는 인물이 '도서관할머니' 이봉순(李鳳順, 1919~)이다. 이봉순은 한국 도서관 운동의 맥락에서 특히 박봉석-엄대섭-이인표와 관련이 있으며 또한 치열하게 도서관을 가꾸고 한국 도서관사에서 족적을 남긴 인물이다.

이봉순은 흔히 '도서관 할머니'라고 불린다. 이러한 별명처럼 그는 도서관에 자신의 인생을 바치고 열정을 쏟아부었다. 또한 사람들은 그녀를 '작은 거인', '한국 대학도서관 현장에서 전무후무하게 장기집권한 사람' 등으로 부르기도 한다. 그만큼 그는 당차고 옹골진 사람이며, 전문성을 가지고 도서관에 헌신한 인물이기 때문이다. 또한 필자는 그를 두고 '자랑스러운 이화인', '전문직 관장의 표본', '한국도서관계의 어머니', '한국 도서관학의 선구자', '한국적 도서관학을 모색한 사상가', '도서관계의 외교관', '시심(詩心) 가득한 문인이자 번역가' 등의 별칭을 추가하고 싶다.

이봉순은 3·1운동이 일어난 1919년 함경남도 신흥의 연안(延安) 이씨 집안에서 태어났다. 그의 본가는 아침저녁으로 가정예배를 보는 독실한 기독교 집안이었고, 외가는 제사를 자주 모시는 등 유교전통이 강한 집안이었다. 기미독립운동으로 그의 가문은 고초를 겪었는데 증조부와 조부가 주동자로 몰려 투옥되었고 가산은 전부 몰수당하였다. 아버지 이규숙은 당시 영생중학교 학생으로 함흥에 유학 중이었다. 그래서 그는 어린 시절 외할머니 슬하에서 자라났다. 그러다가 초등학교 3학년 되던 해 부모가 사는 간도 용정으로 가서 학교를 다녔다. 중학 과정인 명신여학교 시절, 그 학교 교사였던 시인 모윤숙을 만난 이후 모윤숙이 나온 이화여전에 진학할 꿈을 안고, 1934년에 함흥 영생여자고등보통학교에 편입하였다. 이처럼 그의 성장기에는 기독교와 유교, 일제와 민족정신, 고향 생활과 유학 생활, 개화와 보수 등 극명하게 대조되는 문화가 조각보처럼 이어져 있었다.

1939년 이화여전 4학년 때의 이봉순(앞줄 오른쪽 맨 끝)

부모는 그가 사범학교에 진학하기를 원하였으나, 1936년에 그는 문학의 꿈을 안고 이화여자전문학교 문과에 지원하였다. 이화여전 재학 시절 김상용, 이희승, 이태준, 박종홍 등 쟁쟁한 교수들 아래 문학의 맛과 시심을 키우면서도, 한편으로 우리말이 억압당하는 수치를 견뎌야 했다. 1939년 이화여전에서 아펜젤러 교장이 퇴임하고 김활란이 한국인으로서 첫 번째 교장으로 취임할 때 그는 학생 대표로 축사를 하였다. 김활란은 그에게 일생의 멘토로서 그의 인생을 바꾸어놓은 사람이기도 하다.

여러 국내외 도서관인물들처럼, 이봉순 또한 처음부터 사서가 되고자 한 사람은 아니었다. 그는 시인을 꿈꾸는 영문학도였으며, 졸업 후 영어 선생이나 기자가 되고 싶어 했다. 그러나 1940년 졸업

후 도서관학의 '도'자도 몰랐던 그가 첫 직장으로 들어가게 된 곳은 경성제국대학 도서관이었다. 이것이 그의 운명을 바꾸어놓았다. 그는 한국문화를 존중했던 일본인 주임 세키노 신기치 밑에서 양서 분류와 편목을 배우며 일을 시작하였다. 또한 그 도서관에서 배우자가 될 사람을 만났다. 그는 일본에서 독일문학을 공부한 사람으로, 그와 함께 목록부에서 일하였다. 두 사람의 교제를 막기 위해 도서관 일까지 그만두게 한 부모의 반대를 무릅쓰고 결혼을 하였지만, 해방 후 인천에서 교편을 잡게 된 남편은 병으로 고생을 하다가 암으로 죽고 만다. 남편이 남긴 유산은 책 몇 권과 아이 하나였다.

1949년 봄부터 그는 대학으로 승격된 이화여자대학교의 도서관에서 일하기 시작한다. 당시 김활란 총장은 대학의 발전에 도서관이 중요함을 인식하고 전문직 도서관인이 필요함을 절감하고 있었다. 이러한 김활란의 선견지명과 강권으로 그는 영문학이 아닌 도서관학을 공부하기 위해 미국 유학을 준비하였다. 그러나 6·25전쟁으로 부산에 피난한 그는 김활란의 소개로 미8군 민사처에 취직하였다가, 1951년에 미국 유학의 길을 떠났다. 목적지 인디애나대학교에 가기 전에 오리엔테이션 과정을 거치기 위해 일리노이대학교 어바나-샴페인 캠퍼스로 갔는데, 그곳에서 일리노이대학교 도서관장을 맡고 있던 다운스(Robert B. Downs) 교수를 만났다. 다운스는 그에게 "도서관인이 되려거든 책을 좋아한다고 하지 말고 사람을 좋아하라"[1]고 하라면서 이용자봉사 정신을 일깨워주었다. 이

1 이봉순, 『도서관할머니 이야기』, 이화여대출판부, 2001, 63쪽.

후 그는 1951년부터 1953년까지 인디애나대학교 대학원에서 도서
관학을 공부하고, 석사학위 취득 후 그 대학원에서 조교 일을 보며
도서관 실습을 하였다.[2] 그러던 중 속히 돌아와서 이화여대의 도서
관 재건에 힘쓰라는 김활란 총장의 편지를 받고 1954년에 귀국하
였다.

　조교수 겸 도서관 차장으로 부임한 이화여대에서 이봉순은 폭격
으로 큰 피해를 입은 도서관을 재건하는 작업에 착수하면서, 한편
으로 대학에서 도서관인을 양성하기 위하여 1955년부터 도서관학
부전공 과정을 설립하고 운영한다. 이로써 이화여대는 우리나라에
서 도서관학을 대학의 정규 과목으로 채택한 최초의 대학이 되었
다. 이후 도서관학과(학부 4년제)가 설립된 해는 1959년이다. 이화
여대에서 정규 도서관학 과정을 열었으나, 그의 주위에는 박봉석
과 같은 한국 도서관학 개척자가 없어 그는 도서관학 운영에 고투
를 겪어야 하였다. 만약 박봉석이 6·25 당시 행방불명되지 않았다
면, 이봉순은 그와 함께 한국 도서관학의 기초를 놓을 수 있었을
것이다. 그는 성실성과 노력이 인정되어 대학 내에서 빠른 속도로
중용되고 있었으나 그때까지만 해도 이화여대 안의 인물이었다.

　이봉순이 이화여대 밖으로 나와 한국 도서관계에 발을 디딘 계기
를 만든 사람은 엄대섭이었다. 이봉순을 찾아와 한국도서관협회의
'재건'[3]을 주장한 엄대섭은 그에게 "당신이 이화여대만을 위해서 공

---

2 이수상, 「한국의 문헌정보학은 건재한가? 이봉순 관장과의 대담」, 《도서관문화》
　제36권 제1호, 1995, 5쪽.
3 필자가 여기서 '재건'이라고 한 이유는 박봉석이 주도한 조선도서관협회(1947년

부한 줄 알아요? 한국 도서관을 위해서 한 것이지요."라고 몰아붙였다.[4] 엄대섭의 열정과 헌신에 마음이 움직여 1956년에 한국도서관협회의 이사가 되었고, 2년 만에 협회의 전무이사로 추대되었다. 나아가 그가 세계 도서관계에 처음 발을 내민 것은 1957년 인도·태평양지역 자료교환 세미나에 한국 대표로 참석한 때이다. 이러한 데뷔 이후 약 반세기 동안 국제무대에서 그는 '한국의 도서관 대사' 였다.

조재순은 이봉순의 업적을 크게 세 가지로 보고 있다. 첫 번째는 국내 최초로 도서관학을 대학의 정규과목으로 도입한 일, 두 번째는 우리 현실에 맞고 우리 언어로 말할 수 있는 한국적인 도서관학을 모색한 일, 세 번째는 이화여대 100주년 기념도서관 건립으로 한국 도서관의 현대화에 기여한 일이다.[5]

이봉순이 도서관학을 국내 최초로 대학의 정규과목으로 도입한 과정은 이러하다. 1953년 가을에 피난지에서 서울로 돌아왔을 때 이화여대 본관이 폭격을 당해 도서관 재건 작업에 착수하게 된다. 당시 이봉순은 듀이십진분류표를 적용하려니 우리나라 실정과 맞지 않아 여러 분류표를 참고하여 이화식으로 고치고, 이화여대 졸업생 두 명을 데리고 1년을 가르치니 시집을 가버려서 여러 사람을 가르쳐놓아야겠다는 생각이 들었다. 김활란 총장을 찾아가서 교양학부에 부전공으로 도서관학 과목을 채택할 수 있도록 요청하고

창립)를 한국도서관협회의 시원(始原)으로 보기 때문이다.
4 이수상, 『한국 문헌정보학의 현단계』, 한울, 1998, 246쪽.
5 조재순, 「영원한 '도서관할머니' 이봉순 선생님」, 《도서관계》 2006년 1·2월호.

승낙을 받았다. 학점은 12학점으로 3, 4학년 중에 희망자 20명을 받아 가르쳤다. 이후 1959년에 도서관학과(학부 4년제)를 설립하였다.[6]

1961년에 이봉순은 이화여대 도서관학과 교양과목에 일어와 한문을 넣어 문헌비고, 조선도서해제 등을 학습할 수 있는 기초를 마련하였다. 그렇게 한 이유는 어린 시절부터 길러진 민족의식이라는 자양분 때문이기도 하겠지만, 그해 국제도서관협회연맹 파리국제목록회의에 참석하면서였다. 당시 편목분야의 쟁쟁한 학자들이 다 모인 자리에서 그들이 이봉순에게 한국활자, 문헌류, 꾸랑의 서지에 관한 것들을 물어보았는데 아는 것이 없어 답할 수 없었던 일이 있었고 이에 이봉순은 "외국의 것이나 달달 외우는 라이브러리언은 다 소용없는 얘기고 내 것을 알아야 되겠다는 생각이 아주 절실하게 들었던"[7] 경험을 되살려 도서관학과에 한문, 일본어, 한국의 서지와 고활자 강의를 정규 과목으로 개설하였다. 그는 학문의 토착화를 "우리 나름대로 우리에게 맞춰서 가르치고, 내 나라 것을 내 나라 사람이 알 수 있도록 하는 것"[8]이라고 하였다.

이봉순은 한 대학도서관의 관장으로 약 30년 동안 봉직하였다. 사실 이와 같은 사례는 서구의 선진 도서관이면 흔히 볼 수 있는 일이다. 그러나 우리나라에서는 21세기 지식기반사회라는 현재에도 비전문직 교수들이 대학의 원로로서 또한 보직 개념으로 도서

6 이수상, 앞의 책, 250-252쪽.
7 이수상, 앞의 책, 253쪽.
8 이수상, 앞의 책, 254쪽.

1961년 파리국제목록회의에 참석한 이봉순

관장을 맡는 경우가 허다하다. 이봉순과 같은 '30년 전문직 관장'
이 우리나라에 30명 정도 존재한다면 한국 대학도서관의 패러다임
은 근본적으로 바뀔 것이다.

　이봉순은 공석에서 말수를 아끼고 자신을 잘 내세우지 않았지만
원칙 문제에서는 절대로 타협을 하지 않았다. 한 예로, 도서관학 교
수들이 도서관학과에서 문헌정보학과로 학과 명칭을 고치자고 할
때 그것은 포퓰리즘적 발상이며 학과의 교육 내용으로 보아 변경
이유가 충분하지 않다 하여 반대하였다.[9]

　이봉순이 이대 도서관을 가꾸면서 이룬 업적 중 특히 주목할 일
은 이화여대 100주년 기념도서관의 건립을 준비하고 성취한 일일

9 최성진, 「작은 거인」, 『도서관할머니 이야기』, 285쪽.

2005년 보관문화훈장 수상 시의 모습

것이다. 그는 한국 대학도서관의 모델을 보여주겠다는 마음으로 총장, 건축위원회, 건축가 등 관련되는 모든 이들을 설득하고 그들에게 도서관 개념을 심는 작업을 수년간 계속하여 1984년에 '도서관다운' 대학도서관을 세우고 선보였다. 1년 뒤 그는 46년 동안 인연을 맺었던 이화여대를 떠났다.

은퇴 후 한가한 나날을 보내던 이봉순을 붙잡은 것은 한국사회과학도서관이었다. 이인표 에스콰이아재단 이사장을 만난 그는 다시 도서관 열병을 앓기 시작한다. 처음에는 고문 역할을 맡았으나 어쩔 수 없는 '도서관쟁이 정신'을 가진 그는 1987년에 도서관장이 되어 한국사회과학도서관을 가꾸는 데 헌신하였다. 과연 그는 서구 기독교와 학문의 수혜자요 개화된 교양인이면서도, 토착적인 도서관과 학문을 고민하며 그러한 차원에서 현장을 가꾸고 학계에서 씨앗을 뿌린 도서관인물이다.

한국 문헌정보학의 정립을 고민해온 문헌정보학자 김정근은 이봉순에 대해 "책 100권을 쓴 것보다 더 크고 훌륭한 업적을 남긴 인물"이라고 하였다. 한국의 현대 도서관사에서 그가 걸어간 길과 뿌린 씨앗은 우리가 간직하고 창의적으로 계승해야 할 자산이자 자양분이다. 그럴 때 우리는 '작은 거인'의 어깨 위에서 한국 도서관의 미래를 바라볼 수 있을 것이다.

엄대섭

嚴大燮

간송(澗松) 엄대섭(1921~2009)은 현대 한국 도서관운동의 역사에
서 결코 빼놓을 수 없는 큰 인물이다. 박봉석 이후 도서관계의 대
표적인 선구자로 단연 엄대섭을 들 수 있다. 박봉석이 국립도서관
의 부관장을 맡아 한국 도서관사에서 분류와 편목 등 실무의 체계
를 잡았다면, 엄대섭은 공공도서관의 뿌리가 될 마을문고를 전국

곳곳에 만들었다.[1] 엄대섭도 박봉석에 이어 2004년도에 은관문화훈장을 받았다.

엄대섭은 불타오르는 도서관정신을 가지고 민중의 도서관으로서의 마을문고를 전국 농어촌에 세웠던 위대한 인물로, 전국에 3만이 넘는 '작은도서관'인 마을문고를 설립하는 운동을 전개한 개척자이며 전략가였다. 그는 일제강점기에 성공한 사업가였으며, 동시에 책과 도서관에 마음을 뺏긴 사상가였다. 엄대섭의 업적에 대해서는 여러 지면과 문헌에서 조명하고 있지만, 그의 도서관사상과 실천에 대해서는 수천 번 더 언급해도 무방할 것이다.

엄대섭은 매우 특이한 인물이다. 그가 만일 한국 도서관계를 위해 헌신하지 않았다면, 아마도 강철왕 카네기와 같은 재벌이 되었을 가능성이 많다. 그는 이재에 밝았으며, 남이 생각하지 못하는 특별한 아이디어로 재산을 축적하였다. 그렇다면 그의 성장과정은 어떠했을까.

엄대섭은 매우 가난한 가정에서 불우한 소년시절을 보내면서 자수성가하였다. 1921년에 경남 울주군(지금의 울산)에서 소작농의 맏아들로 태어나, 소작이 떨어지고 생계가 막연하여 고향을 등지는 부모와 함께 8세 때 일본 땅에 가게 되었다. 그의 부모는 공사장을 번갈아 돌며 막노동으로 생계를 이어갔다. 그가 국민학교 3학년 때, 어느 날 아버지는 제철소에서 일하다 중상을 입고 불구가

---

1 이용남, 「엄대섭, 그는 누구인가」, 《도서관운동》 제4권 제3호, 도서관운동편집부, 1998. 9, 97쪽.

되었다.[2] 14세의 어린 나이였지만 동생들까지 책임져야 했기에 그는 어머니와 함께 돈벌이에 나서게 되었다. 당시 그의 꿈은 논 열 두락만 있으면 고향으로 돌아가 잘살 수 있다는 부모의 소원을 성취하는 것이었다. 그는 두부 장수, 세탁소 점원, 방직공장 직공 등 닥치는 대로 잡역을 하며 자나 깨나 돈 벌 궁리를 하였다. 돈을 더 벌기 위해 폐품 모으기 행상을 하던 그는 어느 날 기발한 착상을 한다. 당시 일본정부는 2차 세계대전을 앞두고 일용품의 공급을 최대한 통제하고 있었다. 그 때문에 서민들은 겉옷은 말할 것도 없고 내복, 노동복 따위를 구하기조차 힘들었다. 이때 그는 부잣집에 사장되어 있는 헌옷을 구하여 서민들에게 공급할 생각을 한다. 그는 색종이를 구하고 고급인쇄를 하여, 아래와 같이 그럴싸한 편지 형식의 광고문을 만들었다.

비상시국인 이 때, 부유하다 해서 헌 옷가지를 버리지 마십시오. 다시 활용할 수 있는 낡은 옷가지를 사들이기 위해 모월 모일 모시에 귀하의 집에 들르고자 하니 많이 이용해 주시기 바랍니다.

결과는 대성공이었다. 엄대섭은 이 사업으로 1년이 채 못 되어 백 두락(2만여 평)을 살 수 있는 큰돈을 벌었다. 이로써 19세의 나이로 그는 고국 땅을 밟았다. 경주 지방에 백여 두락의 논도 사고, 경주 시내에 아담한 기와집도 사고, 고향 울산 앞바다의 멸치 어장도 사

2 박상균, 『도서관학만 아는 사람은 도서관학도 모른다』, 한국디지틀도서관포럼, 2004, 485쪽.

들였다.[3] 든든한 생활 기반을 마련해두고 다시 일본으로 돌아온 그는 가족들을 먼저 고향으로 보낸다. 그리고 자신은 얼마 동안 일본에 더 머무르며 야간 상업학교에 입학한다.

엄대섭은 정규 교육보다 책읽기를 통한 독학으로 자기 성취의 기반을 마련하였다. 공사장 인부로 전전하는 부모를 따라다니느라 초등학교를 다섯 번이나 옮겨야 했고 졸업조차 제대로 못하였다. 후에 야간 상업학교에도 적을 두긴 하였지만 학교생활에 충실할 수 없었다. 그 대신 틈만 나면 책을 구해서 읽는 것을 유일한 낙으로 삼았으며, 어렸을 때부터 여러 가지 책을 쉬지 않고 탐독하였다. 그는 배움에 대한 욕망과 가난에서 오는 외로움을 책이 달래준다는 것을 깊이 이해하게 되었으며, 새로운 지식만이 인생에 성공을 가져온다는 신념을 갖게 되었다.[4]

엄대섭에게는 인생의 결정적인 계기가 몇 번 있었는데 대체로 그때마다 책에서 받은 영감이 컸다. 그는 어떤 교양 전서에서 "남의 흉내만으로 성공할 수 없다. 같은 일이라도 남이 안 하는 방법을 고안해 내야 한다"는 대목을 읽고 자극을 받았다. 이때부터 그는 책을 '단순한 교양만으로서가 아닌 생존경쟁의 무기' 또는 '만능의 신'처럼 생각하는 믿음을 갖게 되었다.

해방과 더불어 귀국한 엄대섭은 동아대 법학부에 적을 두게 된다. 당시 그는 강의를 듣고 나면 부산 시청 앞의 고서점을 뒤지는

---

3 박상균, 위의 책, 487쪽.
4 새마을문고운동 40년사 편찬위원회 편, 『새마을文庫運動 40年史』, 새마을문고중앙회, 2001, 37쪽.

것이 일과 중 하나였다. 어린 시절부터 몸에 익혀온 묵은 책을 모아들이는 일이 습관처럼 되었던 것이다. 1950년 어느 여름날, 여느 때처럼 고서점을 돌아다니던 중 그는 책 한 권을 구입하였다. 『도서관의 운영과 실제(圖書館運營と實際)』라는 오래된 일본 책으로, 내용은 사립 공공도서관의 운영법이었다. 그 책을 읽으면서 엄대섭은 도서관운동이야말로 자신이 평생 할 수 있는 가장 알맞은 사업이라는 생각을 하였다.[5]

가난으로 온갖 고생을 겪었고, 성장과정에서 책을 통하여 지식과 위안을 얻었으며, 또한 기발한 착상으로 젊은 부자가 된 엄대섭은 압제와 굴욕에서 해방된 조국이 좌우익의 와중에 놓여 있는 동안 인생의 좌표를 찾고 있었다. 돈을 버는 것도 중요하지만, 일생을 걸고 아름답게 살 수 있는 일을 그는 찾고 있었다.

해방되기 한 해 전 도쿠야마 시에 있는 처가를 방문한 엄대섭은 아내가 재미있는 구경거리를 보여준다고 하여 따라나섰다. 그것은 마을의 성주(城主)가 자신의 저택을 사립도서관으로 무료 개방해 놓은 것이었다. 저택을 도서관으로 만들어 사회에 봉사하는 성주의 모습이 그의 마음에 크게 와 닿았다.

조국의 고향에서 엄대섭은 근대 도서관사상을 실천에 옮긴다. 그의 말을 직접 들어보자. "나는 1951년 6월 경남 울산군에서 개인장서 3천여 권을 토대로 사립 무료도서관을 세우고 근처 주민들에게 이용시키는 한편 군내 전 농어민을 대상으로 하기 위해 50여 개

---

5 새마을문고운동 40년사 편찬위원회 편, 위의 책, 38쪽.

1961년 마을문고 운동에 사용했던 책장과
1951년 울산에서 무료로 사립도서관을 운영할 때 사용했던 순회문고

의 순회문고를 마련하여 농어촌 지대에 봉사했다. 이때 순회문고
함으로 폐품 탄환상자를 수집하여 활용했다.”오늘의 마을문고를
창안하게 된 동기는 이 탄환상자에 도서관 책 열 권 정도씩을 넣어
농어촌 주민들에게 돌려가며 읽혔던 것에서 나왔다고도 볼 수 있
다. 그 당시 그의 가족들이 살고 있는 본가는 경주에 있었고 그는
아내와 함께 부산에서 살았다. 그런데 그가 울산에 무료도서관을

연 이유는 울산이 경주보다 농촌으로서의 색깔이 짙고 순수하다는 판단에서였다. 즉 도서관을 열고자 하는 본래의 뜻이 농촌 계몽 수단의 하나이며, 농민을 상대로 한 독서 권장 운동이었기 때문이다.[6]

엄대섭은 사람들이 많이 모여드는 울산 시외버스 터미널 부근에 세를 빌려 열 평 정도의 방에 호떡 가게 탁자와 긴 의자 몇 개를 갖추고 사환 하나를 데리고 무료도서관을 열었던 적이 있다. 그러나 도서관 이용자가 농민들보다는 지식층이나 학생 위주였고, 그나마도 사상 검열이라는 명목으로 경찰의 감시와 탄압이 잇따르자 도서관은 금세 횡하게 되었다.

며칠을 고민하던 엄대섭은 앉아서 오기를 기다리기보다는 직접 농민들을 찾아 나서자는 생각을 하였다. 그 무렵은 6·25전쟁을 치르는 때여서 탄창 상자가 흔했는데, 거기에 책을 가득 넣고 순회문고라는 이름을 달아 자전거를 타고 각 고을을 돌며 나누어주었다. 그러나 이마저도 실패하게 되는데, 농어촌의 독서인구가 아주 적고, 그들에게 읽힐 도서도 적었기 때문이다. 또한 경찰의 감시·탄압과 정치에 나설 목적으로 독서 운동을 한다는 주변인들의 눈초리도 한몫하였다. 독서 운동이 실패로 끝나자 그는 이러한 일은 개인이 할 일이 못 된다는 것을 깨닫는다. 도서관은 공립으로 운영해야 한다고 결론을 내린 그는 울산도서관의 모든 도서 및 시설을 경주시에 기증하여 그것으로 경주시립도서관을 세우고 10년간 도서관장직을 맡아보았다.

---

6 박경용, 「엄대섭 선생 책과 함께 민중 속에」, 백시종 외, 『외길 한평생』, 장학사, 1981, 235쪽.

마을文庫보내기運動

本社후원·11日接受分

[마을 문고진흥회]와 문화부주관 본사후원으로
진행중이던 [마을文庫보내기運動]은
입 본사에접수될 기탁금품을 나타낸것이다.

▲文理資料大學
一만五천원
忠南保寧郡川北面河宮里一區
李南柱
三천원
永登浦區黑石洞一九八의一四
金煥袞
六천원
泰西堂印刷株式會社
代表 趙普行「새역사」外 二十권

11

1963년 4월 13일자 조선일보 6면에 실린 마을문고 책보내기 운동 관련 기사

경주에 있는 동안 엄대섭은 전국도서관대회에 참석하여 자신이
체험을 통해 느낀 점을 몇 차례 발표하였다. 1955년 한국도서관협
회가 결성되면서 그는 경주도서관 관장직을 겸해 도서관협회의 초
대 사무국장직을 맡게 된다.

이후 연세대학교에서 도서관학을 연구하면서도 계속 농촌문고
라는 이름으로 농어촌에 '책보내기 운동'을 6년 동안 계속 실시하
였다. 그러나 1960년 어느 날 엄대섭은 경주 변두리의 농촌을 순회
하다가 보내주었던 책들이 갈가리 찢겨 도배지나 휴지, 담배말이
종이 등으로 쓰이는 것을 발견하고 충격을 받는다.

책보내기 운동의 실패는 충분히 그만한 이유가 있었다. 즉 농어촌 독서운동은 주민 스스로의 자조, 자립적인 운동이 되어야 했던 것이다. 엄대섭은 가난하고 뒤떨어진 사회의 농어촌일수록 책을 무료로 주어서는 안 된다는 것을 알았다. 이러한 10여 년간의 쓰라린 경험을 통해 드디어 1960년 12월에 '마을문고 아이디어'를 창안하였다.[7]

엄대섭의 '마을문고 아이디어'란 첫째, 책을 넣어 관리할 수 있는 책장, 둘째, 열네 살 이상의 청소년을 중심으로 하는 독서회, 셋째, 쉽고 재미있고 유익한 선정도서, 이상 세 가지를 기본요소로 하였다. 도서관의 기본요소인 시설, 인력, 장서를 기본개념으로 삼았던 것이다. 이러한 아이디어로 1961년 2월에 '농어촌마을문고보급회'가 설립되었으며, 이후 이 회는 1962년에 '마을문고진흥회', 1968년에 '마을문고본부'로 개명된다. 엄대섭은 날마다 발로 뛰어다니며 사람들을 찾아가 마을문고 설치에 동참할 것을 부탁하였다. 이에 제일 먼저 응한 사람은 전남방직 상무이사로 있던 이종기였으며, 두 번째는 서울지방법원 수석판사였던 정영조였다.[8] 마을문고 운동을 처음 시작한 첫 해에는 26개의 마을문고가 만들어졌지만, 일이 잘 풀리는 것만은 아니어서 자금은 바닥이 나고 사회는 냉담했으며 계속 지지해주던 아내마저 불만을 터뜨렸다.

그 무렵 엄대섭은 정부의 자금 보조를 받기 위해 날마다 문교부에 출근하다시피 드나들었다. 그러던 중 우연히 기자의 눈에 띄어

---

7 엄대섭, 「마을문고의 활동」, 《도서관》 108호, 1966. 8, 13-14쪽.
8 박경용, 위의 책, 250-251쪽.

기자들 앞에서 마을문고의 취지를 설명하는 기회를 갖게 되고, 이것을 계기로 마을문고 운동은 전국의 일간신문과 방송의 집중조명을 받았다.

그러자 자신의 고향이나 연고지에 마을문고를 설치하겠다는 전화가 빗발쳤으며 직접 사무실로 찾아와 문고 설치를 하겠노라는 독지가도 많았다. 또한 사람들로부터 격려의 전화와 편지도 쏟아졌다. 여러 언론 기관에서도 후원 명목으로 문고 설치 모금을 위한 사설을 내고 기탁자의 명단을 발표하는 등 마을문고 운동에 크게 호응하였다. 상황이 이렇게 되자 문교부에서도 1963년부터 해마다 40만 원의 보조금을 지원하기로 하였다.

당시 실린 신문 사고(社告)를 보면 다음과 같다.

농어촌에 책 3백 권들이 도서관을 설치해 주자는 운동이 활발해지고 있습니다. 농어촌 주민에게 마을문고를 세워주자는 이 운동은 문교부와 마을문고진흥회가 중심이 되고 있는데, 본사에서도 이를 후원, 뜻 있는 분들의 문고설립 신청을 기다리고 있습니다. (하략)

—《동아일보》, 1963년 4월 2일[9]

이러한 마을문고 운동은 20여 년 동안 맹렬히 추진되었다. 1961년 첫 해에 26개였던 마을문고는 1968년에 1만 개를 돌파하였으

9 새마을문고운동 40년사 편찬위원회 편, 앞의 책, 46-47쪽.

며, 1971년에 2만 개를 넘어서고, 1974년 말에는 30,206개 촌락에 35,011개의 문고가 만들어졌다.[10]

마을문고 운동은 단계적으로 상승을 거듭하였으며, 그러한 단계마다 엄대섭은 보람과 희열을 느꼈으나 동시에 재정에 대한 압박감도 겪었다. 재정난에 봉착할 때마다 엄대섭은 정치인, 기업인, 언론인들을 끈질기게 설득하여 고비를 넘겼다. 1965년에는 내무부가 마을문고 사업을 지방행정의 기반사업으로 채택하여 마을문고에 정부보조금을 지급하였고, 1960년대 후반에는 이후락 청와대 비서실장을 6개월 만에 설득시켰으며, 1970년대 후반에는 본부를 바친다는 비장한 각오로 1백 개 대기업을 상대로 사업인수를 호소하였다. 다행히 1978년에 마을문고의 소관부처가 문교부에서 내무부로 바뀌어 사업비와 운영비 전액을 보조받게 된다.

1980년은 엄대섭의 일생 중에서 가장 큰 희비가 엇갈린 해였다. 6월 18일에 아내와 사별하게 된 엄대섭에게 8월 9일 필리핀에서 막사이사이상 공공봉사 부문의 수상 소식이 날아왔다. 막사이사이상은 필리핀의 막사이사이 전 대통령을 기려 제정된 상으로, 아시아의 노벨상이라고 불릴 정도로 세계적인 권위를 자랑하는 상이다. 막사이사이상 수상을 계기로 마을문고본부는 항구적 재정 안정을 모색하기 위해 청와대와 접촉하였다. 이후 마을문고는 1981년에 새마을운동중앙본부에 정식회원단체로 가입, 새마을운동 체재로 전환하게 되어 오늘에 이르고 있다.

---

10 이연옥, 『한국 공공도서관 운동사』, 한국도서관협회, 2002, 80쪽.

1980년 막사이사이상을 수상한 엄대섭

한편 엄대섭이 추진하던 마을문고 사업은 외국의 도서관계에도 널리 알려지게 되었다. 1984년에는 일본도서관협회에서 한국의 마을문고를 조사·연구하기 시작하여 『마을(촌락)문고 조사연구보고서』(1987)가 출간되기도 하였다. 이는 평생 농촌 대중도서관 운동에 헌신해오던 일본의 원로 도서관인 나미에 겐이 자신도 실현시키지 못했던 농촌문고활동에 깊은 감명을 받아 일본의 도서관협회에 임시위원회를 설치함으로써 실현된 것이다.[11]

엄대섭은 마을문고 운동 은퇴 후 공공도서관운동을 벌이고자 1983년 '대한도서관연구회'라는 단체를 창립하였다. 대한도서관연

11 조재순, 「엄대섭 선생의 업적을 기리며」, 《도서관계》 2004년 11월호.

구회는 1980년대 초중반 도서관운영의 근대화를 도모한 도서관운동의 핵심조직이라고 할 수 있다. 그는 이 단체를 통해 1980년대 도서관계가 직면한 문제를 구체적이고 현실적으로 해결해나가는 실천적 운동을 전개하였다.[12]

대한도서관연구회가 중점적으로 다루었던 도서관운동의 내용은 첫째, 공공도서관의 개가 및 관외대출, 둘째, 이동도서관 운영, 셋째, 입관료 폐지이다.

먼저 개가 및 관외대출운동을 들여다보자. 대한도서관연구회는 공공도서관 운영개선의 전제조건으로 도서관실태를 파악하는 작업에 착수하였다. 2년에 걸친 전국 도서관순방을 통해 한국 도서관 구석구석을 살펴 현장을 진단하였고 이를 통해 현장의 문제가 무엇이며 어떻게 개선할 것인가에 대한 현실적인 방안을 찾고자 하였다. 이러한 현지조사작업 이후 대한도서관연구회 활동은 보다 구체성을 띠면서 진행되었다.

현지조사 이후 드러난 최대의 문제가 바로 '자물통으로 채워진 공공도서관 서가'였다. 지금은 모든 공공도서관이 개가제에 관외대출을 허용하고 있지만, 당시만 하더라도 도서관은 폐가제로 운영되고 관외대출은 금지되었으며, 학생들의 공부방 수준에 머물러 있었다. 이에 엄대섭을 중심으로 한 대한도서관연구회는 폐가제의 부당성을 제기하고 각 도서관으로 하여금 개가 및 관외대출제를 즉각적으로 채택할 것을 다음과 같이 촉구하였다.

---

12 이연옥, 앞의 책, 136-137쪽.

기존의 우리 공공도서관에서는 그동안 국민들이 도서관을 이용하는 데에 부지불식간에 어떤 불편을 주어오지는 않았는지 잘 생각해 보아야 할 것이다. 전국의 공공도서관 현장을 남김없이 순방하면서 필자가 본 바로는 우리나라 공공도서관들은 적지 않은 불편을 이용자들에게 주고 있었다. 그 중에서도 가장 심각한 일은, 얼마간의 도서나마 그것을 서고 속에 '가두어' 두기를 예사로 하고 있다는 사실과 또 그러한 책들을 납세자인 주민들에게 대출해주지 않는다는 사실이었다. 이것은 공공도서관의 본질에 어긋나는 일이며 그 기능에 역행하는 노릇이다. (중략) 우리나라의 공공도서관들이 장서의 분실이니 관리의 곤란이니 하는 따위의 고식적인 구실을 내세워 국민의 '불편'을 도외시하던 구태의연함을 벗어 던질 시기는 바로 이때라고 믿어진다. 그런 의미에서 우리의 공공도서관은 바야흐로 그 체질개선을 위한 역사적인 전환점에 서 있는 것이다. 시기를 잃으면 발전의 대열에서 낙오될 것이다. 우리는 다시 한 번 공공도서관 정상화의 기본요소인 '개가'와 '대출'을 간곡히 촉구한다.[13]

　　엄대섭과 대한도서관연구회를 중심으로 전개된 개가 및 관외대출운동은 점차적으로 도서관에서 시도되었으며 결국 전국적으로 확산되는 성과를 올리게 되었다.

---

13 엄대섭, 「다시 한 번 개가 · 대출을」, 《오늘의 도서관》 8호, 1986. 3 · 4, 1쪽; 이연옥, 위의 책, 140쪽에서 재인용.

엄대섭은 개가대출운동을 전개하는 한편 1983년 말부터 이동도서관 보급운동에 착수하였다. 이동도서관 제도는 선진국에서는 일찍부터 도서관 혜택을 받기 어려운 지역을 대상으로 운행해오고 있는 제도이다. 우리나라에서는 1971년 서울시립 종로도서관에서 시작하여 여러 공공도서관으로 퍼져나갔다. 엄대섭은 이를 토대로 이동도서관을 전국적으로 확산하기 위한 운동을 조직적으로 전개하였다.

엄대섭은 이동도서관운동을 통해서 주민들을 직접 찾아가 책을 빌려줌으로써 도서관이용을 촉진시키고 도서관에 대한 인식을 진작하고자 하였다. 당시 일반차량으로는 도로교통법에 위반되기에 이동도서관을 운영할 수 없자, 결국 연구회는 모든 도서관이 찾아가는 도서관이 될 수 있도록 북모빌용 차량 개발에 몰두하였다. 아시아자동차에서 주문용 모델 차량을 제작하게 되고 이 결과 전국 최초의 북모빌이 탄생하였다. 이후 이 차량은 상공부에서 정식 승인을 받아 국내 최초의 이동도서관 차량 모델이 된다.[14]

또한 엄대섭과 연구회가 언론을 상대로 대대적인 홍보작업을 벌인 결과, 이동도서관은 사회의 조명을 받았다. 1985년 7월 28일 KBS 뉴스파노라마에 이동도서관의 역할과 선진국의 사례가 집중적으로 소개되었는데, 당시 서울시장 염보현이 이 뉴스를 보고 이동도서관사업에 큰 관심을 기울여 대폭적인 지원을 하였다.[15] 이후 이동식도서관의 운영은 새마을운동서울시지부가 담당하게 되고

14 이연옥, 앞의 책, 143쪽.
15 새마을문고운동 40년사 편찬위원회 편, 앞의 책, 119쪽.

이로써 이동도서관운동은 본격적인 궤도에 올랐다. 엄대섭은 이동도서관운동을 통해 당시 도서관 수가 절대적으로 부족한 현실에서 시간적·공간적 제약 때문에 도서관을 이용하기 어려운 사람들에게 도서관서비스의 혜택을 제공하였다.

엄대섭이 대한도서관연구회를 통해 추진한 또 다른 운동으로 입관료 폐지운동이 있다. 입관료 징수는 1963년 제정된 도서관법 제8조 '공공도서관은 그 이용자로부터 사용료를 받을 수 있다'는 도서관 사용료 규정에 근거한다. 이러한 법적인 근거하에 당시 도서관에서는 이용자가 도서관에 입장할 때 50원 혹은 100원의 이용료를 지불하게끔 하였다.

이에 대한도서관연구회를 필두로 진보적 도서관인들이 입관료 폐지운동을 본격적으로 벌였다. 먼저 1983년 2월 국립중앙도서관에서 입관료를 폐지하였으며, 서서히 전국적으로 퍼져 1991년 도서관진흥법에서 입관료는 법적으로 사라지고 1992년부터 무료이용이 현실화되었다.

이렇듯 엄대섭은 마을문고운동 이후 대한도서관연구회를 통해 다양한 공공도서관운동을 전개하였으나 1987년 건강상의 문제로 연구회를 해산하게 된다. 이후 그는 한국을 떠나 미국 로스앤젤레스에서 거주하였으며 2009년 2월 6일 향년 88세로 세상을 떠났다.

지금까지 엄대섭의 일생을 통하여 그의 도서관사상과 마을문고운동에 바친 숭고한 뜻을 살펴보았다. 엄대섭의 기발하면서도 장대한 마을문고 운동은 현대 한국도서관운동에 커다란 획을 그었고, 한국 사회 전역에 근현대적 의미의 '작은도서관'을 심어놓았다.

그의 도서관사상, 책과 사람에 대한 사랑, 그리고 불굴의 의지와 전략 등은 오늘날에도 많은 이에게 귀감이 될 것이다. 그의 뜻을 이어받아 우리나라 전역에서 지역사회와 주민생활 속에 뿌리내리는 '작은 공공도서관'을 만들고 도서관 협력 네트워크를 구축하는 일은 이제 우리의 몫일 것이다.

성공한 기업인으로서 인간사랑의 길을 보여준 '도서관 할아버지'

이인표

李寅杓

사람은 무엇으로 사는가? 이러한 물음에 필자는 '사랑'으로 산다고 말하고 싶다. 그러나 우리는 대체로 세상살이에 바빠 허덕이며 살기에 인생의 의미를 생각할 겨를이 없는 것 같다. 그러다가 대단히 어려운 지경, 예컨대 큰 병에 걸려 병상에 누워 있을 때 비로소 세상과 일상에서 한걸음 물러나 삶과 죽음의 의미를 생각하게 된다.

구두회사 에스콰이아를 세우고 40여 년 동안 경영한 고 이인표 (李寅杓, 1922~2002) 회장도 2개월 동안 누워 있던 병석에서 진지하게 죽음을 생각하고 무엇인가 사회적으로 의미가 있는 일을 하겠다고 결심하였다. 그때 그의 나이는 57세였으며 때는 1970년대 말이었다. 그리고 그가 선택한 길은 도서관을 통하여 사람들을 돕고 키우는 일이었다.

이인표를 기억하는 사람들은 그를 대표적인 제화(製靴) 기업인으로 알지만, 도서관인들은 그를 사회과학도서관과 어린이도서관들을 세운 '도서관 할아버지'로 기억한다. 수많은 도서관을 건립하여 민중에게 헌정했던 위대한 기업인으로 미국에 강철왕 카네기가 있다면, 한국에는 구두왕 이인표가 있다.

그렇다면 이인표의 인생행로는 어떠하였을까? 그는 왜 도서관을 통하여 사회적 의미를 추구하게 되었을까?

이인표는 일제강점기인 1922년에 서울 마포구 공덕동 복사골에서 6남매 중 3남으로 태어났으며 여관업을 한 부모 덕분에 비교적 유복한 유년시절을 보냈다. 그가 다닌 초등학교는 가명보통학교였는데, 이 학교는 중리동 성당이 운영하는 가톨릭학교였다. 그는 당시 신부들의 강론을 듣기도 하면서 성스러운 분위기와 세상에 대한 헌신적인 사랑에 감화를 받았을 것이다.

이인표는 예술적 기질과 호기심을 다분히 가지고 있었다. 초등학교 졸업 후 경성상공실업학교에 입학하였는데, 그는 방과 후 극장에 몰래 출입하며 영화보기를 즐겼다. 당시에는 「아리랑」 같은 한국영화도 상영되었지만, 일본영화가 대부분이었다. 내성적이었던 그는 대중소설을 읽고 몽상하기를 즐겼다. 그가 예술에 대한 갈망을 실천으로 옮긴 것은 1940년, 그의 나이 19세에 실업학교를 졸업한 뒤였다. 그는 대학교에 진학하지 않고 당시 동양극장이 운영하던 청춘좌 극단에 연구생으로 들어갔다. 특히 연극이 그의 마음을 끌었기 때문이다. 그는 배우가 되고 싶었지만 배우로서는 소질이 부족함을 이내 깨닫고 연출연구생으로 극단을 따라다녔다. 그러나 7년 동안의 극단 생활에서 연출 한번 해보지 못하고 남은 것은 폐결핵, 천식, 자폐증과 같은 질병뿐이었다. 스산하고 불우한 20대였다. 그럼에도 불구하고 해방 후 미군정 시절, 약 4년 반 동안 미군 공보처에서 운영하던 이동연극반에서 일하였다. 엑스트라 배우 역할이었다. 예술에 대한 갈망은 어쩔 수 없었던 모양이다. 예술의 아스라한 빛을 좇아다니며 한때 마르크스레닌사상에 젖기도 한 창백한 지식인이었던 그를 완전히 다른 길로 접어들게 한 것은 다름 아닌 6·25전쟁이었다.

부산으로 피난해 있던 이인표는 먹고살기 위해 국제시장에서 양품장사 거간꾼 일을 시작하였다. 그때 거래처 사람이었던 부인을 만났다. 전쟁 후 서울로 돌아와 명동에서 수도양행이라는 양품점을 열었는데, 양품중개인의 경험을 바탕으로 신용을 쌓은 덕분에 그의 사업은 순항하였다. 그런데 그의 가슴 속에는 여전히 청년 시절의 꿈, 예술에 대한 지워지지 않는 향수가 남아 있었다. 1958년, 그의 나이 37세에 그는 친구와 동업으로 대동영화제작사를 세웠다. 이때 제작한 영화가 「고개를 넘으며」이다. 최은희, 김지미와 같은 유명 여배우들이 출연한 영화였고 많은 시간과 열정을 들였지만, 흥행에는 실패하였다. 영화제작은 단 한 편으로 끝나고 그는 영화사업을 그만두었다. 비록 실패한 경험이었지만 영화를 제작하고 홍보하면서 습득한 광고에 대한 감각은 후일 사업을 하는 데 큰 도움을 주었다. 이어 그는 1960년 4·19혁명 후에 잡지발행에도 손을 대어《모던 다이제스트》라는 월간잡지를 발행하였는데, 이 사업도 적자 경영에 허덕이다 8호까지 내고 종간하였다. 그러나 이러한 연이은 좌절의 고통도 문화산업에 대한 그의 관심을 지우지는 못했다. 현실의 잔인함을 잘 견뎌내는 로맨티시스트인 그를 본격적으로 사업가의 길로 들어서게 한것은 바로 5·16군사쿠데타였다.

집권 군사정부는 국산품 애용을 권장하였고 1961년 8월부터 모든 외제품 거래를 중단시켰다. 그래서 그가 경영하던 양품점에도 국세청 조사가 나오기 일쑤였다. 활로를 모색하던 그는 당시 인기가 많았던 미 해군 단화보다 편하고 멋진 국산 구두를 만들어 팔기로 결심하였다. 1961년 9월 21일, 그의 나이 40세 때 자본금 150만 환, 10평의 판매장, 15평의 공장, 직원 9명, 판매원 3명으로 에스콰이아가 설립되었다. 열정만으로 구두공장을 설립하였지만, 사실 그는 구두에 대해 잘 몰랐다. 구두생산 공정에 대한 지식이 없으니 단가는 올라갔고 기술발전은 늦었다. 이에 그는 죽기 살기로 구두를 연구하기 시작하였다. 구두를 사서 뜯고 쪼개어 살피고, 외국잡지에서 발견한 구두를 구하여 며칠씩 껴안고 분석하는 한편, 가장 좋은 가죽을 사용하고 구하기 어려운 고무밑창을 쓰며 확대경을 들고 일일이 구두의 박음질 한 땀 한 땀 들여다보는 등 품질관리에 정성을 다하였다.

지성이면 감천이라고 했던가. 명동의 멋쟁이라면 에스콰이아 구두를 신었다고 하고, 박정희 전 대통령도 외국순방길에 에스콰이아 구두와 가방을 사용했을 정도로 알려지게 되었다. 그는 예전에 영화사업에서는 실패라는 쓴잔을 마셨지만 광고의 힘을 배웠는데, 제화사업을 하면서 직접 문안을 만들어 신문에 '한국 최초의 구미식 구두'라는 광고를 내었다. 당시 제화산업은 개인별로 치수를 재어 만드는 수제화 형태의 산업이었기에 신발광고를 내는 것 자체가 획기적인 일이었다. 광고가 나가자 주문이 쇄도하고 그는 직공들과 함께 즐거운 비명을 질렀다. 구두공장은 날로 번창하여, 그의 나이 49세인 1970년에는 1,200평 규모의 공장을 설립하였다.

그는 대학에 다니지는 않았지만, 생산성본부에서 주최하는 마케팅 세미나를 수강하고 산업은행에서 교육을 받는 등 경영자 수업을 찾아다니며 받았으며, 강의를 들으면서 인연을 맺은 대학교수들과 친분을 쌓아가며 부지런히 경영에 관련된 자료와 조언을 얻었다. 그러한 열정과 연구개발로 1977년에 이탈리아 국제가죽제품 경진대회에서 오스카상을 받았다. 사업은 날로 번창하였으며, 1978년에 에스콰이아는 250만 켤레의 생산능력을 갖춘 성남 제2공장을 신축하였다. 그러나 기업인으로 성공가도를 달리던 그에게 또다시 인생의 대전환기가 찾아온다. 사업을 시작한 지 17년이 된 1978년, 그의 나이 57세에 과로로 쓰러진 것이다.

병원의 하얀 시트에 2개월 동안 누워 있으면서 이인표는 죽음의 의미를 관조하게 된다. 어차피 사람은 죽게 마련이기에, 그는 세상에 무엇인가 의미를 남기고 떠나야겠다는 마음을 먹는다. 수많은 도서관과 교회를 지은 미국의 강철왕 카네기, 정경의숙을 지은 일본의 마쓰시타 등과 같은 인물을 떠올리며 암중모색을 하던 그는 퇴원 후 건강을 위해 다닌 체육관에서 대학교수들의 대화를 듣게 된다. 전문서적과 자료가 부족하여 제대로 연구하기가 매우 어렵다는 것이었다. 한편으로 그는 예전에 남미를 여행하면서 원주민과 백인이 대조적으로 사는 모습을 보고, 민족이 번영하고 나라를 지키려면 많이 배워야 한다는 것을 자각한 적이 있었다. 이에 그는 도서관을 세워 학자들의 연구를 지원하고 인재를 양성하겠다는 결심을 굳히고 4~5년의 연구 끝에 1983년에 서울 종로구 사직동에 한국사회과학도서관을 설립하였다. 그런데 그가 처음부터 사회과학자들을 돕겠다고 생각한 것은 아니었다. 그는 관료나 법조인이 되고자 하는 고시생을 돕겠다는 생각을 먼저 하였는데, 도서관학(현재 문헌정보학) 교수들이 더욱 건강한 의미에서 먼 미래를 보고 사회과학자들을 지원하는 것이 지식의 국부를 이루는 길이라고 설득하였다고 한다.

여기에 그치지 않고 이인표는 미래의 동량인 어린이들의 독서환경을 조성하겠다는 결심을 한다. 어린이도서관 설립을 위해 중앙대 도서관학과 김효정 교수에게 의뢰하여 수년간의 연구를 거쳐 드디어 1990년 어린이날 서울 상계동에 최초로 인표어린이도서관을 설립하였다. 어린이도서관은 특히 달동네와 같은 소외되고 어려운 환경에서 자라나는 어린이들을 지원하고자 설립되었다. 미국의

구로 '인표어린이도서관'에서 어린이들과 즐거운 시간을 보내고 있는 이인표 회장

카네기가 노동자를 비롯한 대중을 위하여 공공도서관을 설립한 것처럼, 이인표 또한 독서를 하거나 공부를 하기가 어려운 가정환경의 어린이에게 희망을 주고자 도서관을 설립하였다. 이후 인표어린이도서관은 국내외 22곳에 지어졌다. 이처럼 그는 우리나라의 소외된 곳곳에 어린이도서관이라는 등불을 켜고 나아가 외국에서는 조선족 어린이들을 위하여 희망의 씨앗을 뿌렸다. 도서관사업을 위하여 설립된 에스콰이아문화재단을 통해 그는 소년원생들의 학

비를 조달하고, 산간벽지 학교에 어린이신문잡지를 보내며, 국립도서관이 운영하는 이동도서관에 매달 300만 원 상당의 도서를 기증하였다. 어느새 그는 국내외에 수많은 손자손녀(!)로부터 감사편지를 받는 행복한 '도서관 할아버지'가 되어 있었다.

이러한 인간사랑의 실천으로 이인표는 1991년에 '올해의 독서운동가'로 선정되었으며, 1992년 5월에 색동회상을 받았고 동년 10월에 기업인으로서는 최초로 문화훈장을 수상하였다. 1993년에는 '책의 해 조직위원회'에서 제정한 '10월 책의 인물'로 선정되었다. 1995년에는 서울대학교에 사회과학정보센터를 기증하였으며, 또한 1999년에는 지식경영대상을 받았다. 새천년을 맞이하여 경영에서 손을 뗀 그는 2002년에 향년 81세로 별세하였다.

기업경영에서도 이인표는 항상 "기본으로 돌아가라(Back to the Basic)"라고 강조하였다고 한다. 그가 실천한 인간사랑과 지식사랑의 길을 통하여 그는 우리나라 도서관인을 비롯한 한국인의 마음에 영원한 '도서관 할아버지'로 남을 것이다. 앞으로도 한국의 기업인 중에서 이인표 회장처럼 거룩하고 아름다운 실천을 하는 인물이 계속 나오기를 기대한다.

한국 문헌정보학의 씨앗을 뿌린 시인

김세익

金世翊

김세익(金世翊, 호 현촌, 1924~1995)의 삶은 크게 두 갈래로 구분할 수 있다. 문인의 인생과 도서관학자의 인생이다. 김세익은 1924년 12월 28일 함경남도 홍원군에서 부친 송포 김계룡과 모친 박경엽의 장남으로 출생하였으며, 1995년 1월 26일 72세를 일기로 서울시 은평구 신사동에서 숙환으로 타계하여 경기도 파주시 동화경모

공원에 화장 후 안장되었다.

현촌은 오랜 공직생활에서 은퇴한 아버지를 따라 고향인 함경남도 시골에서 자라났다. 집 뒤에는 소나무가 우거진 높은 산이 있고 멀리 동해 바다가 바라보이는 이 마을은 초가집 80여 호에 10여 개의 기와집이 있는 북국의 농촌이었다.

현촌은 유소년 시절을 이처럼 목가적이면서도 그러나 답답하기 그지없는 산촌에서 보낸다. 그는 자신의 연약하고 과거회상적인 성격은 이와 같은 어린 시절의 환경에서 비롯된 것이라고 회고한다.[1] 이러한 산골에서 어린 시절을 보낸 현촌의 마음에는 시심(詩心)이 서서히 자라나고 있었다.

김세익은 1932년에 전진소학교에 입학한다. 소학교 2학년 때 숙제로 제출한 동시를 보고 담임교사는 "이것 네가 지은 거냐?"고 의아한 표정으로 물었다. 이때 어린 세익의 가슴은 콩닥콩닥 뛰었다. 담임교사는 그가 쓴 동시를 학생들에게 몇 번이고 읽어주었다. 이 일은 다른 사람들에게는 흘러 지나가는 에피소드이었겠지만, 교사의 낭독은 그를 문학 소년으로 만들었고 한평생 시를 생각하게 하는 '중병'에 걸리게 하였다.

문학소년 김세익은 1938년에 함남공립중학교(당시 함흥공립고등보통학교)에 입학한다. 그의 글쓰기 실력은 점차 상승하여, 중학교 4학년 때에는 전국글짓기 현상모집에서 장원으로 뽑힌 일도 있었다. 이때 운동장에 도열한 전교생 앞에서 교장이 상장과 상품

---

1 김세익, 『낙우송』, 1995, 18쪽.

을 전해주고 치하를 하였고, 또한 그의 글이 신문에 게재되었다. 그때가 아마 현촌의 평생에서 가장 '쨍'한 때였을 것이라고 그는 회상한다.[2]

이처럼 문학 소년의 꿈이 커나갈 때였지만, 당시는 일제 식민지 시대로 암울한 상황이었다. 그가 소학교에 다닐 무렵 벌써 중일전쟁이 터져 전쟁 분위기 속에서 어린 시절을 보냈고, 중학교에 입학해서도 전쟁이 계속되었을 뿐만 아니라 전운이 더욱 확대되어 태평양전쟁이 시작되었다. 한창 공부할 시기에 근로동원이라 하여 비행장 만드는 일, 일본 신사나 신관 짓는 일 등을 하고, 또한 일주일에 3시간 이상이나 군사교련을 했으니 공부가 제대로 될 리 없었다. 그뿐 아니라 전쟁이 심해지자 일본인 교사들이 속속 전선으로 나가게 되어 유능한 교사가 거의 없었다. 그래도 세월이 흘러 1943년에 중학 5학년을 졸업했는데, 전쟁의 양상이 심각해지자 일본은 문과계통의 전문학교를 폐쇄해버리고 몇 개 안 되는 이공계 학교만 명목상 남겨두었다.

이러한 시대상황과 교육환경에서 이공계 전문학교에 입학한다는 것은 그 당시로서는 하늘의 별따기였다. 그러나 청년 김세익은 30대 1이란 경쟁을 뚫고 1944년 3월에 서울대 치대의 전신인 경성치과의학전문학교에 합격하였다.

이처럼 김세익은 대학 입학의 관문을 어렵게 통과하였으나, 그의 운명은 순탄하지가 않았다. 일본이 한국 청년에게도 병역의무

---

2 김세익, 위의 책, 18-19쪽.

를 가하게 된 것이다. 그때까지는 지원병제도는 있었지만 한국 청년들에 대한 징병제도는 없었는데 병력이 달리다 보니 내선일체(內鮮一體)란 미명하에 한국 청년들도 일본 군인이 되어 전쟁터에 나가야 했다. 당시 김세익은 징병 2기생이었기 때문에 태평양전쟁이 1년만, 아니 6개월만 더 지속되었어도 중국의 어느 시골에서 백골이 되었거나 태평양의 물귀신이 되었을 것이다. 사실 그 무렵 그 나이 또래의 수많은 한국 청년들이 헛되이 죽음을 맞이하였다고 그는 회상한다.[3]

이후에도 김세익에게 고난의 세월은 계속되었다. 그는 월남한 누나와 함께 서울에서 살았는데, 누나는 잡지사 기자였고 그는 학교에 다니고 있었다. 31세의 노처녀였던 누나는 어느 남자를 만나더니 1년도 못 되어 세상을 하직하고 말았다. 실의와 좌절과 빈곤이 20세를 갓 넘은 그에게 한꺼번에 닥쳐왔다. 해방 이후 시대가 한국인에게 식민지를 벗어난 광명의 시기이기도 했지만, 혼란스럽고 곤궁했던 당시는 서민들에게 고통의 세월을 안겨주었을 것이다. 특히 의지하는 혈육이었던 누나와 사별하게 된 그에게는 이 시기가 일생에서 가장 참담했던 세월이었을 것이다.

이러한 역경과 궁핍의 시기를 지나 현촌은 지방으로 가서 고등학교 교사가 되었다. 1948년에 진주농림고등학교의 영어교사가 되었고, 이듬해인 1949년 3월에는 마산여자고등학교에 영어교사로 부임하였다. 교사로 지내는 이 무렵 하숙집 앞마당에 큰 석류나무

---

3 김세익, 위의 책, 34쪽.

가 있었는데 여름이 되니 빨간 꽃이 만발하고 열매가 주렁주렁 달리더니 터졌다. 「누나야 석류꽃이 피었습니다」는 그 무렵에 지은 시이고 첫 시집 『석류』도 이러한 사연에서 꾸며진 것이다.[4]

한편, 이 무렵 부산·경남지역에서는 학교도서관운동이 서서히 일어나고 있었다. 우리나라 최초의 근대적 학교도서관이라고 하면, 1952년 3월에 개관한 진주여고 도서관을 들 수 있다. 1954년에는 마산여고가 문교부의 학교도서관 연구학교로 지정되어 도서관을 본격적으로 운영하게 되었다. 1956년에는 부산의 경남고등학교에서 학교도서관을 시작하여 1년 뒤에는 최초의 개가제 학교도서관으로 운영하였다.[5]

김세익이 마산여고에 재직하던 시절, 진주여고 도서관을 만들었던 선각자 박경원 교장이 1954년 봄에 마산여고로 전근해 온다. 그 해 마산여고가 문교부 학교도서관 연구학교로 지정되자 박경원 교장은 김세익에게 학교도서관을 3년 계획으로 연구하도록 지원하고 1956년에는 전국적 규모의 학교도서관 연구발표회를 개최하게 한다.[6] 이 일을 계기로 그는 도서관학에 대해 큰 관심을 가지게 된다. 이처럼 박경원 교장은 그에게 도서관에서 인생의 어떤 사명을 느끼도록 한 최초의 멘토라고 할 수 있다.

이러한 관심으로 김세익은 도서관학에 본격적으로 입문할 필요를 느껴 1959년 여름과 1960년 겨울 연세대학교에서 시행한 사서

---

4 김세익, 위의 책, 24쪽.
5 김종성, 『한국 학교도서관 운동사』, 한국도서관협회, 2000, 29쪽.
6 김종성, 위의 책, 33쪽.

교사 강습을 김경일(경기고), 김두홍(경남고), 조재후(경남여고) 등과 함께 받았다.[7] 이들 또한 한국 학교도서관 운동사에 기록되는 인물들로서 학교도서관 운동의 동지들이라고 할 수 있다.

도서관이라는 세상에 눈을 뜬 김세익은 1960년 12월에 드디어 교사직을 사임하고 도서관계에 뛰어든다. 1961년 1월 한국도서관협회에서 간사, 사무국장 서리 등의 일을 하고, 그해 9월에 이화여자대학교 도서관학과에 강의를 나갔다. 1962년 3월에는 이화여대 전임강사로 교수 생활을 시작하였다. 교수까지 되었지만 그는 선진국에서 견문을 넓히고 공부를 하고 싶다는 욕구를 가져, 1964년부터 이듬해까지 유네스코 장학생으로 미국, 영국, 독일, 일본의 각 대학 도서관학과 사서(Librarianship), 도큐멘테이션(Documentation) 과정에서 연구생활을 하였다. 1965년 5월에는 런던대학 도서관학과에서 사서교사(Teaching Librarianship) 과정을 수료하였다.

그가 1965년 미국의 도서관들을 둘러보는 여행 중에서 가장 만나고 싶었던 사람은 더글러스(M. P. Douglas) 여사였다고 한다.[8] 사실 이전에 만난 일은 없지만 현촌이 생각하는 그와의 인연은 10년도 더 되었다. 1965년에 더글러스는 미국 노스캐롤라이나 주의 주도 랄리 교육청의 도서관 담당 장학사였다. 그와의 인연, 보다 엄밀히 말하면 그가 쓴 책과의 인연은 그가 1954년 마산여고 재직 중 맡은 연구 주제 '학교도서관의 조직과 운영' 때문이었다. 요즈음은 상식적인 것이지만 그 당시는 '도서관학'이란 미지의 학문이었다.

---

7 김종성, 위의 책, 41쪽.
8 《도서관》(1966-1967년, 108-110호), 《도협월보》(1966-1968년) 참고.

또한 도서관이 개척되지 않은 불모시대에 문교부 연구지정학교에서 학교도서관 문제를 다루게 된 것은 황무지에서 금을 캐어야 하는 것과 같은 일이었다.

지방의 이름 없는 영어교사였던 현촌은 그 연구의 담당자로 임명되어 1954년부터 1956년 연구발표회 때까지 학교도서관 일에 몰두하게 되었다. 따라서 그는 무에서 유를 창조하는 것과 같은 심정으로 학교도서관을 가꾸고 연구에 임하였다. 국내에 그 방면의 전문 서적이 있을 리가 없었다. 그래서 김세익은 더글러스의 『The Teacher-librarian's Handbook』, 파고(L. F. Fargo)의 『The Library in the School』을 구해서 탐독하고 나름대로 연구해서 도서관학의 존재와 학교도서관에 대한 개념을 파악하였다.

파고의 『The Library in the School』에서는 학교도서관의 개념과 운영 원리를, 그리고 더글러스의 『The Teacher-librarian's Handbook』에서는 학교도서관에 대한 구체적이고 실증적인 기술을 배웠다. 이 두 권의 책을 근거로 하여 학교도서관을 조직하여 운영했고 마침내 1956년 11월 17일 마산여고 도서관에서 역사적인 연구발표회를 개최하였다. 당시 연구발표회의 주제는 '학교도서관을 어떻게 조직하고, 또 어떻게 학습에 활용할 것인가?'였으며 박경원 교장과 김세익 교사가 발표를 하였다. 김효정은 학교도서관이란 말이 아직 생소하던 우리 사회에 일대 파문을 던진 이 발표회는 학교도서관의 필요성을 과시하였고 전국에서 모인 인사들에게 깊은 감명을 주었으며 한국 최초의 학교도서관 관계 연구발표회로서 한국 학교도서관 발전에 획기적인 계기를 마련하였다고 평

가하였다.[9]

학교도서관을 연구하여 전국적으로 발표회를 가진 일은 우리나라 교육계에서 최초의 일이었고, 이 발표회는 이 분야에서 뜻있는 사람들에게 공감대를 형성시켰다. 이러한 시대적 흐름에서 1956년에는 피바디 교육사절단이 도서관 발전을 권고하였고, 1957년에는 연세대학교에 피바디 사범대학의 협조로 한국 최초의 도서관학과 (학부/대학원 과정)가 생겼으며 1958년에는 연세대에 사서교사과정이 개설되었다.

김세익은 3년 동안 신부가 성서를 몸에 지니듯 『The Teacherlibrarian's Handbook』을 늘 들고 다녔다. 그는 영어 교사였기에 그 책을 어느 정도 원문으로 이해할 수 있었다. 즉, 더글러스는 현촌의 연구발표회를 자신도 모르게 도와준 사람이라고 할 수 있었다. 그는 10여 년 동안 언제나 더글러스에 대해 감사하는 마음과 은인이라는 의식을 가지고 있었다. 현촌의 방문을 알고 있었던 더글러스는 정거장에 마중을 나왔는데, 당시 그녀는 70세가 넘은 할머니였다. 그러나 얼굴에서 나오는 기품으로 그녀가 평범한 할머니가 아니라는 사실을 짐작할 수가 있었다고 김세익은 말한다. 그녀는 오랜 세월 학구생활과 정신생활을 해온 사람만이 낼 수 있는 분위기를 가지고 있었다. 모자, 옷, 구두, 핸드백이 모두 같은 진분홍색이어서 아직도 인생에 많은 희망과 의욕을 가지고 있는 것처럼 보였다고 현촌은 기억한다.

9 김효정, 「한국 학교도서관 발전에 대한 소고」, 석사학위논문, 이화여자대학교대학원, 1962, 93-94쪽; 김종성, 앞의 책, 57쪽에서 재인용.

현촌의 도서관 인생에서 또 한 사람의 멘토라고 할 수 있는 더글러스와 그는 초면에도 금방 친하게 이야기할 수가 있었다. 2주간 랄리에 체류하면서 그는 더글러스의 지도를 받았는데, 그녀의 권유에 따라 그 도시의 브루튼고등학교 도서관에서 2주일 동안 실무를 보게 되었다. 브루튼고등학교는 랄리의 일류 고등학교로, 사서교사가 세 명이나 있었다.

그러나 이것은 예외적인 일이고 미국에서도 모든 고등학교 도서관이 그런 것은 아니었다. 다른 초등학교나 중·고등학교에서는 사서교사가 없는 경우도 많아 한 사서교사가 여러 개의 학교 도서관을 담당하기도 하였고, 장학사인 더글러스는 그 사서교사들의 근무일정표를 짜는 일도 맡고 있었다. 사서교사가 세 명이나 있는 브루튼고등학교 도서관도 미국의 모든 학교도서관이 그렇듯이 독립 건물이 아니라 2층 교실을 세 개 개조해서 도서관으로 썼다.

한편, 김세익은 시인으로서 1960년 6월 4일 마산일보에 3·15의거 관련 작품으로 「진혼가」를 발표한다. 당시 마산여고에 재직하면서 마산문인협회 창립 사무국장을 맡고 있던 그는, '학생위령제에 부치는 시'라는 부제의 이 시를 통하여 독재정권과 사회적 부조리에 항거하다가 쓰러져간 학생들의 영혼을 위로하고자 하였다. 이처럼 뜨거운 가슴을 가진 시인 김세익의 시를 아래에 소개한다. 현재 이 시는 마산 구암동 국립 3·15민주묘지 기념시비에 새겨져 있다.

진혼가

— 학생위령제에 부치는 시

그날 밤
황혼이 밀려가고
어두움이 항구를 무겁게 덮고 있던
3월 15일
그날 밤

'돌아오지 않으리라'고 마지막 말을 남기고
어머니의 손을 뿌리치고 나온
젊은 사자(獅子)들의
성난 얼굴에
눈물어린 눈동자 더욱 커지며

두 손에 불끈 쥔 커다란 돌멩이에
있는 힘을 다하여
원수의 가슴팍을 향하여
독재자의 대가리를 향하여
던지던 그 용맹이

청춘보다 소중하다던
조국의 운명을 구하기 위해

부르던 애국가도 끝나기 전에
원수의 총탄에 쓰러진 젊음이여
차마 감을 수 없었던 눈을 감고 간
젊음이여!

아침 햇빛이 찬란히 빛나는
푸르고 푸른 하늘가 높은 곳에
한 송이의 목련 봉오리 되어 피었으니
민주혁명(民主革命)의 꽃이 되어
그대들 곱게 피었으니

'기다리지 않으려마' 하던 어머니도 여기 왔노라
전우였던 학우였던 복식(福植)이도 순이(順伊)도 여기 왔노라
그대들의 젊은 넋이 누워있는 이 제단 앞에 모두들 이렇게 모여
있노라
그대들의 흘린 짙은 피
헛되지 않게 하기 위하여
우리들 모두 여기 줄을 지어 섰노라

아! 생명보다 더한 아름다움이 없고 조국보다 귀한 사랑이 없을
진대
값있게 죽어간 청춘들이여
이 진혼가의 가락에 고이 잠드소서.

김세익이 어떠한 도서관운동을 했는가와 관련하여, 관점에 따라 달리 말할 수 있을 것이지만 김종성은 "그가 마산여고에서 학교도서관을 시작하고 연구발표회를 통하여 전국에 학교도서관운동에 불을 지폈지만 1962년에 이화여대 도서관학과 교수가 되어 학교도서관 운동의 중심에서 떠났다"[10]라고 말한다.

그러나 관점을 달리하면, 도서관학을 본격적으로 연구하고 후학을 양성하는 교수가 되어, 평생 우리나라 도서관을 위하여 일을 하고 글을 썼다고도 볼 수 있다. 그는 1965년 3월부터 1967년 2월까지 이화여대도서관의 사서장을 지냈고, 1969년 2월에는 국립중앙도서관 장서구성위원, 동년 3월에는 한국서지사업회 기술위원장, 한국도서관협회 전문위원회 교육조사분과 위원장을 역임하였으며, 1971년에는 이화여대 교수로 승진하였다. 또한 지방자치단체별로 학교의 교장, 교감을 위한 학교도서관 세미나에 강사로 나가기도 하였다. 1970년 6월에는 경기도내 중등학교장 100명을 대상으로 이루어진 학교도서관 세미나에서 '도서관 이용지도와 독서지도'라는 내용으로 강의하였고, 1971년 12월에는 충남지역 중고등학교 교감을 위한 학교도서관 세미나에서 '학교도서관의 자료와 운영'이라는 제목으로 강의를 하였다.[11] 이러한 활동은 학교도서관 운영에 영향을 미치는 주요 의사결정권자들에게 학교도서관에 대한 눈을 뜨게 만드는 일이라고 할 수 있다.

10 김종성, 앞의 책, 195쪽.
11 김종성, 위의 책, 129, 184쪽.

이후에도 그는 1972년 유네스코 '세계 도서의 해' 특별위원, 1973년 한국도서관협회 이사, 1980년 국회도서관 운영위원, 1982년 국회도서관 자료선정위원, 1982~1983년 한국 필름아카이브(Film Archives) 운영위원을 역임하는 등 국내외 도서관계에 헌신적으로 이바지하였다.

한편, 그가 1975년 2월에 마을문고 공적 감사패를 받은 것을 보면, 그는 우리나라 마을문고의 발전에도 기여한 것으로 보인다. 1980년대에 그가 쓴 글들 중에서 그의 도서관철학을 보여주는 부분들을 발췌하여 소개한다.

우리가 아직도 책을 덜 읽는 국민이라면, 그것은 읽을 만한 책이 없어서가 아니라 우리에게 독서습관이 없고 우리가 책 읽는 즐거움을 모르고 지내기 때문이다. 또, 독서시설이 제대로 갖추어져 있지 않기 때문이다. 대학도서관은 그래도 우리나라 다른 유형의 도서관에 견주면 그 시설이나 예산이 월등히 앞섰지만, 학생들에게 만족스러운 독서 시설이 되기에는 아직도 숱한 문제가 남아 있다. 덴마크나 영국의 농촌에 가보면 장 보러 가는 주부들이 그 마을에 있는, 작지만 충실한 도서관에 들러서 책을 빌려 가는 모습을 얼마든지 볼 수 있다. 사람이 사는 곳에는 어디든지 도서관 시설이 있게 마련이다. 그들은 도서관이 그 지역사회에 있어서 필요 불가결한 시설임을 굳게 믿고 있다. 우리나라에서 얼마 되지도 않는 도서관이 지역 사회 주민들과 아무 관계도 없이 학생들의 '공부방'으로 전락한 사실은 아주 심각한 걱정거리가 아닐 수 없다. 우리가 지금

지향하는 평생교육의 추진도 도서관의 확충 없이는 어림도 없는
일임을 새삼 강조하지 않을 수 없다. 학생들의 공부방이 아니라,
어린아이나 주부나 노인들이 즐겨 찾는 그런 도서관이 지역사회마
다 들어서야 한다. 이제는 그런 데에 투자를 할 단계에 왔다고 본
다.[12]

　도서관이 되기 위해서는 세 가지 조건이 필요하다. 즉 시설과 돈,
그리고 책을 관리하는 사람이다. 시설이라 함은 건물을 말하는데,
건물이 반드시 커야 하는 것은 아니다. 외국에는 20평 정도의 소규
모 도서관이 곳곳에 산재해 있다. 책은 계속 구입하여 서가가 언제
나 생기에 넘쳐 있어야 하므로 돈이 필요하다. 또 도서관을 전문적
으로 관리·운영하는 사서가 있어야 하는데, 우리나라의 경우 도
서관 일을 아무나 할 수 있는 것으로 인식되어 있어 도서관이 제
구실을 못하는 원인이 되고 있다. (중략) 미국의 카네기도 많은 도
서관을 지어서 사회에 기증했지만, 운영은 시나 군에서 맡아 했다.
그래서 아파트단지를 형성할 때 도서관을, 정확히 말해서 공공도
서관을 의무적으로 설치케 하고 하나의 공공도서관으로서 시나
구청에서 운영해야 하는데 이것이 쉽지 않은 모양이다. 영국에서는
도서관위원회가 행정적 차원에서 중앙이나 지방 할 것 없이 설치
되어 있어서, 교육감이나 교육장이 있는 것처럼 같은 수준의 도서
관감이나 도서관장이 있다. 이런 발상은 학교가 학교교육을 담당

12　김세익, 「대학생과 독서생활」, 《종로서적》 1981년 겨울호; 『낙우송』, 52-55쪽에
　서 재인용.

하고 도서관은 사회교육을 수행한다는 이념이 정착되어 있기 때문이다. 우리는 아직도 학교교육에 대한 투자도 여의치 못한 상황에서 본격적인 도서관 투자는 어려울지 모르지만, 이 점을 고려해야 할 것이다. 사회의 근대화를 위해서, 또 국민생활의 근대화를 위해서 도서관에 대한 관심이 고조되어야 한다. 말로만 성인교육·평생교육 할 것이 아니라 그 기지를 만드는 데 힘을 기울여야 한다. 우리는 지금 정보사회에 살고 있다. 도서관은 정보센터다. 그리고 문화센터·독서센터·레크레이션센터이기도 한 도서관문화가 우리나라에서도 이제 본격적으로 고려될 때가 왔다. 현재로서는 가장 가능성이 많은 데가 아파트 단지다. 생존만이 아니라 생활을 위해 아파트단지마다 크지는 않아도 아담하고 본격적인 도서관이 있으면, 문화성이 생기고 진정한 의미의 조국근대화의 이정표가 될 수 있을 것이다.[13]

이러한 글들을 읽어보면, 한국 사회에서 도서관을 '사회적 기관'으로 정립하고 널리 보급하고자 하는 김세익의 철학이 담겨 있음을 알 수 있다. 최근 우리 사회에는 '작은도서관' 운동이 펼쳐지고 있고 정부와 국립중앙도서관도 이를 적극 추진하고 있다. 현촌 또한 일찍이 이렇게 도서관이 사람들 가까이에 있어야 함을 강조하였다. 또한 그는 그러한 소규모 도서관에도 전문적 지식을 가진 사서가 필수적으로 배치되어야 함을 역설하였다.

13 김세익, 「대단위 아파트단지에 도서관을 세우자」 1985. 9;『낙우송』, 63-65쪽에서 재인용.

김세익은 이화여대 도서관학과 교수로서 학문을 연마하고 후학을 양성하는 동안, 1984년부터 1986년까지 한국도서관학회장을 역임하는 등 학계에도 선도적 기여를 하였다. 그가 쓴 역작들로는 『도서관과 사회』(1971), 『도서관조직경영론』(1977), 『도서 · 인쇄 · 도서관사』(1982), 『한국도서관협회 삼십년사』(1977), 『학교도서관 조직과 운영』(1990) 등이 있다. 그는 도서관을 역사적 · 사회적 맥락에서 정립하고자 하였고, 도서관경영 · 도서관사 · 학교도서관 분야에서 기본을 세우는 저술을 생산하였다. 그의 저서들을 읽다 보면, 그가 도서관학의 역사적, 사회적 기본을 탐구하면서도 우리나라 도서관 현장에 근거하는 연구를 수행하고, 또한 현장을 개척하는 데 기여하는 저술을 쓰고자 하였음을 인식할 수 있다.

1989년 12월 김세익은 교수생활의 마지막 저서로 『학교도서관의 조직과 운영』을 탈고하였다.[14] 마산여고 교사 시절 학교도서관에 대한 사랑으로 시작된 그의 도서관인, 도서관학자로서의 삶은 학교도서관에 대한 저술로 마무리되었다.

40년간의 오랜 교단생활을 끝내고 1990년 2월에 김세익은 정년을 맞게 되었다. 그는 정년이 되었다고 섭섭하거나 아쉽다거나 하는 생각은 조금도 들지 않고 오히려 안도감 같은 묘한 해방감이 들었다고 한다. 젊은 시절, 동분서주하면서 적극적으로 현장개척, 학문연마, 후학양성, 저서 생산 등을 하며 정신없이 보냈는데, 나이 50이 넘어가고 무지를 깨닫게 되면서부터 강단에 서서 강의하기가

---

14 김세익, 『낙우송』, 1989, 167쪽.

부담스러워지기 시작하였다고 회상한다. 정년은 이와 같은 중압감에서 해방되기 때문에 안도감이 생기는 것이라고 그는 생각하였다. 정년 후에도 그는 1991년 3월까지 일본 동경 아세아대학에서 객원 교수 생활을 하였다. 이후 독서와 집필, 닭 기르기, 정원 가꾸기, 산책이나 드라이브로 소일하다가 1995년에 별세하였다.

김세익은 한국 도서관계와 문헌정보학계에 기초를 놓고 도서관 사랑을 심었다. 그는 떠났지만 그가 도서관 현장과 문헌정보학 강단에서 남긴 도서관사상과 발자취는 이 땅에 남아 사랑의 씨앗이 되고 아름드리 느티나무가 되고 사람들이 가꾸는 숲이 될 것이다.

박병선

朴炳善

세계 최고(最古)의 금속활자본인 『직지(白雲和尙抄錄佛祖直指心
體要節)』의 가치를 발견하여 한국인의 자존심을 높여준 박병선
(1929~2011)은 자신 또한 자존심으로 뭉쳐진 사람이며, 그로 인해
일생 동안 고행의 길을 걸었다.

　박병선은 1967년에 자신이 일하던 프랑스 국립도서관의 서고에

서 『직지』를 발견하고, 1972년에 『직지』를 유네스코가 주최한 '세계 도서의 해' 전시회에 출품하였다. 이로써 그는 세계 학계, 도서관계, 인쇄출판계를 놀라게 하고 수많은 논란과 외교적 문제를 불러일으켰다. 『직지』의 책 끝머리에는 "선광 7년(1377년)에 청주 외곽 흥덕사에서 금속활자로 찍어 널리 배포했다(宣光七年丁巳七月日淸州牧外興德寺鑄字印施)"고 기록되어 있다. 1377년이라면 그 이전까지 세계 최초의 금속활자본으로 인정받았던 구텐베르크의 『42행 성서』(1455년 완성)보다 무려 78년이 앞선 것이다.

1969년에 프랑스 국립도서관 측으로부터 "3년 후 개최되는 '세계 도서의 해'에 출품할 만한 동양 고서적이 있는지 찾아보시오"라는 지시를 받고, 상당한 준비 작업을 하여 『직지』를 출품하였다. 박병선은 이미 꾸랑의 『한국서지』를 통하여 『직지』의 존재를 알고 있었다.

박병선은 『직지』가 금속활자본임을 증명하기 위해 많은 수고를 하였다. 한국인쇄사를 거의 몰라 한국 인쇄기술에 대한 책을 찾았으나 그런 책을 찾지 못해 일본이나 중국의 인쇄술 관련 책들을 가지고 공부를 시작하였다. 이를 바탕으로 『직지』가 목판이 아닌 활자로 찍은 책임을 증명한 뒤, 이어 금속으로 주조된 것임을 입증하기 위해 여러 가지 물질을 가지고 글자를 만드는 실험도 하였다. 처음에는 감자로 도장처럼 글자를 만들고, 다음에는 나무로 새기고, 그 다음에는 진흙으로 만들어 오븐에다 넣고 굽기도 하였다. 진흙 실험 도중 도자기를 굽듯이 열을 더 많이 주어야겠다고 생각하여 오븐 온도를 높여 오래 두었다가 오븐이 펑하고 터진 일도 있었다.[1] 실험 결과 이러한 활자들은 비슷하기는 하지만, 사진으로 확대해 보니 조금씩 달랐다. 처음부터 금속활자로 실험을 하였다면 고생을 덜 하였을 것이다.

이후 그는 인쇄소의 옛 활자를 구하여 관찰도 하고 물어도 보며 점차 『직지』가 금속활자본임을 증명하였다. 금속활자에는 글자 가장자리에 티눈 같은 것이 붙어 있는데, 이는 금속활자가 쇠를 부어 만든 것이기 때문이다. 활자에 붙은 '쇠똥'을 미처 떼어버리지 못하고 인쇄를 하면 글자 가장자리에 먹물이 번진 것처럼 보이는 것이다. 또한 금속활자본에는 삐뚤어진 글자가 더러 있다. 인쇄할 때 밀려서 삐뚤어진 것이다. 이 외에도 박병선은 여러 논리와 증거로 『직지』가 금속활자본임을 고증하였다.

전시회 이후 그는 한국의 문화재관리국에 흑백영인본을 보냈으며, 1973년에 한국의 문화재위원들은 이를 놓고 논쟁을 벌였지만 『직지』의 여러 특징을 고증하여 『직지』가 초기 금속활자본이라고 판정하였다.[2] 한편, 그 이전 1972년에 한국서지학회 회원 10여 명이 국회도서관 관장실에서 프랑스 국립도서관 소장 『직지』 영인판을 감정한 결과 『직지』가 금속활자본이라는 결론을 이미 내린 바 있다. 세계인쇄사를 다시 쓰게 만든 『직지』는 2001년에 유네스코 세계기록유산으로 등재된다. 박병선 덕분에 우리 민족의 문화적

---

1 안지원, 「박병선 – 프랑스 소재 '직지심경', 외규장각 도서 발굴기」, 《역사비평》 2004년 봄호, 245쪽.
2 박상균, 『도서관학만 아는 사람은 도서관학도 모른다』, 한국디지틀도서관포럼, 2004, 461–462쪽.

자부심이 세계만방에 드날리게 된 것이다.

　이 책에서 소개하는 여러 도서관인물들처럼 박병선도 처음부터 사서로서 또한 서지학자로서의 길을 가고자 한 것은 아니었다. 그는 1929년에 서울에서 태어났다.[3] 그의 어린 시절에 대해서는 잘 밝혀져 있지 않으나 부유한 환경에서 부모의 귀여움을 받으면서 자라난 것으로 보인다. 1950년에 서울대학교 사범대학 역사교육학과를 졸업했다. 대학을 졸업한 그해 6·25전쟁이 터졌고, 서울에서 그는 아픈 어머니와 함께 집을 지켰다. 매일 아침저녁으로 찾아온 인민군의 협박과 난리를 감당하다 추방령이 내려져 서울 중구 저동에 있는 집에서 쫓겨나 아는 사람들 신세를 지며 떠돌아다녔다. 당시 그의 가족은 부르주아 계층으로 분류된 것 같다. 예전에 가깝게 지내던 사람들이 받아주기를 꺼려하였지만, 그 집안 공장에서 일하던 직공들은 노동자로서 배급을 받아 조금씩 나누어주었다. 그것으로 연명을 하다가 부산으로 피난을 한 뒤 다시 서울로 돌아왔는데, 이처럼 심한 고난을 겪은 그는 결핵성 뇌막염에 걸리고 말았다. 당시 서울에 와 있던 유럽 의사들까지 불러 치료를 했으나 6개월을 넘기기가 어려워 보였다. 그러다 기적적으로 하룻밤 사이에 씻은 듯 나았다.

　회복을 한 뒤 1955년에 박병선은 소녀 시절부터서 동경하던 프랑스로 유학을 떠났다. 애초 그의 유학목적은 행정학을 공부하는 것이었다. 프랑스에서 학교를 운영하는 법을 배워 와서 유치원부

---

3 "박병선", 위키백과(2013. 1. 1).

터 중학교까지 학교를 운영하고자 하였던 것이다. 1962년까지 벨기에 루뱅대학에서 수학한 뒤, 1967년에 프랑스 국립도서관이 동양의 자료정리를 도와달라고 요청하여 도서관에서 일하기 시작하였다. 1971년에 소르본대학에서 「사적으로 본 한국의 민속학」이라는 논문으로 종교학 박사학위를 받았다. 소르본에서 불어를 배운 뒤 철학과 언어학을 공부하다가 역사민속학으로 전향을 하게 되는데, 그 이유는 "너희 나라의 넋이 무엇이냐?", "한국의 원시종교가 무엇인가?"라는 물음에 설명을 하다가 아예 한국의 역사를 공부하고자 결심 때문이다.

박병선이 프랑스 국립도서관에서 사서 생활을 하게 된 것은 무엇보다 연구자로서의 탐구욕 때문이었다. 도서관 일을 해달라고 요청을 받았던 당시는 그가 막 논문을 시작할 때였다. 책을 마음대로 볼 수 있는 등 여건이 좋았기 때문이며, 한편 속마음으로 병인양요 때 프랑스군이 가져간 책들을 국립도서관에서 찾을 수도 있겠다는 생각을 했던 것이다. 이는 또한 학자로서 박병선의 집념과 외로운 고행을 예고하는 일이었다.

프랑스군이 약탈해 간 한국 고서를 찾아봐달라는 사학자 이병도의 부탁도 있고 해서 그는 약 10년 동안 도서관을 뒤지고 다녔으나 종내 찾지를 못하였다. 그러던 중 국립도서관 베르사유 별관에서 일하던 사람을 만나, 별관의 파손도서 서고에 한문책이 많다는 이야기를 듣게 된다. 이에 그는 1978년에 베르사유 별관에서 조선왕조의 외규장각도서 『왕실의궤(王室儀軌)』를 발견한다. 발견 당시 중국책으로 분류되어 있던 외규장각도서의 존재를 최초로 밝혔기에 그는 안팎으로 박해를 받게 되는데, 프랑스 국립도서관 측으로부터 자신들의 비밀을 밖에 알렸다고 배반자라는 소리를 들었고, 한국정부 관계자나 학계 사람들로부터도 조용히 일이나 하지 괜한 것을 들추어내 사람들을 피곤하게 한다는 소리를 들었다. 이렇게 압력을 받은 그는 1979년에 도서관에 사표를 내고 나온다.

그러나 박병선은 여기에 굴하지 않고 『왕실의궤』의 해제서를 내는 작업을 한다. 1980년부터 시작된 해제작업은 10년이 걸려 1990년에 끝났다. 외규장각도서들은 한자와 조선 이두문자로 쓰여 있어, 한국의 이두전문가에게 부탁을 하였으나 반응이 냉담하였다. 결국 자신이 암호문을 해독하는 심정으로 이두 공부까지 하면서 한 자 한 자 해독하며 297권의 책을 세 번이나 읽었다. 해제작업을 마쳤지만 상업성이 없어 프랑스에서 출판하는 것은 거의 불가능하였다. 그래서 한국의 노태우 대통령에게 편지를 보냈고 이 편지는 서울대 규장각의 관리책임을 맡고 있던 이태진 교수에게 전달되었다. 이태진 교수는 돕겠다는 생각을 하였고, 1992년에 서울대의 지원으로 불어판 해제서 『Règles Protocolaires de la Cour Royale de la Corée des Li, 1392~1910』이 나왔다.[4]

프랑스에서 국립도서관 일을 그만둔 뒤, 박병선은 콜레주 드 프랑스(Collège de France)의 동양학 전공 프랑크 교수의 연구원이 되어 연구 활동을 계속하였다. 아무도 일을 시키지 않고 오히려 냉대와 박해를 받았지만, 박병선은 고집스럽게 역사학과 서지학 연구

---

4 이태진, 『왕조의 유산-외규장각도서를 찾아서』, 지식산업사, 1994, 48-60쪽 참조.

의 길을 걸었기에 구텐베르크의 금속활자본이 세계최고라는 유럽의 사관을 바꾸어놓았으며, 풍부한 사료적 가치를 가진 외규장각 도서를 조명하여 한국인의 문화적 긍지를 높여주었다.

문화적 투사이자 수도승과 같은 이러한 노력이 뒤늦게 인정되어 박병선은 1998년에 청주시 명예시민증을 받았고, 1999년에 대한민국 문화훈장을 받았으며, 2001년에는 KBS가 주관하는 해외동포상을 수상하였고, 2004년에는 대한인쇄정보기술협회로부터 공로패를 받았다. 또한 그는 한국임시정부 파리위원부가 있었던 청사를 발견하였고 2006년에는 프랑스 외교 고문서 발굴 작업을 하여 한불관계자료 정리에도 기여하였다. 2007년에는 국민훈장 동백장이, 2011년에는 국민훈장 모란장이 서훈되었고, 또한 『직지』를 발견한 공로 등을 인정받아 경암학술상 특별공로상이 수여되었다. 같은 해 11월 22일 박병선은 프랑스 파리에서 향년 83세로 파란만장한 생을 마감하였다.

박병선은 프랑스에서 사서로서 또한 학자로서 평생을 보내며 한국 인쇄문화의 선진성을 세계만방에 알리고 한국인의 문화적 자존심을 고취하는 데 커다란 역할을 하였다. 우리나라의 그 누구도 해내지 못한 일을 그는 박해와 고행을 무릅쓰고 해낸 것이다. 우리나라 도서관계와 문헌정보학계에서도 그를 자랑스러운 사서이자 서지학자로서 본격적으로 조명을 하고 기억을 할 필요가 있다. 그는 분명 우리가 가진 기록자산의 의미와 역사적 혼을 제대로 밝혀준 도서관인물인 것이다.

한국적 문헌정보학과 독서치료의 토대를 구축한
실사구시적 도서관사상가

김정근

金正根

김정근은 국내 도서관계와 문헌정보학계에서 매우 강렬하고 치열한 이미지와 논조로 현장을 개척하고 학문을 전개한 도서관사상가라고 할 수 있다. 지난 20여 년간 그가 주창하고 전개한 '한국적 문헌정보학'이라는 화두는 우리 시대 도서관인과 문헌정보학도에게 서슬이 푸른 문제의식으로 다가왔으며, 또한 그가 최근까지 전개하는 독서치료의 세계는 우리 한국인의 마음의 상처를 달래는 데 적절히 작용하고 있다. 그러므로 김정근의 도서관사상은 앞서 필자가 소개한 한국 근현대 도서관인물들의 사상을 이 시대에서 반추하는 데에도 매우 효과적인 매개가 될 수 있을 것이다.

김정근은 1939년에 경주 불국사 근처의 평동에서 출생하였다. 그는 어린 시절의 대부분을 외가에서 자랐다. 그는 외조부 김범부(金凡父)가 민의원을 지낸 뒤 경주에 계림대학을 설립하여 학장으로 있을 때부터 외가에서 자라며 그곳에서 중학교까지 마쳤다. 그러면서 특히 외조부와 외숙의 영향을 많이 받았는데, 김범부(본명 金鼎卨)는 동양철학자이며 한학자이고, 소설가 김동리의 형이다. 김범부는 "하늘 아래 가장 밝은 머리"라는 별명이 있을 정도로 명석한 두뇌의 소유자였으며, 저서로는 『화랑외사(花郎外史)』가 있다.[1] 1950년대 초 김정근은 외갓집 사랑방에서 외조부와 외숙 김두홍[2]의 대화를 자주 듣곤 하였다. 두 사람 사이의 고담준론은 어린 김정근에게 지적인 자극으로 작용하였다.

1950년대 중반 이후 외가가 서울로 옮기면서 그 역시 서울에서 경복고등학교를 다녔다. 1958년에 서울대학교 영문학과에 진학한 그의 꿈은 평론가나 작가가 되는 것이었다. 필자가 소개하는 여러 국내외 도서관인물들처럼 김정근도 처음에는 도서관학 분야를

---

1 "김범부", 위키백과(2013. 1. 1).
2 김두홍(金斗弘)은 1950년대에 부산에서 교사, 장학사로서 활동하였지만 이후 도서관계에 몸담고 한국과학기술정보센터(KORSTIC)의 초대 소장을 지냈으며 부산여자대학교(현 신라대학교)의 교수 및 도서관장, 한국도서관·정보학회장을 역임하였다.

염두에 두지 않았지만, 당시 인기학과였던 영문학과를 다니면서도 무엇인가 현실적인 힘을 발휘할 수 있는 사회과학에 대한 욕망을 느끼기 시작하였다. 재학 당시 육군통역장교 시험에 응시하여 합격한 후, 1962년부터 1966년까지 군복무를 하다 복무 중 파견된 부산에서 만기전역을 하였다. 전역 당시 28세였던 그는 생계를 위해 부산의 한 여자고등학교에서 영어교사로 취직하여 한 학기 동안 일하였는데, 이때 당시 고등학생이었던 현 부인, 이유하천[3]을 만나게 되었다. 이후 그는 서울의 진명여자고등학교로 옮겨 3학기 동안 영어교사 생활을 하고, 이 시기에 서울대학교에서 교육학 석사를 취득하였다.

김정근이 도서관학 분야와 접하게 된 직접적인 계기는 역시 그의 멘토 김두홍에게서 왔다. 1960년대 후반 김두홍은 당시 한국과학기술정보센터 소장이자 성균관대학교 부설 한국사서교육원 강사였다. 그는 김정근을 성균관대학교 도서관학과 조교로 추천하였다. 이때부터 그는 당시 교수진 이춘희, 천혜봉 등의 영향을 받으며 도서관학의 매력으로 빠져들기 시작하였다. 그는 특히 이춘희 교수의 곁에서 학문의 길을 물었으며, 1971년에 미국으로 유학의 길을 떠났다. 떠날 때에는 도서관학 공부를 두세 해 하고 귀국할 계획을 가졌으나, 1984년까지 12년 반 동안 북미에서 '학문적 오디세이'를 감행하였다.

---

3 이유하천은 1949년생으로 1971년에 김정근과 결혼하였으며, 장편소설 『조용히 쏟아라 대지는 깊이 잠들지 않는다』, 문화비평집 『나는 제사가 싫다』 등 여러 소설과 비평집을 내놓은 작가이다.

그가 처음 유학을 간 곳은 미국 일리노이 주 도미니칸대학(당시 Rosary College)이었다. 이곳에서 도서관학 석사를 취득한 후 북미의 여러 명문대에서 박사과정 입학 허락을 받게 되어 그는 귀국을 단념한다. 학문이라는 큰 세계를 본 것이다. 이렇게 하여 컬럼비아대학교에서 문헌정보학 박사과정을 수료한 뒤, 또다시 기록학을 공부하기 위해 캐나다로 건너갔다. 1977년부터 토론토대학교에서 공부를 시작하여 방대한 교회 기록물과 면담자료를 기초로 하여 1983년에 교육학 박사학위를 받았다. 이 기간 동안 온타리오 주의 소수민족연구소에서 7년간 연구원으로 일을 하기도 하였다.

이처럼 김정근은 북미에서 도서관학과 기록학 분야에 심취하여 학문적 성취를 이루고, 한편으로 도서관 및 기록관을 두루 찾아다니고 도서관장 일을 보기도 하면서 현장을 경험하였다. 그런데 그는 역설적으로 서구유학 생활을 통하여 제3세계에 대한 자각을 느끼고 관련 문헌을 탐독하기도 하였다. 이것은 귀국 후 그가 전개한 '제3세계 도서관학', '한국적 문헌정보학' 건설 작업에 맹아가 되었다.

북미 오디세이를 마친 김정근은 1984년 부산대학교에 문헌정보학과(당시 도서관학과)를 창설하고 교수로 부임하였다. 1980년대는 한국 사회가 용광로와 같은 사회변혁의 터널을 통과하던 때였다. 귀국하여 국내의 도서관 현장과 문헌정보학 강단을 접하던 그는 이내 현장과 강단의 괴리에 괴로워하기 시작하였다. "도서관 현장은 낙후하여 처연히 땅 위에 누워 있는데, 강단의 언어는 첨단이 되어 하늘을 날고 있다"는 문제의식이 그에게 학문적 화두로 점차 구체화되었고, 이후 학계의 수입언어와 도서관현실의 괴리를 극복하는 것이 그에게 일생의 과제가 되었다. 또한 엄대섭, 이봉순 등 한국의 도서관인물들과도 문제의식을 공유한 김정근은 우리나라 도서관 현장을 개척하는 것이 한국 도서관학의 본분임을 줄곧 강조하였다. 이처럼 학문적 무기력함, 현장에 대한 안타까움, 분노 등으로 괴로워하던 그는 1980년대의 불같은 대학캠퍼스와 학생들로부터 어떠한 희망과 해법을 찾게 된다. '부산대학교도서관개혁운동'이 터진 것이다.

1987년부터 1년 반 이상 전개된 부산대학교도서관개혁운동은 한국 도서관운동사에서 결코 빼놓을 수 없는, 변혁지향적이면서도 전문적인 운동이었다. 당시 학생들은 청년학도의 패기와 지적 성실성으로 대학도서관의 고질적인 병폐를 적나라하게 드러내고 이에 대한 대안을 논리정연하게 제시하였다. 이후 이 운동은 전남대, 경북대, 전북대 등으로 들불처럼 파급되었다. 김정근은 학생들의 실사구시적 언어로부터 마치 계시처럼 학문적 길을 개척할 수 있는 희망을 발견하였다. 이때부터 그는 서구 지식의 '수입상'이기를 거부하고 '한국적 문헌정보학의 개척자'로서의 여정에 나서게 되었다.

이후 김정근이 내놓은 일련의 역작들, 『한국의 대학도서관 무엇이 문제인가』, 『학술연구에서 글쓰기의 혁신은 가능한가』, 『디지털 도서관: 꿈인가, 광기인가, 현실인가』, 『학술연구에서 문화기술법이란 무엇인가』, 『우리 문헌정보학의 길 어떻게 걸어갈 것인가』, 『한국 사회과학의 탈식민성담론 어디까지 와 있는가』 등은 이러한 학

문적 화두를 가지고 꾸준히 실험하고 실천하고 동료 및 제자들과
공동작업하여 제시한 학문적 담론이자 성과물이다. 그가 생산한
서적들은 현장의 낙후성과 전근대성, 그리고 그러한 상황을 외면
하거나 방기한 관련자들에 대한 분노를 표출하기도 하고, 이러한
개척기 현장을 일으켜 세우기 위한 학문적 과제를 제시하기도 하
며, 이를 위한 구체적 전략을 제시하기도 한다. 그의 글은 성난 사
자가 포효하는 논조로 현장 문제의 정수를 건드리고 있기에 특히
현장의 사서들로부터 호응을 받았다. 또한 그의 책들은 랑가나단
의 『도서관학 5법칙』처럼 사례보고서, 참여관찰기, 역사서, 풍자시,
수필, 서지 등의 다양한 면모를 가진다. 그의 저작들은 도서관 현
장과 문헌정보학 분야뿐만 아니라 여타 사회과학에서도 쟁점과 성
찰을 불러일으키며 기본을 다지는 방향으로 지평을 열었으며, 학
술원 및 문화관광부 우수학술도서, 교수신문의 '올해의 책' 등으로
선정되는 등 학문적 저력을 인정받기도 하였다. 도서관과 문헌정
보학에 대한 김정근의 열정과 학술활동에 대한 지지, 평가는 문헌
정보학 분야뿐만 아니라 다른 영역에서도 발견할 수 있다.

김정근을 중심으로 움직이는 부산대 문헌정보학과의 공동작업
실은 한국지성사에 한 획을 긋는 대단히 중요한 일들을 해왔다. 그
간 공동작업실의 연구자들은 서양 학계의 식민지로 전락한 국내
학계의 참상에 경종을 울리는 논문과 책들을 꾸준히 내왔다. 그들
은 이론만 이야기하는 게 아니다. 실천을 한다. 그들의 실천은 경
탄을 자아내게 만든다. 그것도 교수에서부터 학부 학생에 이르기

까지 혼연일체가 되어서 말이다. 내가 김정근팀을 '한국 학문의 희망'이라고 부르는 이유도 바로 여기에 있다.[4]

저자는 10여 년의 기간을 통해 현장에서 직접 보고 느끼고 체험한 것을 바탕으로 도출해낸 대학도서관의 가장 기본적인 문제들, 즉 운영주체의 문제, 장서개발의 문제와 이를 위한 사서주도성의 문제, 그리고 도서관조직의 변혁을 위한 계기는 어떻게 마련할 수 있는가 하는 문제를 이야기한다. 따라서 이 책은 우리 시대의 또하나의 억압과 황폐함의 구조인 대학도서관의 문제를 진솔한 글쓰기를 통해 보여준 현장보고서이다. 이런 점에서 그동안 도서관 현실과는 동떨어진 글로 해서 상상력과 실천적 힘이 결핍되었던 도서관 현장에 신선한 충격을 주고 있다. 이미 누구나 다 알고 있는 현실을 애써 외면하던 기존의 글들과는 달리 이 책의 저자는 아주 당당하게 현실의 문제를 직접 파고들어 속 시원히 비판하고 실천적 대안을 제시하기 때문이다. (중략) 따라서 이 책이 대학도서관에 한정되지 않고 한국사회에 올바른 도서관을 만들고 운영함으로써 궁극적으로 사회발전에 기여하는 도서관으로서의 제 기능을 수행할 수 있도록 만들고자 노력하는 모든 도서관현장의 개혁적인 주체세력들에게 아주 적실한 이론인 동시에 실무지침서로서의 역할을 튼실히 감당할 수 있을 것으로 기대한다. 이제야 한국의 도서관이 본연의 모습을 찾아가는 길을 보여주는 한 권의 책을 만날

---

4 강준만, 「한국학문의 희망, 김정근팀」,《인물과 사상》, 1998. 2, 59-60쪽.

연구실에서 김정근 교수

수 있음을 다행으로 생각한다.[5]

　김정근의 도서관사상 핵심은 다음과 같이 요약될 수 있다. 첫째, 논제의 혁신이다. 이는 "우리나라 현실에서 논제를 건져올린다"는 뜻으로, 서구추수적인 학문행태를 지양하고 우리의 현단계를 주목하여 가장 기본적이고 시급한 것부터 연구를 해야 한다는 것이다. 둘째, 우리식 연구방법이다. 이는 우리 현실에 기반한 논제를 해결

<hr />

5 1995년 학계와 도서관계에 반향을 불러 일으켰던 『한국의 대학도서관 무엇이 문제인가』에 대한 도서관인의 반응이다. 이용훈, 「한국 대학도서관 문제에 대한 실사구시적 글쓰기」, 《창작과 비평》 통권89호, 1995. 9, 263-265쪽.

하는 데 적합한 여러 가지 연구방법을 적용한다는 뜻이다. 우리 현실의 파노라마를 깊숙한 곳에서부터 드러내고 이에 대한 적합한 처방을 내리기 위해 다양한 연구방법을 동원할 수 있으며, 그중에서도 현실과 상호작용할 수 있는 질적 연구방법이 유용하다는 것이다. 셋째, 우리식 제시기술이다. 논문을 쓰면서 내용의 맥락과 진실을 제대로 전달할 수 있는 문체를 개발하고 활용한다는 것이다.

2000년 이후 그는 독서치료라는 새로운 지평을 열고 있다. 정년을 5년 앞둔 시점에서 맞이한 안식년에서 책의 치유능력을 경험한 그는 이를 계기로 문헌정보학의 영역 내에 있으면서도 상대적으로 소홀하게 취급된 '독서치료'에 관심을 가지게 된다. 다음의 글에서 독서치료를 통해 그가 내적 변화를 겪게 되었음을 알 수 있다.

나 또한 책 덕분에 많이 변했다고 감히 말할 수 있다. 무거운 이야기는 다음 기회로 미루고 가벼운 이야기 한 가지만 말해본다면, 나는 워낙 턱없이 근심 걱정이 많은 사람이었다. 만사에 지나칠 정도로 신경을 썼고 혼자 모든 것을 책임지려고 했다. 소득이 있는 일이나 없는 일이나 마찬가지였다. 나 자신도 어쩔 수가 없었다. 남이 보면 참 한심한 면도 있었을 것이다. 지금 생각하면 못 말리는 '완벽주의자'였던 것 같다. 그랬던 내가 책 한 권을 만나고 나서 불과 하룻밤 사이에 크게 무너져 버렸다. 나는 지금도 리처드 칼슨의 『우리는 사소한 것에 목숨을 건다』를 처음 읽던 그 서늘한 밤의 기운을 생생하게 기억한다. 책읽기를 끝냈을 때 나는 속에서 무엇인가 크고 단단한 덩어리가 빠져나가는 것 같은 느낌을 받았다. 후

런하고 시원했다. 그 경험이 있고 난 후 나는 변하기 시작했다. 하루가 다르게 변해가는 정도를 몸으로 느낄 수 있었다. 한편, 그 후에도 내 속에는 여전히 지난날의 익숙한 경향이 남아 있다. 그러나 확실한 것은 이제 더 이상 그 옛날의 걱정쟁이는 아니라는 것이다.[6]

예전부터 한국인이 가진 마음의 상처에 주목했던 그는 안식년 이후 이 분야의 독서를 심화하면서 이를 도서관 현장의 프로그램으로 접목하는 작업을 계속하고 있으며, 도서관과 문헌정보학의 블루오션으로 '체험적 독서치료'라는 전망을 사서들에게 제시하고 있다. 공공도서관과 독서치료가 만나야 하는 필요성과 당위성에 대한 그의 생각은 다음 글에 잘 나타나 있다.

사교육시장을 중심으로 하는 비즈니스 색채가 농후한 독서치료 프로그램들은 대체로 독서치료에 관한 '지식'의 전달에 관심이 많으며 민간자격증을 매개로 활동의 축이 돌아간다. 이를 학계에서는 지식형이라고 일컫는다. 한편 도서관이나 복지시설 같은 대인봉사기관을 중심으로 하는 비영리적 독서치료 프로그램들은 대체로 사람의 치유와 변화의 '체험' 자체에 무게 중심을 둔다. 이를 학계에서는 체험형이라고 일컫는다. 도서관은 태생적으로 체험형일 수밖에 없다. 지식형은 전혀 적절하지 않다. 도서관은 지역주민에 대한 대인 서비스를 떠나서는 의의를 찾을 수 없기 때문이다. 전국

---

6 김정근 · 김은엽 · 김수경 · 김순화, 『독서치료 사례연구』, 한울, 2007, 4-5쪽.

의 도서관이 투명한 눈을 가지고 체험형에 눈을 돌리기 시작한 것은 독서치료의 다음 단계를 위한 중요하고도 발전적인 전기라고 할 수 있다.[7]

김정근은 미국의 마이클 고면처럼 우리 시대에서 도서관과 문헌정보학의 기본에 충실하며 그러한 차원의 난제를 학문적 화두로 삼아 치열하게 고민하고 동시에 실천적인 작업을 수행하는 사상가이다. 그를 통하여 우리는 현 시대 한국 사회의 도서관사상이 무엇인가에 대해 구체적으로 고민할 수 있고, 급변하는 정보환경에서도 기본을 다지고 미래를 열 수 있는 힘을 얻게 될 것이다.

---

7 김정근, 「체험적 독서치료란?」, 김정근 · 김경숙 · 김은엽 외, 『독서가 마음의 병을 치유한다』, 한울, 2009, 34-35쪽.

제3부

동서양 도서관인물을 통해 본
도서관사상의 궤적

출생

성장

역경

조우

운동

정립

유산

앞에서 국내외 도서관인물들의 면면과 천로역정을 살펴보았다. 필자는 이러한 도서관인물들이 각자 걸어간 길을 따라가봄으로써 도서관사상(圖書館思想)의 기둥을 만져보고자 하였다. 사실 도서 관사상으로 들어가는 문을 열고 그 세계를 탐구하기 위해서는 특별한 수련이 필요할 듯하다. 예컨대 도서관사상과 관련된 동·서양의 문헌이나 이론을 탐색하거나, 인류역사를 아우르면서 도서관이란 무엇인가를 고찰해보거나, 도서관사상을 체득하기 위해 이론적 탐구이든 현장 운동이든 무엇인가를 실천해보는 것이다.

그러나 과문하고 필력이 부족한 필자는 도서관사상의 세계를 깊숙이 탐험하지 못하고 그 대신 도서관사상을 실천하고 웅변하는 인물들의 방을 찾아다니며 기웃거렸다. 도서관사상의 아스라한 빛을 더듬어보기 위해 도서관 현장 또는 문헌정보학을 통하여 인류 사회의 발전에 기여한 인물을 살펴보고 그들의 발자취를 더듬어보는 길을 택한 것이다. 또한 필자는 용감하게도 도서관사상에 대해

"도서관을 운영하고 서비스를 제공하는 데 기반이 되는 철학이나 원리"라고 정의를 제시해보기도 하였다.[1] 이에 대해서는 앞으로도 탐색과 성찰이 더 필요하다. 필생의 과업이 될 수도 있다.

이러한 인물들은 자신들이 도서관사상가라고 자처하지 않았다. 그러나 이들은 때로는 어둠 속에서 어슴푸레한 빛을 찾아가는 심정으로, 때로는 막연히 도서관이 좋아서, 어떤 때는 민중이 스스로 성장할 수 있기를 바라는 마음에서, 또 어떤 때는 공공선을 위한다는 명분과 자부심으로, 때로는 미풍처럼 부드럽고 자유롭게, 때로는 불의와 압제에 저항하는 불꽃같은 정열로 도서관을 만들고 사람들 사이에 도서관 풍경을 피워올렸다. 역사의 진보를 믿는 이들의 선견지명과 혜안, 모두를 위한 지식의 광장을 만들고자 한 이들의 희생정신, 인류사회를 위하여 지상에서 가장 아름다운 기관을 만들고자 한 이들의 숭고한 정신, 남이 알아주든 알아주지 않든 도서관을 살아 숨쉬게 만들기 위하여 무언가를 실천한 이들의 맹목적 헌신, 그리고 이들이 남긴 발자취가 도서관사상의 뿌리가 되고 줄기가 되었다.

필자는 이러한 도서관인물들, 도서관의 영웅들, 도서관의 거인들의 어깨 위에서 도서관사상의 흐름과 지평을 보고자 하였다. 그래서 우리보다 앞서 길을 걸어가거나 무엇인가를 개척한 인물들의 삶과 사상을 살펴봄으로써 메시지를 얻거나 좀 더 쉽게 이해할 수 있으리라는 기대를 안고 도서관사상의 세계를 탐구하는 길을

---

1 이용재 · 최원찬, 「우리 시대 도서관사상을 찾아서: 김정근의 삶과 사상을 중심으로」,《디지틀도서관》제47호, 2007년 가을호, 22쪽.

떠났다.

그 길에서 유럽, 미국, 중국 인물들의 발자취도 더듬어보았고 우리나라 인물들의 삶의 행로도 추적하였다. 이러한 파노라마에서 중세가 저물어가고 근대의 여명이 비치는 무렵의 인물, 근대화 물결의 와중에서 도서관이라는 '만인의 대학'을 만들고자 애쓴 인물, 일제강점기의 암울한 공간에서도 우리 민족의 도서관을 구축하고 살린 인물, 디지털시대에서의 경박한 '도서관 종말론'에 일침을 가하는 도서관사상가들을 만났다.

각 인물의 방을 순례하고 마무리하는 뒷마당에 해당하는 이 글에서는 독자의 이해를 돕기 위해 필자 나름의 전개방식에 따라 인물들의 인생 에피소드와 행로, 그들의 사상적 유산을 취사선택하여 소개하고 국내외 여러 도서관인물들의 공통점이나 차이점을 제시하였다. 다시 말해, 이 책을 통틀어 여러 인물의 행적을 교차·분석하여 도서관사상의 궤적을 정리해보았다.

특히 이러한 도서관인물들의 사상과 족적을 나름대로 이해하기 위하여 인물들의 생애 전반을 7개의 테마(출생-성장-역경-조우-운동-정립-유산)로 구분하여 정리하였다. 즉, 각 인물이 어떻게 살았고, 그들의 삶에서 어떠한 계기, 목표, 시행착오, 멘토, 전환기, 사상의 전개 및 변천, 족적 등이 있었는가를 살펴보았다. 이 과정에서 도서관인물들과 독자가 만나기를 기대한다.

출생

이 글에서 다루는 외국 인물들의 출생 연도부터 살펴보면 다음
과 같다. 노데 1600년, 라이프니츠 1646년, 프랭클린 1706년, 듀
이 1851년, 꾸랑 1865년, 버틀러 1884년, 랑가나단 1892년, 두딩요
1898년, 세라 1903년, 고먼 1941년이다.

『도서관 설립을 위한 의견서(*Advis Pour Dresser Une Bibliothèque:
Présenté à Monseigneur le Président de Mesme*)』(1627)를 쓴 노데부
터 『미래도서관:꿈, 광기, 현실(*Future Libraries: Dreams, Madness, and
Realities*)』(1995)에서 '신도서관학 5법칙(Five New Laws of Library
Science)'을 발표한 고먼에 이르기까지, 이러한 외국의 인물들은 근
현대 역사에서 도서관이 민중의 대학임을 선언하거나 그러한 도서
관사상을 정립하기 위해 노력하였다.

또한 이 글에서 소개하는 국내 인물들의 출생 연도는 다음과 같
다. 유길준 1856년, 윤익선 1872년, 이범승 1887년, 박봉석 1905년,
이봉순 1919년, 엄대섭 1921년, 이인표 1922년, 김세익 1924년, 박
병선 1926년, 김정근 1939년이다.

『서유견문』(1895)을 쓴 유길준에서 『디지털도서관: 꿈인가, 광기
인가, 현실인가』(1997)를 쓴 김정근에 이르기까지 이러한 국내 인
물들은 직·간접적으로 서구의 근현대 도서관사상으로부터 영향을
받았다. 그리고 각자 우리나라에서 '도서관'이란 무엇인가를 탐구하
고 '사회적 기관'으로서 도서관을 정립하며 자주독립국가 한국에서
'도서관'을 수호하고 '한국의 이론'을 정립하기 위해 애를 썼다.

성장

국내외 도서관인물들은 대체로 책과 지식을 존중하는 가풍에서 자라나거나 그러한 주변 분위기를 접하면서 자라났다. 그렇지 않은 경우, 열악한 가정환경에서 지식의 세계를 갈구하며 성장하였다.

라이프니츠는 독일 라이프치히에서 대학교수의 아들로 태어나 어릴 때부터 놀이보다는 책에 흥미를 가졌다. 그가 어릴 때 아버지가 별세하였는데, 어린 라이프니츠는 아버지의 서재에서 많은 책을 장난감처럼 접하고 거의 독학으로 라틴어를 공부하여 12세 무렵에 라틴어에 통달하는 등 천재성을 보였다.

프랭클린은 미국 보스턴에서 17명의 남매 중 막내아들로 태어났다. 그의 아버지는 비누와 양초를 만드는 가내공업을 운영하였는데, 당시 식민지 사회에서 사업을 하여도 살림이 어려워 아이들은 정규교육을 거의 받지 못하였고, 남매 중 프랭클린만 유일하게 학교 문턱에 진입하였다. 보스턴 라틴 스쿨과 산술학교를 다녔으나 그마저도 가정형편으로 인하여 10세 때 학업을 중단하고 형의 인쇄소에서 일을 배우기 시작하였다. 정규교육이라고는 2년도 채 못 받았지만, 그는 강렬한 지식욕으로 책을 닥치는 대로 탐독하면서 독학을 이어나갔고 글을 쓰는 것을 좋아하였다.

듀이는 미국 뉴욕 주의 서북쪽 끝 작은 마을 애덤스 센터에서 태어났다. 그의 고향에는 복음주의 침례교도들이 많았는데, 그들은 경건하고 근면한 생활을 실천하였다. 그 또한 부모로부터 금욕, 도덕, 겸손, 사회적 책임 등을 배우며 자라났다.

랑가나단은 인도 마드라스 탄주르 지방에서 중산층 지주의 아들로 태어났다. 아버지가 평소 야자나무 잎에 씌어진 필사본을 읽고 사람들에게 고대 인도의 전설에 대해 이야기를 들려주는 모습을 보면서 자라난 그는 아버지가 외출할 때마다 그 필사본을 가져다 보곤 했다. 세계도서관사와 문헌정보학 연구에서 기념비적 저작이자 사서들에게 '도서관정신'을 알려주는 교과서라고 할 수 있는 랑가나단의 『도서관학 5법칙(The Five Laws of Library Science)』[2]을 읽어보면, 풍부한 내용은 물론 자유로운 글쓰기 방식에 놀라게 된다. 이 책은 도서관학개론서인데, 수필, 역사서, 잠언집, 사례보고서, 법률서, 통계서 등 각종 면모를 띠고 있다. 이 책을 읽다 보면, 랑가나단이 들려주는 장대한 대서사시를 오케스트라 연주를 통하여 듣는 듯하다. 필자는 이 책이 이렇게 집필된 계기가 랑가나단의 유년시절의 독서습관에서 비롯되었을 것이라고 생각한다.

한편, 이 책에서 소개하는 우리나라의 도서관인물들은 우리 민족의 불운했던 근현대 역사를 체험하면서 성장하였다. 또한 조선시대까지의 한학 전통에서 벗어나 서구 근대 학문의 유입을 목도하고 서구 사회에서 유학을 하는 등 사회와 학문의 급격한 변동과 동서(東西) 정신세계의 충돌을 경험하면서 각자 천로역정의 시기를 보냈다. 이 와중에서 이들은 선각자 정신으로 민족의 정신적 유산과 서구 사상(특히 계몽주의)의 장점을 살려서 우리나라 학문과 현

---

2 S. R. 랑가나단, 최석두 역, 『도서관학 5법칙』, 한국도서관협회, 2005.

장의 기초를 놓고자 분투하였다. 간난신고를 거쳐 선진적 서구 지식을 습득하면서 동시에 조국을 위하여 학문과 현장의 개척에 이바지할 수 있는 지식을 생산하여야 한다는 측면에서 한국의 도서관인물들은 서구 사회의 도서관인물들보다 더욱 어려운 항로를 통과하여야만 하였다. 몇몇 인물들의 성장기를 들여다보자.

윤익선은 성장기에 한문을 수학하고, 농업학교를 다녔다. 농상공부 기수(技手)로 근무하다가 그만두고, 1905년에 보성전문학교 법률전문과에 입학한다. 이처럼 그는 한학과 서구의 실용적 지식을 배우면서도 가혹한 일제식민시대에서 민족의식을 가지고 성장하였다.

이범승은 상당히 유복한 환경에서 자라나고 일제강점기에서 일본의 명문대를 졸업한 엘리트이다. 그러나 식민지 조선의 현실을 목도하며 기백이 있는 열혈청년으로 울분을 삼키며 조국의 발전을 위한 포부를 가진다. 그가 식민지 조선의 민중을 위해 구상하고 실현한 것은 바로 도서관이다.

'도서관 할머니' 이봉순의 성장기에도 다양한 지식과 문화적 경험이 교차되어 아로새겨져 있다. 그는 본가의 기독교 문화와 외가의 유교 전통, 개화와 보수, 고향 생활과 유학 생활, 일제시기와 민족정신, 시인 모윤숙(毛允淑)을 통하여 길러진 문학적 감수성 등 극명하게 대조되는 시간과 공간을 관통하며 자라났다.

우리나라 방방곡곡에서 공공도서관의 씨앗을 뿌린 엄대섭은 극빈한 가정에서 소년시절을 보냈다. 생계가 막연하여 고향을 등지는 부모와 함께 8세 때 일본 땅에 간 엄대섭은 제철소에서 일하다

사고로 불구가 된 아버지를 대신하여 두부 장수, 세탁소 점원, 공장 직공 등 닥치는 대로 잡역을 하며 돈을 벌었다. 이후 기상천외한 발상으로 돈벌이의 귀재가 된 그는 그 길을 계속 달렸으면 막대한 부를 축적한 재벌이 되었을 것이다. 그러나 그는 우리 민족을 위한 도서관운동에 일생을 바쳤다.

역경

많은 사람들은 인생행로에서 가난, 불화, 질병, 사고, 장애, 재난, 전쟁, 사회적 냉대와 몰이해 등으로 역경을 겪는다. 유복한 환경에서 자라나 세상이 주는 이런저런 시련과 고통을 별반 느끼지 않고 인생을 마감하는 사람은 많지 않을 것이다. 도서관인물들도 예외가 아니다. 그들은 이런저런 이유로 크고 작은 고난과 인생의 고비를 겪었으며, 때로는 그러한 역경이 인생의 전환점이 되었다.

필자가 국내외 도서관인물들에 대해 살펴보고 이들의 삶과 사상을 조명하는 작업을 하면서 발견한 사항 중에 특기할 만한 것은, 인류의 도서관문화사에서 위대한 족적을 남긴 이러한 인물들이 거의 모두 다양한 곤경과 좌절을 겪었으며 놀랍게도 처음에는 도서관인이 되기를 희망하지 않은 인물들이 많았다는 점이다.

버틀러는 어릴 때 척추측만증을 겪었고 또한 성홍열을 앓아 청각장애를 가지게 되었다. 그러나 그는 이러한 신체적 장애에 굴하지 않고 학업을 훌륭히 수행하였다. 그의 지식욕과 교육에 대한 의지는 대단하여 인문학과 신학 분야에서 각각 박사학위를 받았다.

세라의 성장기 꿈은 화학자가 되는 것이었다. 그러나 그는 시력이 상당히 나빠 그 꿈을 접어야만 하였다. 그 대신 그가 택한 길은 영문학을 전공하여 교수가 되는 것이었는데 이러한 꿈 또한 세계 대공황으로 말미암아 인문학 분야의 교수가 될 수 있는 기회가 줄어들어 좌절되고 말았다.

국내 인물 중 이인표 역시 온갖 역경을 견디고 성공한 사람이다. 일제강점기에 서울에서 태어난 그는 예술에 대한 강렬한 호기심을 가지고 있었는데, 대학교에 입학하지 않고 들어간 연극단에서 연출연구생으로 7년 정도를 보냈다. 연출 한번 해보지 못한 그에게 남은 것은 폐결핵, 천식, 자폐증과 같은 질병뿐이었지만, 그럼에도 불구하고 미군정 시절 이동연극반에서 엑스트라 배우를 하는 등 예술에 대한 꿈을 접지 못하였다. 6·25전쟁 시기에는 피난을 온 부산에서 양품장사 거간꾼을 하였고 서울로 돌아와 사업을 하였지만 여전히 예술에 대한 향수를 가지고 있었다. 그래서 37세 때 영화사를 세우고 영화를 직접 만들었으나 흥행에는 실패하였다. 훗날 성공한 사업가로서 도서관을 세우고 인간사랑을 실천한 것도 어쩌면 젊은 시절, 예술에 대한 계속적인 도전과 심각한 좌절을 경험하였기에 가능했을 것이다.

현재까지 존재하는 세계에서 가장 오래된 금속활자본『직지(白雲和尙抄錄佛祖直指心體要節)』를 발견한 서지학자 박병선도 상당한 고난의 길을 걸었다. 서울에 태어나 부유한 환경에서 자랐으나 6·25전쟁으로 시련을 겪으면서 결핵성 뇌막염에 걸렸다. 죽음의 문턱에서 다시 살아난 그는 프랑스로 유학을 떠났다. 애초의 유학

목적은 교육행정을 공부하고 귀국하여 학교를 운영하는 것이었으나 1967년에 프랑스 국립도서관이 동양의 자료정리를 도와달라고 요청하여 도서관에서 일하기 시작하였다. 이후 그는 사서로서 또한 서지학자로서 집념을 가지고 외로운 고행의 길을 걷게 된다.

조우

사람은 각자의 인생행로에서 때때로 삶과 길을 밝혀주거나 적절한 조언 혹은 도움을 주는 소중한 존재를 만나게 된다. 그러한 존재는 부모·친척일 수도 있고, 스승일 수 있고, 친구일 수 있고, 직장 상사·선배일 수 있고, 우연히 만난 은인이거나 전혀 만나지 못한 사람일 수도 있다. 그중에서 어떤 존재는 우리 자신의 가치를 알아주고(때로는 우리 자신도 몰랐던 가치를 알아보고 밝혀주며), 든든한 정신적 지주 또는 물질적 후원자 역할을 하는 사람도 있다. 개인의 삶에서 이러한 사람을 만나게 되는 것은 큰 행운이며 달리는 말에 날개를 다는 격이 된다. 청소년기의 배움의 길에서, 사회 생활 중에, 또한 인생의 고비마다 이러한 멘토를 만나게 된다면, 곤경을 극복하는 힘을 얻고 성장의 기쁨을 누리게 될 것이다.

필자가 살펴본 국내외 도서관인물들도 각자의 인생에서 이러한 멘토를 만났으며, 멘토의 인정, 격려, 조언, 후원 등이 도서관인물들을 일생 동안 도서관 분야에서 성장하게 하고, 인류 역사와 각자의 사회에서 의미심장한 일을 하게 만들었다.

프랑스의 사서이자 학자 노데는 1642년에 프랑스의 재상 마자랭의 문고 경영을 맡게 되면서 마자랭과 인연을 맺었다. 마자랭과 노데는 의기투합하여 도서관의 문을 소수의 특권층만이 아닌 더욱 많은 지식인들에게 열고자 하였다. 노데와 마자랭의 운명적 만남으로 인류사회와 도서관은 진일보하였다. 노데는 자신을 알아주는 마자랭을 만나 신명나게 일하였다. 이후 10년 동안 노데는 유럽의 여러 지역에서 도서를 수집해 마자랭도서관을 만들 수 있었다.

인도를 넘어 세계에 도서관학을 정립하고 도서관운동을 펼친 석학 랑가나단의 경우, 처음에는 명료한 학문인 수학에 입문하여 수학자로서 인생행로를 걷고자 하였다. 그가 인생행로를 도서관으로 전환하게 된 데에는 두 명의 멘토가 있었다. 한 사람은 수학 석사과정의 지도교수였던 로스였다. 로스 교수는 그에게 과학적 사고, 수학의 맛을 보여주었을 뿐만 아니라 랑가나단이 도서관학으로 인생을 선회한 이후에도 말벗이 되어주고 그가 도서관학에서 창의적인 생각을 하는 것에 한몫을 하였다. 또 한 사람의 멘토는 영국 도서관학교 유학 시절에 만난 세이어스이다. 세이어스 교수는 랑가나단에게 도서관학 또한 수학처럼 명료한 학문이라는 것을 인식시키고, 도서관학 중에서도 수학적 요소가 강한 분류 분야를 연구하도록 권유하였다.

한국 문헌의 세계를 탐구한 프랑스 외교관 꾸랑에게도 인생행로를 바꾸어준 멘토가 있었다. 그는 25세가 되는 해인 1890년(고종 20년)에 주한 프랑스 공사관에서 서기관 겸 통역관 직무를 수행하게 되었다. 부임 초기 잘 알지 못하는 나라 한국에서 우울한 나날을 보내고 있었던 꾸랑에게 '한국사랑'의 눈을 뜨게 해준 멘토가 있었는데, 바로 그의 상관 빅또르 꼴랭 드 쁠랑시이다. 미지의 나라 조선에서 우울증에 시달리던 꾸랑의 유일한 낙은 쁠랑시와의 저녁 식사 후 대화였다. 쁠랑시는 조선에 와서 직접 체험하고 발견한 것을 후배에게 일러주고, 그가 수집한 조선의 서적들을 소개하였다. 꾸랑은 자신을 아끼고 믿어주던 쁠랑시를 통하여 한국 문헌의 깊고 넓은 세계에 눈을 떴다. 이후 그는 한국인보다 한국을 더 사랑하는 조선서지학자가 되었다. 또한 꾸랑은 서울의 프랑스 공사관에서 일하고 있는 한국의 선비들, 그리고 당시 한국 천주교회의 서울 교구장인 뮈뗄 주교의 도움도 받았다. 뮈뗄 주교는 일생 동안 꾸랑의 이야기를 들어주고 후원하였다.

중국의 현대 도서관과 도서관학을 개척하고 토대를 구축한 두딩요에게도 멘토가 있었다. 필리핀 유학 시절에 만난 필리핀대학의 도서관학 주임 교수였던 메리 포크가 바로 그의 멘토이다. 메리 포크는 필리핀대학의 첫 번째 사서로, 동 대학에 도서관학과를 세운 인물이다. 그녀는 두딩요를 깊이 신뢰하여 그를 학자로 키우기 위해 엄하게 가르쳤다. 두딩요는 일생 동안 방대한 저술을 생산하였는데, 그가 중국 도서관학의 기틀을 제공한 저작을 포함하여 이러한 역량을 다진 계기는 메리 포크의 엄격한 교육에서도 나온 것이다.

도서관 봉사와 방대한 저술을 통하여 도서관의 사회적 근거와 도서관학의 철학적 기반을 구축한 미국의 저명한 도서관학자 세라에게도 여러 명의 멘토가 있었다. 그가 영문학 교수직의 꿈을 접고 사서직 진출을 고려할 때 조언을 하거나 도움을 준 마이애미대학교 총장 휴, 사서 킹이 그들이다. 또한 시카고대학교 문헌정보대학원의 박사과정 시절에 만난 버틀러와 빌이 다른 멘토들이다. 이들은 세라에게 도서관학 분야의 교수가 되도록 권유하고 그가 이 분야에서 성장하는 데 도움을 주었다.

이 책에서 다루는 여러 국내외 도서관인물들처럼, 이봉순 또한 처음부터 사서가 되고자 한 사람은 아니었다. 그의 인생에서 멘토의 역할을 한 사람으로는 문학가 모윤숙, 이화여대 총장 김활란, 미국 일리노이대학교 도서관장 다운스 교수 등을 들 수 있다. 이봉순은 간도 용정의 중학교 재학 시절에 교사 모윤숙을 만났다. 모윤숙은 이봉순에게 문학가의 꿈을 심어주었다. 김활란 이화여대 총장은 시인, 영어교사, 기자가 되기를 원했던 이봉순을 사서로서 살아가게 만든 멘토이다. 김활란의 강력한 권유로 그는 영문학이 아닌 도서관학을 공부하기 위해 미국 유학을 준비하여 미국 일리노이대학교에서 도서관장을 맡고 있던 다운스(Robert B. Downs) 교수를 만났다. 다운스는 그에게 "도서관인이 되려거든 책을 좋아한다고 말하지 말고 사람을 좋아한다"고 말하라[3]면서 이용자봉사 정신을 일깨워주었다. 이후 이봉순은 도서관 이용자를 위한 공간과 장서구성, 서비스를 일생동안 만들고 가꾸었다. "책을 좋아하는 것 이상으로 사람을 좋아하라". 이 말은 사서가 되고자 문헌정보학 교육의 문을 두들기는 사람들이 새겨보아야 할 것이다.

'한국적 문헌정보학'을 개척한 대표적인 문헌정보학자 김정근은

---

3 이봉순, 『도서관할머니 이야기』, 이화여대출판부, 2001, 63쪽.

외가에서 어린 시절을 보내면서 외조부 김범부와 외숙 김두홍(金斗弘)의 대화를 자주 듣곤 하였다. 두 사람 사이의 고담준론은 어린 김정근에게 지적 자극이 되었다. 김정근이 대학에서 영문학과 교육학을 수학한 이후 도서관학으로 접어들게 된 동기는 역시 숙부 김두홍에게서 비롯되었다. 김두홍의 추천으로 성균관대학교 도서관학과 조교가 된 김정근은 당시 교수진 이춘희, 천혜봉 등의 영향을 받으며 도서관학을 연구하다 1971년에 미국 유학의 길을 떠났다. 이후 그는 12년 반 동안 미국과 캐나다에서 '학문적 오디세이'를 감행하였다.

운동

이 책에서 다루는 국내외 도서관인물들은 대부분 처음에는 사서직에 대한 꿈이나 뜻이 없었으나 이런저런 이유로 도서관에 입문하거나 도서관을 통하여 무언가 의미 있는 일을 하게 된다. 이들이 도서관 현장이나 도서관학(문헌정보학)에 접어든 이유는 앞서 살펴본 바와 같이 시대적·역사적 이유도 있고 개인적 이유도 있지만, 이들은 사서직으로 입문한 이후 평생을 두고 헌신하며 여러 가지 업적을 남겼다. 또한 이들은 도서관 현장을 개척하고 사회에서 도서관의 존재 이유를 부각시키며 사서직의 전문성을 향상하기 위한 '도서관운동'을 전개하였거나, 도서관학(문헌정보학)에서 이론을 세우고 학문적 기반을 마련하고 사회와 시대에 응답하는 학문을 만들기 위한 '학술운동'을 펼치기도 하였다. 여기서는 이러한 도서관운동과 학술운동 중에서 특기할 만한 사례들을 살펴본다.

미국의 건국과 공공도서관의 기초를 닦은 벤저민 프랭클린은 1727년에 21세의 나이로 준토(Junto, 結社)라는 독서토론클럽을 만들었다. 이것은 시사 문제, 사회와 과학의 발전 등을 회원들이 각자 학습하여 발표한 뒤 토론하는 독서클럽이었는데, 이후 필라델피아에서 많은 독서클럽을 탄생시킨 모태가 되었다. 이처럼 그는 배움을 열망하는 여러 분야의 젊은이들을 모아 사회에 이바지하고 동시에 개인의 정신적 성장을 꾀하는 독서회를 이끌었다. 이후 프랭클린은 본격적으로 정관을 만들고 50명의 회원을 확보하여 '회원도서관(Subscription Library)'을 시작하였다. 프랭클린의 회원도서관은 1731년에 처음으로 한 회원의 집에 설치되었는데, 1740년 식민지 의회의 후의에 의해 펜실베이니아 주 의사당의 한 실을 제공받아 이관되었다. 이것이 역사적으로 유명한 '필라델피아 도서관조합(Library Company of Philadelphia)'이다. 프랭클린의 회원도서관은 주로 회원만 이용하였으나, 그중 일부는 일주일에 두세 시간 정도 시민들에게도 개방하였다. 그리하여 시민들이 '시 도서관'으로 부르게 되고 점차 공공도서관으로의 성격을 가지게 되었다.

'미국의 사서직과 도서관학의 아버지' 멜빌 듀이가 미국 애머스트대학에서 2학년을 마칠 즈음, 그는 자신의 일생을 바쳐 추구할 만한 사명을 발견하였다. 그것은 첫째, 미터법에 의한 도량형의 단일화, 둘째, '규칙성'에 의한 영어철자법 개혁, 셋째, 속기법 사용, 넷째, 성인을 위한 평생교육이다. 특히, 그는 사람들이 독서를 통하여 교육을 받을 수 있다고 보고, 무료 공공도서관을 통한 가정교육에 자신의 삶을 바치기로 결심하였다. 1872년 10월 그는 애머스트대학의 도서관에서 학생보조원으로 근무하기 시작하였다. 도서관에서 일을 하면서 그는 도서관에 관한 문헌들을 체계적으로 읽고 이를 기록해두었다. 이러한 과정에서 그는 1874년 7월 졸업 무렵 분류법의 골격을 마련하였다. 그의 분류법 창안은 도서관 업무에서 혁명적인 사건이었고 이는 또한 사서직의 새로운 시대를 열었다. 졸업 후 그는 애머스트대학의 도서관 사서로서 약 2년을 더 근무하였다. 1876년에는 십진분류법이 공포되었고, 그는 애머스트대학 도서관 소장 장서를 자신이 만든 십진분류법에 의해 새롭게 배가하였다. 그는 1876년 필라델피아에서 개최된 미국독립백주년박람회에 참가한 도서관인 1백여 명과 함께 미국도서관협회를 창설하였다. 이것은 미국 사회를 만들어가는 로드맵 장정에 도서관인들의 참여를 선언한 것으로 볼 수 있다. 모든 조직의 발전에는 지도자의 헌신적 노력이 필요한데, 듀이는 미국도서관협회 창설 이후 14년 동안 무보수로 서기장직을 맡았다.

인도의 위대한 도서관운동가이자 세계적 도서관학자인 랑가나단은 유학을 간 영국에서 도서관들을 둘러보면서 공공도서관의 사회적 역할에 대해 깊이 인식하였다. 그는 자신이 관찰한 도서관들이 어린이·여성·노동자를 비롯하여 모든 계층의 사람들에게 독서센터이자 사랑방으로 기능하고 있다는 것을 발견하고, 외진 곳이나 작은 마을의 주민들에게도 도서관봉사를 제공하기 위하여 체계적으로 조직된 도서관망에 대해 깊은 관심을 가지게 되었다. 이러한 관찰을 통하여 랑가나단은 일생토록 헌신할 소명을 찾았다.

그것은 바로 인도에 영국과 같은 공공도서관과 도서관 네트워크를 만드는 것이며 또한 도서관학을 현대 학문의 반열에 올려놓는 일이다. 이후 랑가나단은 도서관학의 이론개발과 도서관운동에 헌신하였다. 또한 그는 인도도서관협회 회장으로 선출되기도 하고 마드라스 공공도서관법 제정에 기여하는 등 왕성한 활동을 펼쳤다.

근현대 한국의 독립지사이자 도서관운동가인 윤익선은 암울한 일제 식민시대에서 도서관운동이야말로 우리 민족의 활로라고 생각하고 경성도서관을 설립한 인물이다. 3·1운동으로 감옥살이를 했던 윤익선은 출옥하자 "이때까지는 학교 교육에만 힘을 썼으나 앞으로는 널리 조선 청년을 교육하고자 옥중에서 계획한 바 있어, 사회교육면에 열을 쏟겠다"[4]고 선언하였다. 그리고 사회교육의 첫 번째 사업으로 1920년 11월에 경성도서관을 창립하였다. 또한 그는 도서관 설립의 취지에 찬성하는 사람들을 모아 '관우회(館友會)'를 조직하고 찬조금을 받아 운영비에 보태기로 하였다. 그는 오늘날의 '도서관의 친구들(Friends of Library)'를 일제 식민치하에서도 만든 것이다. 그러므로 그가 설립한 경성도서관은 단순한 도서관이 아니라 민족교육 운동의 요람이라고 볼 수 있다.

일제 시기의 엘리트이자 도서관운동가 이범승은 또 다른 경성도서관을 설립하였다. 그는 비록 도서관학을 배우지 않았지만, 식민치하에서 시대적 사명감을 가지고 일찍이 공공도서관을 통한 사회발전에 주목하여 도서관 운동을 전개하였다. 이범승은 암울하고

---

4 《동아일보》, 1920년 9월 3일.

살벌했던 일제강점기에 조선 청년의 기백을 보여주었는데, 1919년 4월 29일에 매일신보사 사장에게 조선에 도서관을 설립하는 것이 긴요함을 주장하는 장문의 편지를 보냈다. 그는 이듬해 일본에서 거행될 예정인 영친왕 이은의 결혼식에 즈음하여 조선 민중을 위하여 도서관을 설립하는 것을 당당히 요구하였다. 조선의 왕통(王統)이 일제의 상징과 합해지는 것을 보면서, 그는 일제를 향하여 조선 땅에 '민중의 대학'을 설립할 것을 강력히 주장하였던 것이다. 그의 편지 내용은 1919년 5월 17일부터 23일까지 일주일에 걸쳐 매일신보에 「도서관 설립 희망」이라는 제목으로 연재되었다. 그의 논리정연한 주장은 조선총독부를 움직여 그 후 2년 뒤 경성도서관의 설립이라는 쾌거를 이룬다. 이 무렵, 윤익선의 취운정 경성도서관은 운영난을 겪게 되어 두 사람은 합의하여 취운정의 도서관을 이범승에게 인계하기로 하였다. 이범승은 사회교육과 맥을 같이하여 도서관을 경영하였다. 이는 그가 조선 사회의 대중, 특히 어린이나 부녀자와 같은 약자의 편에 서서 그들의 지식욕을 채워주고자 했기 때문이다. 그의 경성도서관은 그야말로 시민의 보배이자 사회적 약자를 위한 학교였다.

박봉석은 '우리나라 도서관과 문헌정보학의 아버지'라고 할 수 있다. 그는 이 땅에 도서관의 사회적 토대를 구축하고 도서관학의 제반 기초를 마련하였다. 그는 일제강점기 동안 조선총독부 도서관에서 근무하면서 민족의식을 가지고 조선에 맞는 도서분류표를 연구개발하였으며, 이를 발전시켜 해방 이후 1947년에 왜색을 버린 조선십진분류표(KDCP)를 발간하였다. 그는 일본인이 물러간

이 땅에 우리나라 도서관인을 규합하였고 도서관을 통하여 자주적이고 문화적으로 강한 새 나라를 만들고자 하였다. 그는 조선도서관협회를 결성하고 사서를 양성하기 위해 도서관학교를 열었으며, 우리나라 어린이들에게 도서관이 무엇인가를 알리기 위해 당시 국민학교 국어교과서에 '도서관'이라는 장(Chapter)을 넣게 만들었다. 그는 도서관을 위하여 초인적 열정으로 일하는 동안 분류, 편목, 서지학, 불교, 국사 등의 여러 분야를 연구하여 후대에 남길 만한 뚜렷한 결과물을 만들어냈다.

또한 박봉석은 도서관인을 결집하여 '도서관운동'을 펼친 영웅이다. 그는 1945년 해방 직후 조선총독부도서관에서 도서관수호문헌수집위원회를 조직하여 위원장이 되었으며, 일본인들이 저지를 수 있는 도난이나 훼손으로부터 장서를 보호하기 위해 한국인 직원들과 함께 불침번까지 서가며 장서를 수호하였다. 박봉석은 이에 그치지 않고 서울 시내 도서관을 돌면서 도서관인들의 협동과 단결을 촉구하고 도서관협회 결성에 대한 동의를 이끌어내었다. 이로써 조선도서관협회가 결성되어 1947년 4월 21일에 제1회 총회가 개최되었다.

아울러 박봉석은 '문헌수집대'라는 명칭의 조직을 결성하였다. 여기에서 박봉석의 '사서정신'이 여실히 드러난다. 해방 정국에서 사람들이 좌익과 우익으로 나뉘어 갖가지 주장을 하며 다투고 있을 때, 박봉석과 그의 부하 직원들은 사람들이 뿌리는 온갖 인쇄물을 수집하기 위해 애를 썼다. 시대상을 반영하는 자료를 도서관에 모으는 수고를 아끼지 않았던 박봉석과 그를 믿고 따른 도서관 직원들은 이 땅이 필요로 하는 진정한 사서정신을 보여주었다. 이처럼 박봉석이 펼친 도서관운동의 정신과 사서정신은 오늘날 한국 사회에서도 여전히 계승될 필요가 있다.

엄대섭은 우리나라 방방곡곡에 3만이 넘는 마을문고를 설립하는 운동을 전개한 도서관운동가이며 전략가이다. 그는 일제시대에 성공한 사업가였으며, 동시에 책과 도서관으로 우리 사회를 일으키고자 애를 쓴 개척자이다. 우리나라에 공공도서관의 씨앗을 뿌리기 위해 마을문고를 창안한 그의 '마을문고 아이디어'는 첫째, 책을 넣어 관리할 수 있는 책장, 둘째, 청소년을 중심으로 하는 독서회, 셋째, 쉽고 재미있고 유익한 선정도서이다. 도서관의 기본요소인 시설, 인력, 장서를 기본개념으로 삼았던 것이다. 이러한 개념으로 시작된 마을문고 운동은 20여 년 동안 강력하게 추진되었다. 1961년 첫 해에 26개였던 마을문고는 1974년 말에는 30,206개 촌락에 35,011개로 늘어났다. 그야말로 우리나라 전역에 주민들을 위한, 주민들에 의한, 주민들의 작은 도서관을 만든 것이다. 오늘날 도서관경영에서 그의 공공도서관 사상은 시사하는 바 크다. 그의 도서관 개념은 무엇보다도 주민들의 참여로 운영되는 마을공동체의 중심 공간인 것이다.

성공한 기업인이자 도서관의 든든한 후원자인 이인표는 사업을 시작한 지 17년이 된 1978년 그의 나이 57세에 과로로 쓰러졌다. 병석에 누워 있는 동안 그는 삶과 죽음을 돌아보며 세상에 무엇인가 의미를 남기고 떠나야 하겠다고 결심하였다. 이에 그는 도서관을 세워 학자들의 연구를 지원하고 인재를 양성하겠다는 결심을 굳히고 1983년에 서울 종로구 사직동에 한국사회과학도서관을 설립하였다. 또한 그는 어린이들의 독서환경을 조성하겠다는 마음을 먹고 한 도서관학자에게 의뢰하여 수년간의 연구를 거쳐 1990년 어린이날 서울 상계동에 최초로 인표어린이도서관을 설립하였다. 어린이도서관은 특히 달동네와 같은 소외되고 어려운 환경에서 자라나는 어린이들을 지원하고자 설립되었다. 이후 인표어린이도서관은 국내외 22곳에 지어졌다.

한국적 문헌정보학을 정립한 김정근은 북미에서 오랫동안 문헌정보학과 문서학(기록학)을 연마한 학자이다. 그가 귀국하여 대학에서 둥지를 튼 당시 1980년대는 우리 사회가 변혁의 진통을 겪던 때였다. 이러한 분위기에서 그는 문헌정보학 강단의 언어와 한국 도서관 현장의 현실이 유리되어 있음에 지식인으로서 일종의 무기력함과 괴로움을 느낀다. 또한 엄대섭, 이봉순 등과도 교유하면서 그는 한국 도서관 현장을 개척하는 것이 한국 도서관학의 본분임을 줄곧 강조하였다. 이처럼 학문적 무기력함, 도서관 현장에 대한 안타까움, 분노 등으로 괴로워하던 그는 1980년대 학생운동으로부터 희망과 해법을 발견한다. 그가 재직하던 부산대학교에서 전개된 도서관개혁운동은 학생운동이면서 대학도서관의 기본을 찾는 도서관운동이었다. 1987년부터 1년 반 이상 전개된 부산대학교 도서관개혁운동은 한국 도서관운동사에 반드시 기록되어야 할 운동이었다. 당시 학생들은 패기와 지적 성실성으로 대학도서관의 고질적인 병폐를 적나라하게 드러내고 대안을 조목조목 제시하였다. 이후 이 운동은 여타 대학으로 들불처럼 파급되었다. 김정근은 학생들의 실사구시적 언어로부터 학문적 길을 개척할 수 있는 희망을 발견하고 한국적 문헌정보학 개척의 길을 걸었다.

정립

위에서 도서관인물들의 도서관 현장 개척의 천로역정과 학문적 오디세이를 살펴보았다. 여기서는 이러한 분투와 정진을 통하여 이들이 개척하고 정립한 세계를 조명한다.

우선 17세기 인물 가브리엘 노데가 정립한 세계이다. 노데는 근대도서관사상의 시조라고 할 수 있다. 서구의 중세에서 도서관의 책들은 소수 특권계층의 소유물이었으며, 사슬로 서가에 묶여 있는 경우가 많았다. 1789년 프랑스대혁명으로 그 이전까지 왕, 귀족, 성직자 등의 전유물이었던 책들은 왕실문고, 귀족문고, 수도원문고 등에서 풀려나 민중에게 개방되었다. 그런데 노데는 프랑스대혁명이 일어나기 이미 오래 전에 도서관은 사람들에게 널리 개방되어야 함을 주장하는 저서를 생산하였다. 그 책은 바로 『도서관 설립을 위한 의견서』이다. 그의 책에는 "도서관은 사람들이 기다리지 않고 입관할 수 있게 하고, 휴관·개관일에도 인쇄본은 관장의 소개장으로 열람할 수 있도록 하고, 특별한 사람에게는 3주간 제한적으로 대출하는 방법도 고려해야 한다", "이용을 쉽게 하기 위해 주제별 목록을 알파벳 순의 저자별목록으로 정비하여야 한다", "도서를 선정할 때 당세에 위세를 떨치는 책뿐만 아니라 그 반대의견을 개진한 책이나 통설을 뒤집거나 달리 보게 하는 견해가 담긴 책이라도 도서관은 널리 수집해야 한다" 등과 같은 현대의 도서관 서비스 정신에 견주어도 뒤지지 않는 진보적인 도서관사상을 표명하였다.

독일 근대도서관학의 창시자 라이프니츠는 철학자, 법학자, 수학자, 자연과학자, 신학자, 언어학자, 역사가, 외교관, 정치가, 기사(技師) 등의 다양한 면모를 가진 인물이다. 그러나 그가 노데의 도서관사상을 사숙하고 참고하였으며, 수십 년이나 도서관을 운영하고 분류법을 개발하는 등 사서로서의 길을 걸었다는 사실은 널리 알려져 있지 않다. 그는 모든 사람들을 위한 도서관을 만들고자 하였으며, 도서관은 민중을 위하여 보편적인 가치를 가질 뿐만 아니라 국경을 넘어서 보편성을 갖는다고 역설하였다. 이처럼 라이프니츠는 치열한 탐구욕으로 다양한 분야에서 이론을 내놓았을 뿐만 아니라 근대사회를 위한 도서관학 원리를 정립한 학자이다. 또한 40년간 도서관 발전을 위해 헌신적으로 일하면서 자신의 분류이론에 기초한 분류표를 만들고, 자료수집과 편목 등에 있어서도 많은 업적을 남겼다. 아울러 그는 학술 연구에 있어서 도서관의 중요성을 인식한 학자다.

미국뿐만 아니라 전 세계 도서관과 문헌정보학에서 널리 채택되고 다루고 있는 십진분류법을 창안한 인물, 멜빌 듀이는 평생 동안 '공공도서관을 통한 생애교육'으로 사회가 이상적인 세상으로 변할 것으로 생각했다. 또한 그는 도서관학 교육과정을 대학에 설립하였다. 1883년에 컬럼비아대학의 도서관장이 된 듀이는 여성을 채용하거나 입학시킨 사례가 없는 컬럼비아대학에서 과감히 여성

사서를 뽑았으며 전 세계에서 최초로 1884년 컬럼비아대학에 도서관학교(The School of Library Economy)를 설립하였다. 사서양성을 위하여 명문 대학에 도서관학교(문헌정보대학원)를 세운 것에서도 볼 수 있듯 듀이는 문헌정보학 교육의 수준을 높이고 사서직의 위상을 강화하였다. 컬럼비아대학의 도서관장직을 1889년에 사직하고 뉴욕주립도서관장으로 취임한 듀이는 1906년까지 도서관을 재조직하고 발전시켰다. 일생 동안 독단적 성격으로 주위 사람들과의 마찰이 끊이지 않았지만, 그가 추진한 여성의 사서 진출, 대학에서 도서관학 정립, 도서관협회를 통한 사서직의 기반 강화 등은 전 세계에 영향을 준 업적이라고 할 수 있다.

한국 인쇄문화의 자존심을 세계에 드높인 서지학자 박병선은 1972년에 세계 학계, 도서관계, 인쇄출판계를 놀라게 하였다. 그것은 바로 자신이 일하던 프랑스 국립도서관의 서고에서 『직지』를 발견하고, 『직지』를 유네스코가 주최한 '세계 도서의 해' 전시회에 출품한 사건이었다. 구텐베르크의 『42행 성서』보다 무려 78년이나 앞서 세계를 놀라게 한 『직지』는 2001년에 유네스코 세계기록유산으로 등재된다. 또한 그녀는 1978년에 프랑스 국립도서관 베르사유 별관에서 조선왕조의 외규장각도서 『왕실의궤(王室儀軌)』를 발견하는데, 이후 프랑스와 한국의 관계자 양측에게 핍박을 받았다. 이에 그녀는 1979년에 도서관에 사표를 내고, 이듬해부터 10년 동안 『왕실의궤』의 해제서를 내는 작업에 매진하였다.

김정근은 국내 도서관 현장을 개척하고 실사구시적 학문을 전개한 도서관사상가이다. 그는 이 땅에 맞는 '한국적 문헌정보학'을 주창하였다. 그가 생산한 일련의 역작들은 서구추수적 학문풍토를 질타하고 우리나라 사서들의 입과 귀를 열게 만들었다. 그는 부산대학교 대학원 문헌정보학과 공동작업실의 연구자들과 함께 우리 사회에 맞는 문헌정보학 이론을 생산하기 위해 분투하였다.

김정근이 정립한 도서관사상은 다음과 같이 요약할 수 있다. 첫째, 논제의 혁신이다. 둘째, 우리식 연구방법이다. 셋째, 우리식 제시기술이다.

2000년 이후 그는 '독서치료'라는 새로운 장을 열고 있다. 예전부터 한국인이 가진 마음의 상처에 주목하였던 그는 안식년 이후 이 분야의 독서를 심화하고, 한국 도서관 현장에서 사서가 중심이되어 전개할 수 있는 발달적 독서치료, 체험적 독서치료 프로그램을 제시하였다. 이후 김정근과 독서치료 연구자들, 그리고 도서관 현장의 사서들은 도서관에서의 독서치료가 가지는 건강성과 유용성에 주목하고 꾸준히 활동하고 있다.

이처럼 김정근이 오랜 세월 추구하고 가꾼 도서관사상은 '사회와 소통하는 도서관', '도서관의 기본', '사서의 주도성', '한국적 문헌정보학' 등이며, 그가 정립한 도서관사상은 이 땅의 사서들과 도서관을 사랑하는 사람들에게 큰 힘이 될 것이다.

유산

도서관인물들은 무엇을 남겼을까? 그들이 남긴 유산의 일부를 살펴본다.

버틀러의 도서관사상이 담긴 역작은 『도서관학개론(*An Introduction to Library Science*)』이다. 그는 이 책을 통하여 도서관학은 도서관 현상, 즉 인류의 기억과 경험이 책과 도서관을 통하여 독자에게 전달되는 구체적 과정을 연구대상으로 삼으며, 독자의 주관적 반응이나 가치의 문제를 포함하는 이러한 과정은 과학적 방법으로만 연구될 수 없다고 하였다. 나아가 그는 도서관은 인류 문화를 전승하고 재창조하는 데 핵심 역할을 하는 사회적 기관임을 강조하였다. 또한 사서는 문헌에 대한 폭넓은 지식을 갖추어야 하고, 이를 위해 학문사와 서지학사에 대한 관심과 아울러 사회학, 심리학 등 관련 학문에 대한 지식도 요구된다고 역설하였다.

꾸랑은 서구인이면서 한국의 정신을 이해하고자 노력한 인물이다. 그 방법은 한국 문헌의 세계를 탐구하는 것이었다. 그가 한국에 대해 남긴 저술 중에서 대표적인 책은 『한국서지』이다. 현존하는 세계 최고(最古)의 금속활자본인 『직지』는 『한국서지』 제4권 보유판에 실려 있다. 꾸랑은 조선의 시장을 누비며 문헌을 모으는 등 한국인의 사상과 정신세계를 밑바닥에서부터 탐구하였다. 이로써 그는 한국 전적(典籍) 연구에서 불멸의 위치를 차지하게 되었으며, 우리나라 사람들이 기억해야 할 프랑스 학자가 되었다.

인도의 도서관학 석학 랑가나단이 세계 도서관인에게 남긴 대표적인 유산은 '도서관학 5법칙'이다. 그 법칙은 아래와 같다.

제1법칙-책은 이용하기 위한 것이다(Books are for use)
제2법칙-모든 독자에게 그의 책을(Every reader his book)

제3법칙-모든 책은 그 책의 독자에게(Every book its reader)

제4법칙-독자의 시간을 절약하라(Save the time of the reader)

제5법칙-도서관은 자라나는 유기체이다(Library is a growing organism)

현대 도서관계의 거장 마이클 고면은 랑가나단의 도서관학 5법칙을 발전시키고 도서관과 사서직의 현대적 의미와 미래의 비전을 담아 신도서관학 5법칙(Five New Laws of Library Science)을 제시하였다.

제1법칙-도서관은 인류를 위해 봉사한다(Libraries serve humanity)

제2법칙-지식을 전달하는 모든 형태의 매체를 존중하라(Respect all forms by which knowledge is communicated)

제3법칙-기술을 적절히 활용하여 도서관서비스를 향상시켜라 (Use technology intelligently to enhance service)

제4법칙-누구든지 지식에 자유롭게 접근할 수 있도록 하라 (Protect free access to knowledge)

제5법칙-과거를 존중하고 미래를 창조하라(Honor the past and create the future)[5]

일제시대 독립운동가이자 도서관인물인 윤익선이 남긴 대표

---

5 Walt Crawford and Michael Gorman, *Future Libraries: Dreams, Madness & Reality* Chicago: ALA, 1995, p.8.

적 유산은 경성도서관이다. 전술한 대로 그는 3·1운동 때 조선독립신문을 군중들에게 뿌렸기에 재판을 받고 감옥살이를 하였다. 1920년에 출옥한 그는 뜻한 바 있어 동년 11월 5일 경성도서관을 설립하여 11월 27일 장서 2만 3천 권으로 도서관을 개관하였다. 한편, 일제시대 선각적 지식인 이범승은 1921년에 당시 32세의 나이로 종로 파고다공원 옆에 또 다른 경성도서관을 설립하였다. 그는 1921년 9월 10일에 조선총독부로부터 종로 파고다공원 부지 531평과 동 지상건물인 구한국 양악대가 사용했던 한식와가와 양악대 숙소 등을 무상으로 대여하여 도서관을 설립하였다.[6] 앞서 밝힌 바와 같이 윤익선은 자신의 취운정 경성도서관을 이범승에게 인계하였다. 1924년에 윤익선이 만주에 간도동흥중학교를 설립하고 교장으로 부임해 감에 따라 이범승은 단독으로 경성도서관을 운영하였다. 윤익선과 이범승이 남긴 위대한 유산, 경성도서관은 현재의 종로도서관이다. 이범승은 해방 후 초대 서울시장이 되었고, 서울시립도서관 설치 조례의 제정을 추진하여 예전의 도서관을 서울시립종로도서관으로 승격시켰다. 이 도서관은 1946년에 서울특별시의 승격과 동시에 '서울특별시립종로도서관'으로 개칭되었으며, 1968년에 현재의 사직공원 자리로 이전되어 오늘에 이르고 있다.[7] 1971년에는 이범승의 업적을 기려 도서관 앞뜰에 그의 흉상이 세워졌다.

6 박상균, 『도서관학만 아는 사람은 도서관학도 모른다』, 한국디지틀도서관포럼, 2004, 406쪽.
7 종로도서관, http://jnlib.sen.go.kr/jnlib_index.jsp(2013. 1. 1).

한국 도서관인의 아버지 박봉석이 우리 사회에 남긴 유산은 막대하다. 일본인이 물러간 조선총독부도서관을 접수하고 장서를 수호한 일, 해방 정국의 혼란 상황에서도 문헌수집대를 결성하여 거리에서 뿌려지거나 판매되는 모든 인쇄물을 수집한 일, 국민학교 국어교과서에 '도서관'이라는 부분을 수록하도록 한 일, 국내 서지학자들과 함께 조선서지학회를 창설한 일, 조선도서관학교라는 교명으로 국내 최초로 근대적 차원의 사서양성기관을 설립한 일, 오랜 연구 끝에 조선십진분류표(KDCP)와 조선동서편목규칙을 편찬한 일 등 인도의 랑가나단, 미국의 멜빌 듀이에 비견될 만한 큰 업적을 남겼다.

여기에서 일일이 다루지 못했지만, 이 책에서 소개한 다른 도서관인물들도 모두 동시대와 후대 사람들을 위해 막대한 유산을 남겼다. 그것은 위대한 저작물, 도서관과 같은 가시적인 건축물, 협회·학회와 같은 전문직 모임, 도서관학법칙·분류법 등과 같은 원리·규칙, 기금 등의 재정적 기반, 도서관운동의 전개와 도서관 네트워크의 조성 등의 형태로 인류 역사를 진전시키고 인류 사회에 이바지하였다. 이러한 유산을 남긴 인물들의 '도서관정신'이 역사의 검증을 거쳐 각자의 지역사회 및 국가 나아가 인류 사회에 수용되었음을 우리는 기억해야 할 것이다.

지금까지 국내외 도서관인물들의 삶의 궤적을 따라가며 도서관사상의 빛기둥을 살펴보았다. 필자가 바라는 바가 있다면 이러한 도서관인물들이 현대 도서관계와 문헌정보학계, 그리고 우리 사회에서 좀더 널리 인식되고 조명되는 것이다. 그리하여 사서와 문헌정보학도, 그리고 일반인의 마음속에 자연스럽게 도서관에 대한 생각이 깊어지기를 바란다.

오늘날 우리가 접하고 누리고 있는 도서관은 과거 도서관인물들이 일으켜 세우고 가꾼 도서관 나무의 과실이다. 지난 10여 년간 많은 사람들이 종이책, 도서관 건물, 사서의 종말을 이야기하였지만, 그러한 예언은 헛된 신기루에 지나지 않았다. 종이책과 도서관은 전자책과 디지털도서관의 등장으로 사라지기는커녕 더욱 아름답고 풍부해졌다. 검색엔진의 등장으로 사서가 역사의 뒷마당으로 사라지기는커녕 지식기반시대에서 사람들에게 더욱 소중한 안내자이자 인간적 조력자 역할을 하고 있다.

지난 수천 년간 도서관은 인류에게 '영혼의 쉼터'이자 '그늘이 깊은 나무'이자 '민중의 대학'으로 우리의 곁에 있었다. 앞으로 우리에게 펼쳐질 유비쿼터스 세상에서도 도서관은 사람들에게 여전히 소중하고 가장 아름다운 곳으로 남아 있을 것이다. 과거에서 미래로 가는 길목에서 우리는 도서관을 가꾸고 도서관사상의 씨앗을 뿌린 도서관인물들을 가슴 속 깊이 간직할 필요가 있다. 그래서 우리 속에서 많은 도서관인물이 나오고, 그러한 미래의 도서관인물들이 도서관을 통하여 사람들이 자라나는 세상을 가꾸어주기를 소망한다.

연보와 저작

가브리엘 노데(Gabriel Naudé)

연보

1600 프랑스 파리에서 출생

1622 프랑스 파리와 이탈리아 파두아에서 의학을 전공하다 스승 르네 모로의 사망으로 의학 공부를 중단하고, 앙리 드 메스므 문고의 사서로 취임

1627 『도서관 설립을 위한 의견서』 발간

1629 로마에서 바그니 추기경의 문고를 관리하는 사서가 됨

1641 바베리니 추기경의 사서가 됨

1642 리슐리외의 초청을 받고 프랑스로 귀국. 리슐리외 재상의 뒤를 이어 재상이 된 마자랭(Jules Mazarin)의 문고 경영을 맡음

1653 프랑스 북부 아르빌에서 별세

주요 저작

Le Marfore, Ou Discours contre les Libelles (1620)

Instruction à la France Sur La Vérité de l'Histoire Des Frères De La Roze-Croix (1623)

Apologie pour Tous les Grands Personages Faussement Soupçonnez de Magie (1625)

Advis pour Dresser Une Bibliothèque (1627)

Addition à l'Histoire de Louis Xi (1630)

Bibliogaphia Politica (Venice, 1633; 프랑스어판, 1642)

De Studio Liberali Syntagma (1632)

De Studio Militari Syntagma (1637)

Considérations Politiques Sur les Coups d'Etat(1639)

고트프리트 라이프니츠(Gottfried Wilhelm von Leibniz) ▰▰▰▰

연보

1646 독일 라이프치히에서 출생

1661 라이프치히대학 법학과 입학

1666 뉘른베르크의 알트도르프대학에서 법학박사 학위 취득

1672 마인츠공국의 외교사절로서 프랑스 파리에서 활동

1671 계산기 발명

1676 독일 하노버에서 궁중 고문관 겸 도서관장으로 취임

1691 볼펜뷔텔도서관의 관장으로 취임

1700 베를린 과학아카데미(학사원)를 설립하여 초대 원장으로 부임

1716 별세

주요 저작

Disputatio Metaphysica de Principio Individui(1663)

Dissertatio de Arte Combinatoria: On The Art Of Combination (1666)

Hypothesis Physica Nova: New Physical Hypothesis(1671)

Confessio Philosophi: A Philosopher's Creed(1673)

*Nova Methodus pro Maximis Et Minimis: New Method for Maximums
   And Minimums*(1684)

Discours De Métaphysique(1686)

*Explication de l'Arithmétique Binaire: Explanation Of Binary
   Arithmetic*(1703)

Théodicée(1710)

Monadologie(1714)

Nouveaux Essais sur l'Entendement Humain(1765)

벤저민 프랭클린(Benjamin Franklin)

연보

1706 미국 보스턴에서 출생

1727 독서클럽 준토(Junto) 창설

1729 펜실베이니아 가제트 경영

1730 데보라 리드와 결혼

1731 필라델피아 도서관조합 결성

1736 펜실베이니아 의회의 서기가 되어 정치에 입문

1737 필라델피아 우체국장 취임

1752 연 실험을 행하여 번개의 방전을 증명. 전기유기체설 제창

1753 하버드대학과 예일대학으로부터 명예학위 수여

1754 올버니회의에 펜실베이니아 대표로 참석, 최초의 식민지 연합안
　　제안

1757 영국에 파견되어 식민지 미국의 자주과세권 획득

1764 영국으로 건너가 인지조례의 철폐 주장

1776 독립선언 기초위원에 임명됨

1783 파리조약 미국대표 일원

1787 제헌회의에 참여, 헌법제정에 힘씀

1790 필라델피아에서 별세

주요 저작

Poor Richard's Almanack (1733)

Advice to a Young Trademan (1748)

Father Abraham's Sermon: The Way to Wealth (1758)

Autobiography: Memoirs (1771)

멜빌 듀이(Melvil Dewey) ▬▬▬▬▬▬▬▬▬▬▬▬▬▬▬▬

연보

1851 미국 뉴욕 주의 제퍼슨 카운티에서 출생

1867 헝거포드학교 수학

1870 애머스트대학 입학

1872 애머스트도서관에서 학생보조원으로 근무

1874 분류법 골격 마련, 졸업 후 애머스트대학의 도서관 사서로 근무

1876 십진분류법 공포, 라이브러리 뷰로 설립, 미국도서관협회(ALA) 창설

1878 애니 갓프리와 결혼

1883 컬럼비아대학 도서관장으로 취임

1884 도서관학교(문헌정보대학원) 설립

1889 뉴욕주립도서관장으로 취임

1890 미국도서관협회(ALA) 회장으로 취임

1895 회원제 클럽 레이크 플레시드 창설

1931 별세

주요 저작

A Classification and Subject Index for Cataloguing and Arranging the Books and Pamphlets of a Library(1876)

Decimal Classification and Relative Index for Arranging, Cataloguing, and Indexing Public and Private Libraries and for Pamphlets, Clippings, Notes, Scrap Books, Index Rerums, etc(1885)

Librarianship as a Profession for College-Bred Women(1886)

Library Notes: Improved Methods And Labor-Savers for Librarians, Readers and Writers(1887)

Abridged Decimal Classification and Relative Index for Libraries(1895)

Simplified Library School Rules(1898)

Libraries as Related to The Educational Work of the State(1889)

AlA Catalog(1904)

모리스 꾸랑(Maurice Courant)

연보

1865 프랑스 파리에서 출생

1883 파리대학 법과 입학. 동 대학 부속 동양어학교에서 중국어와 일본어 수학

1888 중국 베이징 주재 프랑스 공사관에서 통역 실습생으로 근무

1890 주한 프랑스 공사관에서 서기관 겸 통역관 직무 수행

1894~1895 『한국서지』 제1권, 제2권 발행

1896 중국 천진 영사관에 재임 시절『한국서지』제3권 발행

1900 프랑스 파리에서 개최된 만국박람회에서 한국관 소개서 작성

1901 『한국서지』보유판 발간,『한국서지』전4권 완성

1935 별세

주요 저작

Bibliographie Coréenne(1894~1896)

Catalogue des Livres Chinois, Coréenne et Japonais(1912)

La Corée et les Puissances Étrangères(1904)

피어스 버틀러(Lee Pierce Butler)

연보

1884 미국 일리노이 주 클래런던 힐에서 출생

1903 펜실베이니아 주 디킨슨대학 입학

1910 디킨슨대학에서 문학석사 학위 취득, 하트포드 신학대학에서 신학사 학위 취득

1912 하트포드 신학대학에서 철학박사 학위 취득

1916 시카고 뉴베리도서관에서 참고사서로 취업

1917 시카고 뉴베리도서관 수서과장 역임

1926 루스 래펌과 결혼

1928 시카고대학교 대학원과정 도서관학교에서 인쇄사와 서지학 강의

1931 시카고대학교 대학원과정 도서관학교에 도서관사 담당 정교수로 초빙

1938 프로테스탄트 감독교회에 목사로 봉직

1944 디킨슨대학에서 문학박사 학위 취득

1953 별세

주요 저작

"A Typographical Library"(1921)

A Check List of Books Printed during the Fifteenth Century(1924)

An Introduction to Library Science(1933)

The Origin of Printing in Europe(1940)

The Reference Function of the Library(1943)

Books and Libraries in Wartime(1945)

"Librarianship as a Profession"(1951)

시야리 랑가나단(Shiyali Ramamrita Ranganathan)

연보

1892 인도 마드라스 주 탄주르 지방의 시야리에서 출생

1913 마드라스기독교대학에서 수학 학사학위 취득

1916 마드라스기독교대학에서 수학 석사학위 취득

1917~1920 망갈로르 관립대학에서 강사로 수학과 물리학 강의

1921 프레지던시대학의 교수로 수학 강의

1924~1944 마드라스대학 초대 도서관장 역임

1924~1925 런던대학의 도서관학교 수학

1928 마드라스도서관협회 창립

1929 마드라스도서관협회의 도서관학교 설립

1929 사라다와 결혼

1931~1944 마드라스대학 도서관학과 교수로 재직

1945~1947 바라나스힌두대학교에서 도서관장 겸 도서관학 교수로
            재직

1947~1954 델리대학교 재직

1954~1963 인도도서관협회 회장 역임

1965 인도 정부가 수여하는 '도서관학 국가연구교수'라는 칭호를 받음

1970 미국도서관협회의 마거릿 맨 분류편목상 수상

1972 별세

주요 저작

The Five Laws of Library Science(1931)

Colon Classification(1933)

Classified Catalogue Code(1934)

Library Administration(1935)

Prolegomena to Library Classification(1937)

Theory of Library Catalogue(1938)

Preface to Library Science(1948)

Rural Adult Education(1949)

Library Book Selection(1952)

Reference Service(1961)

Library Service for All(1966)

두딩요(杜定友)

연보

1898 중국 상해에서 출생

1912 상해 전문공업학교 부속 초등학교 입학

1919 필리핀대학으로 유학

1921 필리핀대학 졸업, 문학사 · 교육학학사 · 도서관학학사 학위취득

1922 광둥성에 사서교육을 위한 도서관 관리원양성소 건립

1923 상해 푸단대학에서 도서관 주임사서로 근무

1924 상해도서관협회 위원장 피선

1929~1949 분류, 목록, 지방문헌 등 학술연구 매진

1949 신중국 설립 이후 중국 도서관학계 연합에서 활동

1962 국가별 신도서분류법의 동향 연구

1967 별세

주요 저작

『圖書館與市民敎育』(1921)

『世界圖書分類法』(1922)

『編目法』(1922)

『四庫分類法』(1922)

『著書述』(1924)

『圖書館通論』(1925)

『圖書選擇法』(1926)

『圖書館學槪論』(1927)

『革命文化分類法』(1927)

『學校圖書館學』(1928)

『圖書館理學』(1932)

『圖書館與成人教育』(1933)

『圖書館票格與用品』(1933)

『杜氏圖書館分類法』(1935)

『鐵道圖書分類法』(1935)

『圖書館』(1936)

『國難雜作』(1938)

『余業藝術』(1943)

『廣東文化叢書』(1949)

『圖書分類方法』(1953)

『開架式閱覽』(1953)

『版本略』(1953)

『圖書館表格用品說明』(1954)

제시 세라(Jesse H. Shera) ━━━━━━━━━━━━━━

연보

1903 미국 오하이오 주 옥스퍼드에서 출생

1925 오하이오 주 마이애미대학교 영어학 학사학위 취득

1927 예일대학교에서 영문학 석사학위 취득

1927 마이애미대학교 도서관 직원으로 근무

1944 시카고대학교 도서관학 전공 박사학위 취득

1944~1947 시카고대학교 도서관 부관장 역임

1947~1952 시카고대학교 문헌정보대학원 부교수 역임

1952~1970 웨스턴리저브대학교 문헌정보대학원 대학원장 역임

1952 미국 도큐멘테이션기구 재조직

1955 도큐멘테이션·커뮤니케이션 연구센터 설립

1970~1971 텍사스대학교 문헌정보대학원 초빙교수

1972~1982 케이스웨스턴리저브대학교 명예교수

1982 별세

주요 저작

Foundations of the Public Library: the Origins of the Public Library Movement In New England, 1629~1855(1949)

Bibliographic Organization(1951)

On The Value of Library History(1952)

Historians, Books and Libraries(1953)

The Classified Catalog: Basic Principles and Practices(1956)

Information Resources: a Challenge to American Science and Industry(1958)

Libraries and the Organization of Knowledge(1965)

An Epistemological Foundation for Library Science(1965)

Documentation and the Organization of Knowledge(1966)

Sociological Foundations of Librarianship(1970)

The Foundations of Education for Librarianship(1972)

Introduction to Library Science: Basic Elements of Library Service(1976)

마이클 고먼(Michael Gorman)

연보

1941 영국 옥스포드셔의 위트니에서 출생

1964~1966 영국 일링 기술대학의 도서관학교에서 도서관학 수학

1966~1977 영국 도서관계 근무(영국국립도서관 서지표준국장 등 역임)

1977~1988 미국 일리노이대학교도서관에서 기술봉사부장과 일반봉사부장 역임

1979 마거릿 맨 표창장 수상

1988~2007 캘리포니아 주립대학교 프레스노 캠퍼스의 헨리매든도서관 관장

1992 멜빌 듀이 메달 수상

1997 블랙웰 학술상 수상

1997~1999 《American Libraries》 객원 편집자 역임

1999 《Library Trends》 공동편집자로 근무

2001 하이스미스상 수상

2005~2006 미국도서관협회(ALA) 회장 역임

주요 저작

Future Libraries: Dreams, Madness &Reality(공저, 1995)

Our Singular Strengths: Meditations for Librarians(1997)

Technical Services Today and Tomorrow(1998)

Our Enduring Values: Librarianship in the 21st Century(2000)

The Enduring Library: Technology, Tradition, and the Quest for

Balance(2003)

Our Own Selves: More Meditations for Librarians(2005)

유길준(兪吉濬)

연보

1856 서울 북촌 계동에서 양반 가문에서 출생

1881 신사유람단의 일원으로 일본 방문, 후쿠자와 유키치가 경영하던
게이오의숙에 입학

1882 임오군란으로 귀국

1883 보빙사 민영익의 수행원으로 미국을 방문. 한국 최초의 미국유
학생이 됨

1884 갑신정변 발발

1885 귀국길에 올라 12월에 제물포에 도착. 귀국 직후 포도대장 한규
설의 집에 연금됨

1887~1892 민영익의 별장인 취운정에서 유폐 생활

1894 갑오경장으로 공직에 복귀

1909 국채보상금처리회장이 됨

1914 별세

주요 저작

『科文弊論』(1877)

『西遊見聞』(1895)

『普魯士國厚禮大益大王七年戰史』(1908)

『勞動夜學讀本』(1908)

『大韓文典』(1909)

윤익선(尹益善)

연보

1872 황해도 장연에서 출생

1896 농상공부 기사로 관계에 입문

1905 보성전문학교 법률전문과 입학

1911 보성전문학교장 취임

1919 3·1운동 때에 조선독립신문 사장으로 활약

1920 1년 6개월의 형을 받음. 이 일로 보성전문학교장직을 사직하고
    옥중생활을 하다가 감형으로 출옥. 경성도서관 설립

1924 만주 간도동흥중학교 설립, 교장으로 부임

1946 별세

이범승(李範昇)

연보

1887 충청남도 연기군의 만석 갑부 이기하의 외동아들로 출생

1917 일본 교토제국대학 독법과(獨法科) 졸업

1919 매일신보사에 조선에서의 도서관 설립을 주장하는 장문의 편지
    를 보냄. 5월 17일부터 23일까지 「도서관 설립 희망」이라는 제목

으로 연재됨

1921 경성 종로 파고다공원 옆에 경성도서관 설립

1945 광복 후 미군정하에서 초대 서울시장으로 취임. 서울시립도서관
　　　설치 조례의 제정을 추진하여 경성도서관을 '서울시립종로도서
　　　관'으로 승격시킴

1952 제2대 국회 보궐선거 때 고향인 연기에서 무소속으로 출마, 국회
　　　의원을 역임하는 등 정치활동 전개

1960 민주당 소속으로 참의원 당선

1976 별세

박봉석(朴奉石)

연보

1905 경남 밀양 출생

1927 밀양 표충공립보통학교 교사 생활

1931 중앙불교전문학교 본과를 제1회 졸업생으로 졸업, 조선총독부
　　　도서관 취직

1939 사서검정시험에 합격

1940 개성 중경문고의 개관 준비

1945 조선총독부도서관 '도서관수호문헌수집위원회' 조직, 국립도서
　　　관 개관

1945 조선도서관협회 위원장으로 피선

1946 전국 도서관 실태조사 착수, 도서관학교 개교식 및 입학식 거행

1947 조선서지학회 창립, 조선십진분류표 발간

1948 조선목록규칙 발간

1949 국립도서관직제 공포

1950 북한 인민군이 국립도서관 점거 후 행방불명

2003 은관문화훈장 서훈

주요 저작

『조선십진분류표』(1947)

『조선동서편목규칙』(1948)

『조선사정해』(1949)

『국사정해』(1949)

이봉순(李鳳順) ▬▬▬▬▬▬▬▬▬▬▬▬▬▬▬▬▬▬▬▬▬

연보

1919 함경남도 신흥에서 출생

1934 함흥 영생여자고등보통학교에 편입

1936 이화여자전문학교 문과 입학

1940~1943 경성제국대학교 도서관 근무

1949~1951 이화여자대학교 도서관 근무

1951~1953 미국 인디애나대학교 문헌정보대학원에서 수학

1953~1955 이화여자대학교 조교수 겸 도서관 차장 근무

1956~1958 한국도서관협회 이사

1957 인도·태평양지역 자료교환 세미나에 한국 대표로 참석

1959 이화여대 도서관학과 설립, 학과장으로 취임(도서관장 겸임)

1970~1976 한국도서관학회 회장

1975~1980 한국도서관협회 부회장

1981~1983 한국도서관협회 회장

1981 유네스코한국위원회 위원

1985 이화여대 도서관학과에서 정년 퇴임

1987~1996 한국사회과학도서관 도서관장

2005 보관문화훈장 서훈

주요 저작

『반딧불』(시집, 1954)

『폭풍의 언덕』(번역서, 1964)

『미국여성사』(번역서, 1974)

『정다운 사람들』(수필집, 1981)

엄대섭(嚴大燮)

연보

1921 경남 울주군 웅촌면 대대리에서 5남매 중 장남으로 출생

1928 가족과 함께 일본으로 이주

1950 부산 동아대학교 법학과 재학

1951 경남 울산군에서 개인 장서 3천여 권을 토대로 사립 무료도서관
    개관

1953 울산도서관의 책과 시설을 경주시에 기증하여 경주시립도서관
    설립, 이후 관장으로 재직

1955 한국도서관협회 사무국장직 수행

1960 마을문고 개념 창안, 최초 마을문고를 경주 탑리에서 설립, 연세
   대학교 도서관학당 수료

1961 2월 '농어촌마을문고보급회' 설립

1962 서울에서 '사단법인 마을문고진흥회' 설립

1965 국민독서연맹 설립

1966 마을문고상 제정

1968 '사단법인 마을문고진흥회'를 '마을문고본부'로 개명, 마을문고
   1만 개 돌파

1969 직장문고 운동 개시

1971 유네스코 한국위원회 문화분과 위원에 선임

1974 제3회 외솔상 실천부분 수상

1978 마을문고 사업이 당시 내무부로 이관, 새마을사업의 하나로 추
   진됨. 제10회 도서관상 수상

1980 필리핀 막사이사이상 공공봉사 부문 수상

1981 마을문고가 새마을운동중앙본부에 정식회원 단체로 가입, '새마
   을문고'로 개칭, 단체이름도 '새마을문고중앙회'가 됨

1983 대한도서관연구회 창립

1984 문화방송에서 자동차도서관 개관

1986 간송 도서관문화상 제정

2004 문화예술 발전 유공자 선정, 은관문화훈장 수상

2009 별세

이인표(李寅杓)

연보

1922 서울 마포구 공덕동 복사골에서 6남매 중 3남으로 출생

1940 경성상공실업학교 졸업 후 청춘좌 극단에 연구생으로 입단

1958 대동영화제작사 경영, 영화「고개를 넘으며」제작

1960 월간지『모던 다이제스트』발행

1961 에스콰이아 창업

1981 공익 재단법인 '이인표 재단' 설립

1983 한국사회과학도서관 개관

1990 인표어린이도서관 설립 시작, 문화부장관상 수상

1991 대한출판문화협회에서 '올해의 독서운동가'로 선정

1992 기업인으로서는 최초로 옥관 문화훈장 수상

1995 서울대학교에 사회과학정보센터 기증

1999 지식경영대상 수상

2002 별세

김세익(金世翊)

연보

1924 함경남도 홍원군에서 장남으로 출생

1944 경성치과의학전문학교(서울대학교 치과대학 전신) 입학

1946~1948 연희대학교 문과대학 영문과 재학

1948 진주농림고등학교 영어교사

1949 마산여자고등학교 영어교사

1953 『문예』에 시 「언덕에서」, 「오월에」로 추천 등단

1954 마산여고에서 학교도서관 운영 및 연구

1956 전국적 규모의 학교도서관 연구발표회 개최

1960 연세대학교에서 시행한 사서교사 과정 수료

1960 3 · 15의거 당시 마산문협 사무국장 역임

1964 이화여자대학교 도서관학과 조교수로 부임

1965~1967 이화여자대학교 도서관 사서장 재직

1971 이화여자대학교 도서관학과 교수

1982~1983 한국 필름아카이브 운영위원

1984~1986 한국도서관학회 회장

1995 별세

주요 저작

『석류』(시집, 1951)

『도서관과 사회』(1971)

『도서관조직경영론』(1977)

『여수』(수필집, 1978)

『도서 · 인쇄 · 도서관사』(1982)

『학교도서관의 조직과 운영』(1990)

『도서관의 창』(1990)

『세계의 출판』(1991)

『낙우송』(유고집, 1995)

박병선(朴炳善)

연보

1929 서울 출생

1950 서울대학교 사범대학 역사교육학과 졸업

1955 프랑스로 유학

1967 프랑스 국립도서관에서 근무 시작, 동 도서관에서 『직지(直指)』 발견

1971 프랑스 소르본대학에서 종교학 박사학위 취득

1972 유네스코가 주최한 '세계 도서의 해 전시회'에 『직지』 출품

1978 프랑스 국립도서관 베르사유 별관에서 외규장각도서 『왕실의궤』 발견

1979 프랑스 국립도서관 사서직 사직

1980~1990 『왕실의궤』 해제서 편찬

1999 대한민국 문화훈장 수훈

2001 『직지』가 유네스코 세계기록유산으로 등재, KBS 해외동포상 수상

2005 한국임시정부 파리위원부 청사 발견

2006 한불수교 120주년 프랑스 외교 고문서 발굴 작업, 한불관계자료 정리

2007 국민훈장 동백장 수상

2011 국민훈장 모란장 서훈, 경암학술상 특별공로상 수상

2011 별세

주요 저작

『조선조의 의궤: 파리 소장본과 국내 소장본의 서지학적 비교검토』
(1985)

*Règles Protocolaires de la Cour Royale de la Corée des Li (1392~1910):
d'après l'exemplaire de la Bibliothèque Nationale de Paris et les
Manuscrits Coréens Provenant de Oegyujanggak* (1992)

『한국의 인쇄문화』(불문판 2002; 영문판 2003)

『한국의 옛 인쇄문화』(2005)

『병인년, 프랑스가 조선을 침노하다』(프랑스어 한국어 혼용, 2008)

김정근(金正根) ════════════════════════════

연보

1939 경주 불국사 근처의 평동에서 출생

1958 서울대학교 영문학과 입학

1962~1966 육군통역장교로 군복무

1971 결혼, 미국 일리노이 주 도미니칸대학(당시 Rosary College)으로
유학, 이후 컬럼비아대학교 문헌정보대학원 박사과정 수료

1977 토론토대학교 유학, 기록학 연구

1983 교육학 박사학위 취득, 캐나다 온타리오 주 소수민족연구소 연
구원 역임

1984 부산대학교 문헌정보학과(당시 도서관학과)를 창설, 교수로
부임

2000~ 독서치료 분야로 연구 지평 확대

주요 저작

『한국의 대학도서관 무엇이 문제인가』(1995)

『학술연구에서 글쓰기의 혁신은 가능한가』(1996)

『디지털 도서관: 꿈인가, 광기인가, 현실인가』(편저, 1997)

『학술연구에서 문화기술법이란 무엇인가』(편저, 1998)

『우리 문헌정보학의 길 어떻게 걸어 갈 것인가』(편저, 2000)

『한국 사회과학의 탈식민성 담론 어디까지 와 있는가』(편저, 2000)

『독서치료를 위한 상황별 독서목록: 성인편』(공저, 2004)

『독서치료를 위한 상황별 독서목록: 청소년 · 어린이편』(공저, 2005)

『독서치료를 위한 상황별 독서목록: 증보편』(공저, 2007)

『독서치료 사례 연구』(공저, 2007)

『정신건강과 자아발달을 돕는 체험적 독서치료』(공저, 2007)

『독서가 마음의 병을 치유한다』(공저, 2009)

『凡父 金鼎卨 硏究』(공저, 2009)

『金凡父의 삶을 찾아서』(2010)

『독서치료와 나: 5人5色 체험기』(공저, 2011)

사진 출처

27쪽 ⓒ최정태

59쪽 http://www.lakeplacidlibrary.org/history/photos/photos.htm

74쪽 http://www.gslis.utexas.edu/~landc/bookplates/19_4_Butler.htm

121쪽 http://enkorea.aks.ac.kr

122쪽 http://enkorea.aks.ac.kr

141쪽 http://enkorea.aks.ac.kr

181쪽, 187쪽《새마을문고운동 40년사》, 새마을문고중앙회

참고문헌

D. 부셰, 「韓國學의 先驅者 모리스 꾸랑(上)」, 《동방학지》 vol.51, 1986.

D. 부셰, 「韓國學의 先驅者 모리스 꾸랑(下)」, 《동방학지》 vol.52, 1986.

강대훈, 『한국도서관운동론』, 1990.

강준만, 『커뮤니케이션 사상가들』, 한나래, 1997.

강준만, 「한국 학문의 희망, 김정근 교수팀」, 《인물과 사상》 제1권 제3
　　호, 1998. 7.

고인철 외, 『위대한 도서관 사상가들』, 한울, 2005.

공지희, 『직지와 외규장각 의궤의 어머니 박병선』, 글로연, 2012.

기 소르망, 『20세기를 움직인 사상가들』, 서원, 1991.

김세익, 『낙우송』, 순창사, 1995.

김정근, 『한국의 대학도서관 무엇이 문제인가』, 한울, 1995

김정근 편저, 『디지털도서관: 꿈인가, 광기인가, 현실인가』, 민음사,
　　1997.

김정근 편저, 『우리 문헌정보학의 길 어떻게 걸어갈 것인가』, 태일사,
　　2000.

김정근, 「랑가나단을 어떻게 할 것인가: 알고 넘어갈 것인가, 건너 뛸
　　것인가」, 제1회 도서관 문화강좌-도서관사상가를 찾아서 (한국도
　　서관협회), IFLA 2006 서울총회 준비위원회 세미나실, 2001. 4. 12.

김정근 · 김은엽 · 김수경 · 김순화, 『독서치료 사례연구』, 한울, 2007.

김정근 · 김경숙 · 김은엽 외, 『독서가 마음의 병을 치유한다: 체험형 독
　　서치료 이야기』, 한울, 2009.

김종성,『한국 학교도서관 운동사』, 한국도서관협회, 2000.

남태우 · 김상미 공편,『문헌정보학의 철학과 사상: 세라(J. H. Shera)의 사상을 중심으로』, 한국도서관협회, 2001.

랑가나단, 최석두 역,『도서관학 5법칙』, 한국도서관협회, 2005.

레베카 크누스, 강창래 역,『20세기 이데올로기, 책을 학살하다』, 알마, 2010.

로널드 B 맥케이브, 오지은 역,『도서관, 세상을 바꾸는 힘』, 이채, 2006.

마이클 고먼, 이제환 역,『도서관의 가치와 사서직의 의미』, 태일사, 2010.

마이클 해리스, 전명숙 · 정연경 역,『西洋圖書館史』, 지문사, 1991.

매튜 배틀스, 강미경 역,『도서관, 그 소란스러운 역사』, 넥서스 BOOKS, 2004.

모리스 꾸랑,『韓國書誌』, 이희재 역, 일조각, 1994.

민영기 외 편,『鐘路圖書館六十年史』, 서울특별시립종로도서관, 1980.

박경용,「엄대섭 선생 책과 함께 민중 속에」, 백시종 외,『외길 한평생』, 장학사, 1981.

박기홍,「아버님을 사모하면서」,《도협월보》vol.1 no. 8, 1960. 11.

박상균 편저,『世界圖書館學思想史』, 민족문화사, 1994.

박상균,『도서관학만 아는 사람은 도서관학도 모른다』, 한국디지틀도 서관포럼, 2004.

벤저민 프랭클린, 이계영 역,『프랭클린 자서전』, 김영사, 2006.

새마을문고운동 40년사 편찬위원회 편,『새마을文庫運動 40年史』, 새 마을문고중앙회, 2001.

송성수,「연구와 정치가 조화된 인생, 벤저민 프랭클린」, 대한기계학회,《기계저널》제46권 제6호, 2006. 6.

안지원, 「박병선-프랑스 소재 '직지심경', 외규장각 도서 발굴기」,《역사비평》통권 66호(2004년 봄호).

양원석, 「中國의 現代漢字學 硏究와 漢字 敎育」,《漢字漢文硏究》창간호, 2005. 12.

엄대섭, 「마을문고의 활동」,《도서관》108호, 1966. 8.

엄대섭, 「다시 한 번 개가 · 대출을」,《오늘의 도서관》8호, 1986. 3 · 4.

에드워드 윌슨, 최재천 · 장대익 역, 『통섭』, 사이언스북스, 2005.

오구라 오야오, 박희영 역, 『美國圖書館思想의 硏究』, 아세아문화사, 1990.

오동근 편, 『도서관인 박봉석의 생애와 사상』, 태일사, 2000.

오동근, 「Ranganathan, Dewey, 그리고 박봉석」, 『랑가나단 "도서관학 5법칙" 발표 80주년 기념 국제학술대회 자료집』, 2011. 10.

원종린, 「박봉석의 도서관사상 연구: 그의 업적에 나타난 인간상을 중심으로」, 중앙대학교 도서관학과 석사학위논문, 1980. 12.

유길준, 구인환 역, 『서유견문』, 신원문화사, 2005.

유길준, 허경진 역, 『서유견문』, 서해문집, 2004.

이범승, 「도서관과 나」,《경성휘보》제11호, 1922. 10.

이봉순, 『도서관할머니 이야기』, 이화여자대학교출판부, 2001.

이수상, 『한국 문헌정보학의 현단계』, 한울, 1998.

이연옥, 『한국 공공도서관 운동사』, 한국도서관협회, 2002.

이용남, 「엄대섭, 그는 누구인가」,《도서관운동》제4권 제3호, 1998. 9.

이용남, 『이런 사람 있었네-도서관운동가 엄대섭 평전』, 한국도서관협회, 2013.

이용재, 『주제화를 통해 본 한국 대학도서관의 현단계』, 한울, 2002.

이용재, 「도서관사상에 대한 고찰: 국내외 도서관인물들을 중심으로」, 《디지틀도서관》 제51호(2008 가을),

이용재·조태영, 「한국 문헌정보학의 씨앗을 뿌린 시인 김세익」, 《디지틀도서관》 제54호(2009 가을호).

이용재·최원찬, 「우리 시대 도서관사상을 찾아서: 김정근의 삶과 사상을 중심으로」, 《디지틀도서관》 제47호(2007 가을호).

이용훈, 「한국 대학도서관 문제에 대한 실사구시적 글쓰기」, 《창작과 비평》 통권89호(1995. 9).

이태진, 『왕조의 유산: 외규장각도서를 찾아서』, 지식산업사, 1994.

이홍구, 「경성도서관약사」, 《도협월보》 제5권 제4호, 1964. 5.

정필모·오동근, 『圖書館文化史』, 구미무역, 1991.

조지 맥도널드 로스, 문창옥 역, 『라이프니츠』, 시공사, 2000.

최정태, 『지상의 아름다운 도서관』, 한길사, 2006.

최정태, 『지상의 위대한 도서관』, 한길사, 2011.

최진욱, 「엄대섭 연구: 공공도서관 사상과 실천을 중심으로」, 부산대학교 문헌정보학과 석사학위논문, 2012. 2.

한철호, 「兪吉濬의 生涯와 思想」, 《한일관계사연구》 제13집, 2000. 10.

허경진, 「兪吉濬과 西遊見聞」, 《어문연구》 통권 121권, 2004. 3.

헨리 페트로스키, 정영목 역, 『서가에 꽂힌 책』, 지호, 2001.

Jesse Hauk Shera, *Foundation of the Public Library: The Origins of the Public Library Movement in New England, 1629-1855*. University of Chicago Press, 1949.

Jesse Hauk Shera, *Sociological Foundations of Librarianship*, Asia Publishing House, 1971.

Jesse Hauk Shera, *The Foundations of Education for Librarianship*,

Becker and Hayes, 1972.

Jesse Hauk Shera, *Introduction to Library Science: Basic Elements of Library Service*, Libraries Unlimited, 1976.

Lee Yong-Jae and Jo Jae-Soon, The modern history of library movement and reading campaign in Korea, World Library and Information Congress: 72nd IFLA General Conference, 2006. 8.

Leo Lemay, *The Life of Benjamin Franklin, vol.2(Printer and Publisher, 1730-1747)*, University of Pennsylvania Press, 2005.

Michael Gorman, "Five new laws of librarianship", *American Libraries* vol.26 no.8, 1995.

Michael Gorman, *Our Enduring Values: Librarianship in the 21st Century*, ALA, 2000.

Michael Gorman, *The Enduring Library*, ALA, 2003.

Pierce Butler, *An Introduction to Library Science*, The University of Chicago Press, 1933.

S. R. Ranganathan, *The Five Laws of Library Science*, Asia Publishing House, 1963.

Walt Crawford and Michael Gorman, *Future Libraries: Dreams, Madness & Reality*, ALA, 1995.

Walt Crawford, *Being Analog: Creating Tomorrow's Libraries,* ALA, 1999.